Inhaltsverzeichnis

W0228695

Angelos George Galanopoulos

Edward Bacon

Die Wahrheit über
Atlantis

Deutsche Erstveröffentlichung

WILHELM HEYNE VERLAG
MÜNCHEN

HEYNE-BUCH Nr. 7025
im Wilhelm Heyne Verlag, München

4. Auflage

Titel der englischen Originalausgabe
Atlantis – The Truth behind the Legend
Deutsche Übersetzung von Helga Künzel
Copyright © der deutschen Übersetzung
by Wilhelm Heyne Verlag, München
Printed in Germany 1980
Umschlagfoto: Gruner & Jahr, Fotoservice
Landkarten: Steffel, München
Umschlaggestaltung: Franz Wöllzenmüller, München
Gesamtherstellung: Presse-Druck Augsburg

ISBN 3-453-00654-2

Einführung

Der Ursprung der Sage

Dieses Buch wurde in der Absicht geplant und geschrieben, das Atlantisrätsel aufzuklären — zu enthüllen, was Atlantis war, wo und wann es existierte, wie es endete und sich in den Nebeln der Vergangenheit verlor. Da die wesentlichen neuen Schlußfolgerungen hier auf der Arbeit eines Seismologen basieren, der sich hauptsächlich mit Erdbeben und vulkanischen Prozessen befaßt, sind unser Standpunkt und unsere Lösung des Problems geophysikalisch. Andere, vor allem Professor Spyridon Marinatos, behandelten dasselbe Problem von historischen und archäologischen Gesichtspunkten und gelangten zu sehr ähnlichen Schlüssen. Professor Marinatos ist wohl der namhafteste lebende Archäologe Griechenlands. Seine Ausgrabungen konzentrieren sich vorwiegend auf minoische und mykenische Stätten. Die vielleicht sensationellsten in den letzten Jahren waren jene, bei denen man unweit von Pylos zwei unberührte Kuppelgräber entdeckte und unter anderen Schätzen zwei prächtige eingelegte Dolche sowie eine große Zahl der schönsten Siegel aus Edelstein fand. Neben diesen Arbeiten sucht Professor Marinatos seit Jahren nach einer physikalischen Erklärung für die Katastrophe, die den Untergang der minoischen Kultur herbeiführte. Im Frühjahr 1967 stellte er bei einer Ausgrabung in der Nähe von Akrotiri auf der Insel Thera seine Theorien auf die Probe — mit schlagendem Erfolg, wie man später in diesem Buch sehen wird.

Die Wissenschaft ist unteilbar, und sie ist eine Quelle unendlicher Befriedigung, wenn der Archäologe und der Geophysiker bei ihren Arbeiten Hand in Hand vorgehen können. Da jedoch der Höhepunkt der Atlantisgeschichte und die Gründe, aus denen sie ein Problem darstellt, geophysikalischer Natur sind, muß sich die Zentrallösung wohl auf wissenschaftlich entdeckte und wissenschaftlich bewiesene geophysikalische Fakten stützen.

Es gibt wenige Themen, zu denen eine so umfangreiche Bibliographie vorliegt wie zu Atlantis und dem Problem seines Untergangs. In den Jahrhunderten seit Platon befaßten sich Wissenschaftler praktisch aller Gebiete — Dichter, Politologen, Idealisten, begeisterte Amateure, Schriftsteller aller Art, sogar Metaphysiker — mit der tragischen Geschichte. Man kann zahlreiche, gute Gründe dafür nennen: Die Geschichte ist rätselhaft, faszinierend, ergreifend. Aber der Einfluß, den sie auf so viele verschiedene Menschentypen ausübte, und die seltsamen Aktionen, zu denen sie trieb, deuten darauf hin, daß sie einem tief verwurzelten Bedürfnis des Menschen entspricht. Sie appelliert vielleicht an eine Art nostalgische Poesie, die fast jeder Mensch in sich trägt: Atlantis ist das verlorene Paradies, der Garten Eden, das Goldene Zeitalter, die Wiege der Menschheit, der ferne, ungreifbare Schauplatz, auf dem man alle Wunschrollen hemmungslos durchspielen kann. Trotzdem aber hat die Geschichte ein höchst respektables Herkommen. Erstmals taucht sie in den nüchternen, intellektuellen Schriften Platons auf, diesem perfekten »Establishment«-Autor seiner Zeit, und sie ist ein Thema, bei dem sich auch die Intellektuellsten entspannen können, ohne Scham empfinden zu müssen. Da die Atlantisgeschichte auf den ersten Blick völlig losgelöst scheint von der Eintönigkeit und den Beschränkungen der Wirklichkeit, ist sie auch ein ideales Terrain für eben diese Intellektuellen, es mit Träumen und Phantasien zu füllen und auszuweiten und dadurch leidenschaftlich mit ihren geheimen Wünschen und Idealen zu identifizieren. Atlantis hat sich in zahllose, subjektiv gezeugte und enthusiastisch genährte Auffassungen zersplittert. Dabei entstand eine umfassende Sekundärliteratur der Widerlegungen, Verteidigungen und Verfolgung konträrer Meinungen. Vor lauter Bäumen sah man den Wald nicht mehr.

Worin besteht nun dieser Wald, d. h. die grundlegende Geschichte? Sie kommt bei einem einzigen Autor vor, nirgends sonst. Sie ist in zwei von Platons Dialogen enthalten, dem *Timaios* und dem *Kritias*. Diese waren als Trilogie geplant und fanden vermutlich während der drei Tage nach dem Dialog *Der Staat* statt. Gedacht waren sie als Weiterentwicklung von Themen, die sich aus dem letztgenannten Dialog ergaben. Der *Timaios* ist vollständig und eines von Platons größten Werken, er befaßt sich mit der Erschaffung des Alls. Der zweite Dialog,

Kritias, ist unvollständig, er bricht mitten in einem Absatz über Atlantis ab. Der dritte Dialog, der *Hermokrates* hätte heißen müssen, wurde offenbar nie geschrieben.

Weil die Textstellen im *Timaios* und im *Kritias* die einzigen Quellen der Atlantisgeschichte sind und folglich jede Erklärung auf sie zurückgehen muß, und weil wir glauben, daß viele Leser die Spekulationen über diese Atlantis-Zeugnisse besser kennen als die Zeugnisse selbst, drucken wir die betreffenden Absätze der beiden Dialoge in Anhang A vollständig ab. Zitate daraus sind in unserem Buch immer wieder notwendig, aber Platons Geschichte fasziniert von Anfang bis Ende, und es ist nur recht und billig, daß sie dem Leser hier vollständig zur Verfügung steht. Das vorliegende Buch ist im wesentlichen eine Entdeckungsgeschichte, deren Lösung nur Gültigkeit besitzt, wenn sie die Zeugnisse in jedem Punkt bestätigt.

Platon erzählt die ganze Geschichte mit den ihr innewohnenden Problemen. In den folgenden Kapiteln werden wir zeigen, was wir als die unwiderlegbare Lösung ansehen.

1926 veröffentlichten die Franzosen J. Gattefossé und C. Roux eine Bibliographie über Atlantis mit insgesamt etwa 1700 Titeln. Seither hat sich diese Zahl beträchtlich erhöht, sie dürfte heute bei 5000 liegen. Die Verfasser dieser Werke teilen sich in vier Hauptgruppen:

1. Jene, die Platons Geschichte als absolut wahr ansehen.
2. Jene, die zwar an die einstige Existenz von Atlantis glauben, es aber nicht im Atlantischen Ozean, sondern an verschiedenen anderen Stellen vermuten.
3. Jene, für die Platons Atlantisgeschichte eine Sammlung von Sagen und historischen Fakten darstellt, die verschiedene Völker und Zeiten betreffen.
4. Jene, nach deren Ansicht die Geschichte fiktiv und eine Erfindung Platons ist, der damit bestimmten politphilosophischen Ideen einen Rahmen geben wollte, wie es Thomas Morus in *Utopia* und Samuel Butler in *Jenseits der Berge* taten.

An der Spitze dieser vierten Gruppe steht Aristoteles, und das überrascht kaum. Er war der erste große Pragmatiker. Zweifellos erkannte er in der Geschichte die ganzen geographischen Probleme, besaß damals jedoch nicht die Mittel, sie zu lösen. Mit den Schriftstellern der zweiten und dritten Gruppe werden wir uns zu gegebener Zeit befassen. Hier und jetzt wollen wir unsere Überzeugung äußern und stichhaltig beweisen, daß Platon etwas berichtete, das er als historische Wahrheit ansah.

Vor allem sagte er dies selbst, und nicht weniger als viermal. Kritias leitet seinen Bericht folgendermaßen ein:

»So höre denn, Sokrates, eine gar seltsame, aber durchaus wahre Geschichte, wie sie einst Solon, der weiseste unter den Sieben, erzählt hat.«

Nach Kritias' Einführung erwidert Sokrates:

»Wohlgesprochen. Aber was für eine Tat ist denn das, die Kritias, obgleich sie der Überlieferung unbekannt ist, dir dennoch als eine in Wahrheit vor alters von dieser Stadt vollbrachte nach dem Berichte des Solon mitteilte?«

Später, als Kritias schildert, wie er die Geschichte (von seinem Großvater Kritias) erstmals gehört hat, sagt er:

»So erzähle mir denn vom Anfange an«, versetzte der andere, »was und wie und von wem Solon hierüber Beglaubigtes gehört und es darnach berichtet hat.«

Und am Schluß von Kritias' Erzählung meint Sokrates:

»Und dazu ist auch wohl noch das an ihm [dem Stoff] ein großer Vorzug, daß er kein bloß erdichtetes Märchen, sondern eine wahre Geschichte enthält.«

Platon machte also vier direkte Aussagen darüber, daß die Geschichte eine historische Tatsache sei. Jene, nach deren Meinung es sich um eine Sage handelt, behaupten jedoch, Platon sei unaufrichtig gewesen und habe zwei Ziele verfolgt: Erstens habe er als einer der dreißig Tyrannen Kritias' Despotismus entschuldigen wollen und zeigen, daß Kritias unter dem Einfluß seines Großvaters stand, Kritias d. Ä., der die Macht und Blüte Athens auf das monarchische System zurückführte, das dort zu Zeiten Atlantis' herrschte; und zweitens habe Platon Sokrates von dem Vorwurf befreien wollen, er sei es gewesen, der Kritias — seinem Schüler — despotische Ideen einflößte.

Das scheint weit hergeholt. Und abgesehen von der Tatsache, daß es ein völlig ungeeigneter Weg gewesen wäre, die beiden Ziele zu erreichen, hätte es wenig Sinn gehabt, immer wieder zu betonen, die Geschichte sei Tatsache und keine Erfindung, denn die Wahrheit oder Unwahrheit des Berichts vom Untergang Atlantis' konnte kaum Auswirkungen auf Platons politische und philosophische Ideen haben.

Einmal angenommen, Platon habe wirklich ein imaginäres Land außerhalb der damals bekannten Welt benötigt, so mußte er doch keine detaillierte Beschreibung der Befestigungen geben, mit denen die Mutterstadt dieses Landes gesichert war. Außerdem zeichnet die Beschreibung der Befestigungen und des politischen Lebens der Atlantisbewohner keineswegs das Bild eines idealen Staates, nicht einmal ein folgerichtiges vom philosophischen Standpunkt aus. Hätte Platon Atlantis als Beispiel für eine ideale Politik gebraucht, würde er kaum die Athener wegen des Befreiungskrieges gepriesen haben, den sie gegen Atlantis führten (siehe *Timaios, 23 C*).

Und laut Proklos (410–485 n. Chr.) zeigten die Priester der Göttin Neith, die Sais begründet hatte, dem Platon-Kommentator Krantor, der dreihundert Jahre nach Platon lebte, mehrere Tafeln mit Hieroglyphen, welche die Geschichte von Atlantis erzählten.

Außerdem gestaltet jemand, der eine zweckdienliche Sage erfindet, sie logisch und folgerichtig. Doch Platon äußert Besorgnis wegen bestimmter Aspekte der Geschichte. Kritias sagt *(Krit., 118 C)*: »Was mir nun von dessen [eines Grabens] Tiefe, Breite und Länge erzählt ward, das könnte unglaublich erscheinen für ein von Menschenhänden gearbeitetes Werk; es könnte unglaublich erscheinen, daß sie zu ihren vielen anderen Arbeiten auch noch diese von so gewaltiger Ausdehnung unternommen hätten; dennoch muß ich darüber berichten, wie ich es gehört habe.« Dies ist zweifellos nicht die Sprache eines Fabulierers, sondern es sind die verwunderten Fragen eines Menschen, der sich mit etwas befaßt, das als historische Tatsache berichtet wurde. Und schließlich, was haben unglaubliche zivile Bauprojekte mit einer politphilosophischen Sage zu tun?

Manchmal wird der Einwand erhoben, Platon habe dreizehn Jahre in Ägypten verbracht und wäre bestimmt in der Lage gewesen, bei den ägyptischen Priestern genauere Informationen über Atlantis einzuholen. Herodot hätte das zweifellos versucht, aber Platon war Philosoph, kein Historiker. Zudem herrscht die allgemeine Ansicht, Platons Ägyptenaufenthalt habe mehrere Jahre vor der Niederschrift des *Timaios* gelegen. Und so interessant die Atlantisgeschichte für uns ist, für ihn braucht sie es keineswegs gewesen zu sein. Und tatsächlich bildet sie nur einen kurzen, kleinen Teil des *Timaios*-Dialogs.

Ein weiteres Argument ist schließlich, daß die Atlantisgeschichte, wie man annehmen könnte, nicht nur mündlich überliefert wurde. Im *Kritias* sagt Kritias: »Und diese Aufzeichnungen [des Solon] befanden sich denn auch bei meinem Großvater, und ich besitze sie noch.«

Somit steht fest, daß der Atlantisbericht in der ursprünglichen Form, die wir kennen, keine Erfindung Platons war, sondern eine wahre Geschichte, die Solon aus Ägypten mitbrachte. Platon erkannte, daß man sie als Sage auffassen konnte, und wollte dem vorbauen. So sagt er allein schon im *Timaios* viermal ausdrücklich, die Geschichte sei wahr.

Was enthält nun diese Geschichte? Ist sie unglaubhaft? Folgerichtig? Und wenn nicht, wo liegen die Unglaubwürdigkeiten und Inkonsequenzen?

Teil I   Was Platon
meinte und sagte

1. Die kulturellen Aspekte von Platons Atlantis

Stellen wir die geographische Beschaffenheit, Größe und Lage von Atlantis bis zum nächsten Kapitel zurück und sehen wir uns jetzt an, welche Art Kultur Platon beschreibt.

Erstens fand die Zerstörung von Atlantis zu einer Zeit statt, als es einen Angriffskrieg gegen Athen und Ägypten gleichzeitig plante; eine athenische Streitmacht wurde während der Operationen durch eine Naturkatastrophe vernichtet. Atlantis war somit ein organisierter militaristischer Staat und in der Lage, große See-Operationen durchzuführen, und es existierte zur selben Zeit wie Athen und Ägypten, die ähnlich kampfstark und organisiert waren.

Zweitens besaß Atlantis eine bestens organisierte Landwirtschaft. Zitieren wir aus dem *Kritias:*

»Was überdem die Erde jetzt nur irgend an Wohlgerüchen nährt, sei es von Wurzeln oder Gras oder Hölzern oder hervorquellenden Säften oder Blumen oder Früchten, das alles trug und hegte die Insel vielfältig; nicht minder die ›milde Frucht‹ [Reben] und die trockene [Korn], deren wir zur Nahrung bedürfen, und alle, deren wir uns sonst zur Speise bedienen und deren Arten wir mit dem gemeinsamen Namen der Gemüse bezeichnen; ferner die, welche baumartig wächst und Trank und Speise und Salböl zugleich liefert; ferner die schwer aufzubewahrende Frucht der Obstbäume, welche uns zur Freude und zur Erheiterung geschaffen ist, und was wir zum Nachtisch aufzutragen pflegen als erwünschte neue Reizmittel des angefüllten Magens für die Übersättigten — dies alles brachte die Insel, die damals durchweg den Einwirkungen der Sonne zugänglich war, in vortrefflicher und bewundernswerter Gestalt und in der reichsten Fülle hervor.« *(Krit., 115 A—B)*

Daß es sich hier nicht um ein naturgegebenes Paradies handelte, wird etwas später klargestellt: »Auch ernteten sie infolgedessen zweimal des Jahres ein, indem ihnen im Winter der Regen des Zeus dazu verhalf, im Sommer aber die Bewässerung, welche das Land selbst in sich trug, dadurch, daß sie sie aus den Kanälen herzuleiteten.« Atlantis hatte also eine reiche, vielfältige Agrarproduktion, man erntete regelmäßig und bewässerte systematisch.

Drittens war Atlantis eine Stätte bewußt gepflegter Muße, geförderter Freizeitgestaltung und gemeinnütziger Einrichtungen. Es heißt, wieder im *Kritias:*

»Von den beiden Quellen aber, sowohl der von kaltem als der von warmem Wasser, welche dessen eine reiche Fülle enthielten und beide dasselbe an Wohlgeschmack und Güte zum Gebrauche in ganz bewundernswerter Vortrefflichkeit darboten, zogen sie Nutzen, indem sie Gebäude und Baumpflanzungen, wie sie zu den Wassern sich schickten, ringsumher anlegten und ferner Wasserbehälter teils unter freiem Himmel, teils zu warmen Bädern für den Winter in bedeckten Räumen in der Umgebung einrichteten, und zwar deren besondere für die Könige und besondere für die Untertanen, ferner noch andere für die Weiber und wieder andere für die Pferde und die übrigen Zugtiere, und einem jeden von diesen allen die ihm angemessene Ausstattung gaben. Das abfließende Wasser aber leiteten sie in den Hain des Poseidon, welcher Bäume von mannigfacher Art und von ganz vorzüglicher Höhe und Schönheit infolge der Güte des Bodens umfaßte, teils aber auch durch Kanäle über die Brücken weg in die äußeren Ringe hinein. In der Nähe dieser Wasserleitungen wurden denn auch Heiligtümer vieler Götter, ferner viele Gärten und Übungsplätze angelegt . . .«

Die Folgerungen aus diesem Absatz sind zahlreich und außerordentlich. Auf dem Gebiet sozialer Organisation besagt er, daß es ein monarchisches und Klassensystem und einen besonderen Status für Frauen gab. Er verweist auch auf praktische Erfahrung und Fertigkeiten im Bau hydraulischer Anlagen und im Brückenbau; auf ein Wissen um die Freuden und den Nutzen des Badens, das sogar auf Tiere ausgedehnt wurde; auf den Einsatz von Pferden als Haustiere; auf das Pflanzen von Bäumen und die Anlage von Gärten; auf den Bau von Wasserreservoiren und den dazugehörigen Gebäuden; und auf ein komplexes Götterwesen, denn es wurden Tempel für *viele* Götter errichtet. Am wichtigsten ist vielleicht, daß es sich um eine Wohlstandsgesellschaft handelte, denn Gärten und Übungsplätze sind Annehmlichkeiten einer begüterten, nicht einer um ihre Existenz ringenden Gemeinschaft. Ein Mensch, der um sein Dasein kämpft, braucht oder wünscht keine »Übung«.

Viertens war Platons Atlantis ein Staat mit lese- und schreibkundigen Bewohnern. Die Herrschaft unter den zehn Königen »über sie selbst aber ward gegenseitig und gemeinschaftlich geführt nach den Anordnungen des Poseidon, wie sie ein Gesetz ihnen überlieferte, welches von ihren Vorfahren auf eine Säule von Goldkupfererz eingegraben war, die in der Mitte der Insel, nämlich im Heiligtum des Poseidon, stand«.

Die Erwähnung des Goldkupfererzes (eine Kupferlegierung) führt zum fünften Punkt, daß nämlich Atlantis eine metallverarbeitende Kultur war. Zwei Stellen im *Kritias* veranschaulichen dies:

»Die Mauer endlich, welche um den äußeren Wall herumlief, faßten sie ihrem ganzen Umfange nach mit Erz ein, indem sie dasselbe gleichsam wie Salböl anwandten; die um den inneren aber umschmolzen sie mit Zinn, endlich die Burg selbst mit Goldkupfererz, welches einen feuerähnlichen Glanz hatte.« *(116 B—C)*

Und etwas später:

»Den ganzen Tempel nun überzogen sie von außen mit Silber, mit Ausnahme der Zinnen, die Zinnen aber mit Gold. Was aber das Innere anbetrifft, so konnte man die elfenbeinerne Decke ganz mit Gold und Silber und Goldkupfererz verziert sehen, alles andere aber an Mauern, Säulen und Estrichen überkleideten sie mit Goldkupfererz.«

Die Bewohner kannten und verwendeten somit Kupfer und Zinn, ebenso Bronze, die Legierung dieser beiden Metalle. Sie kannten und verwendeten ferner Gold und Silber.

Schließlich sind noch ein oder zwei wichtige architektonische Punkte zu beachten. Die Mutterstadt von Atlantis wurde gemäß der Beschreibung von einem Ring umschlossen, der 50 Stadien im Radius maß, etwa 9400 Meter. Das erinnert an die megalithischen Monumente, die es zu verschiedenen Zeiten in verschiedenen Teilen der Alten Welt gab. Erwähnenswert ist außerdem, daß man »die Steine dazu aber, welche teils weiß, teils schwarz und teils rot waren . . . unten an den Abhängen der in der Mitte gelegenen Insel ringsherum« brach. »Auch andere Gebäude errichteten sie aus jenen Steinen, und zwar teils einfarbige, teils auch bunte, indem sie sie aus verschiedenfarbigen Steinen zum Genuß für das Auge zusammensetzten . . .«

Nun muß jedem, der auch nur einigermaßen mit den großen Kulturen der Bronzezeit vertraut ist, wie sie uns die Archäologen enthüllten — jenen in Ägypten, Mesopotamien und dem Industal, jenen der Hethiter, Minoer und Mykener —, Platons Atlantis sofort als Kultur der Bronzezeit erscheinen. Mit anderen Worten, als eine Kultur jener glänzenden Geschichtsperioden, in denen alle Sagen das Goldene Zeitalter suchen, wo Luxus, Fruchtbarkeit, Wohlstand und internationaler Austausch von Waren und Ideen ein strahlendes, nie endendes Glück verhießen. Alle diese Perioden lagen im großen zweiten Jahrtausend — den Jahren zwischen 2000 und 1000 v. Chr. —, einige allerdings begannen etwas früher, und einige währten etwas länger. Einen vortrefflichen Überblick über ihre Dauer und Wesensart gibt Geoffrey Bibby in *Four Thousand Years Ago*.

Es waren Reiche des Überflusses — Gemeinschaften, in denen der Mensch aus diesem oder jenem Grund mehr produzieren konnte, als er brauchte, so daß er genügend Muße hatte, nachzudenken, sich zu vergnügen, sich in Religion und Kunst zu artikulieren und den Lebensgenüssen hinzugeben. In Ägypten, Mesopotamien und dem Industal entsprang der Überfluß dem gleichmäßigen Klima und der scheinbar uneingeschränkten Fruchtbarkeit, die jedes Jahr erneuert wurde durch frischen Schlamm, den die großen Flüsse anschwemmten. Anderswo war es der Besitz begehrter oder nützlicher Metalle und Minerale — Kupfer, Zinn, Gold, Silber, Lapislazuli — oder die Fähigkeit, Schiffe zu segeln und mit den begehrten Stoffen Handel zu treiben.

Es war das erste große Zeitalter der Organisation und Spezialisierung. Als der Mensch in Städte zog, wurde er sehr empfänglich für die Vergabe von Arbeiten an jene, die sie gut auszuführen vermochten: der Landwirt bebaute die Felder, der Hirt züchtete und hielt Vieh, der Metallarbeiter und der Töpfer übten ihr Handwerk nicht nur für sich selbst, sondern für die Allgemeinheit aus; die Gemeinde baute und betrieb die Entwässerung einer Stadt, kontrollierte und verteilte das Hochwasser der fruchtbarmachenden Flüsse, errichtete und verwaltete öffent-

Das große Bad von Mohenjo Daro im Industal, ein Gebäude aus der Bronzezeit, das an Platons Bericht über die Bäder von Atlantis erinnert.

liche Einrichtungen zum Nutzen und Frommen der Bewohner — beispielsweise Märkte, Gärten, Bäder —, schulte und beschäftigte in einem unvermeidlichen Prozeß die erforderlichen Leute zur Verwaltung, Kontrolle und zum Schutz all dieser Einrichtungen. Mit anderen Worten: sie schuf einen öffentlichen Dienst, eine Polizei und eine Armee.

Aber wer war, von diesem schöpferischen Standpunkt aus betrachtet, »die Gemeinde«? Gewöhnlich etwas, das man als Priesterkönig bezeichnen könnte — der Vertreter der Göttlichkeit, sozusagen des göttlichen Zufalls, der die Grundlage für eine Blüte der Kultur schuf: die Sonne, die fruchtbarmachenden Wasser, das Prinzip der Fortpflanzung, das den Fortbestand des menschlichen, tierischen und pflanzlichen Lebens sicherstellt, sogar das Prinzip der Stärke, das zur Kontrolle all dieser

Dinge benötigt wurde, sei es im Stier oder im Löwen verkörpert, in so tückischen Tieren wie der Schlange oder so »gemischten« wie der Sphinx und dem Greif. Als das Leben komplizierter, gefährlicher wurde, dürfte sich dieser stellvertretende »Priesterkönig« verändert haben. Er dürfte priesterhafter oder, in Zeiten der Gefahr, mehr ein Krieger geworden sein. Er kann sich aufgeteilt haben in eine Oligarchie oder eine Bürokratie oder das Äquivalent eines Feudalsystems; oder aber das Leben wurde nicht nur für den gewöhnlichen Sterblichen komplizierter, sondern auch für den Gott, dessen verschiedene Gestalten sich daraufhin in verschiedene Götter verwandelten, so daß aus einer einzigen Gottheit ein ganzer Götterhimmel erwuchs.

Doch Götter und Könige verlangen Respekt und verdienen Ehrungen. Die im Überfluß lebenden großen Kulturen der Bronzezeit überhäuften ihre Götter mit Respektbezeigungen und Ehren, sei es in materieller oder geistiger Form. Tempel und Paläste wurden errichtet, Statuen geschaffen; prächtige Textilien, kunstvoller Schmuck, herrliche Möbel und Ritualfahrzeuge entstanden in immer größerer Zahl, Pracht und Schönheit.

Zeremonien, Rituale und Sportarten entwickelten sich, ebenso Musik und Tanz — und das alles entsprang wirklich dem Wunsch des einzelnen, dem »Priesterkönig« Ehre zu erweisen. »Wir müssen das Höchste lieben, wenn wir es sehen«, und gleich dem *Jongleur de Notre Dame* die uns eigene besondere Fähigkeit einsetzen, um diese Liebe zu zeigen.

Aber das Höchste, der »Priesterkönig«, war sterblich: Man durfte jedoch nicht zulassen, daß das Prinzip des Priesterkönigs etwas anderes als unsterblich war, und daraus entwickelte sich offenbar die ganze Vorstellung von der Unsterblichkeit. Der König mußte sterben, der König durfte jedoch nicht sterben. Der König starb nicht, er lebte ewig, nicht nur in seinem Nachfolger, sondern auch selbst, in einem Leben nach dem Tode. Und wie der König, so lebten auch alle seine Untertanen weiter. Man baute große Grabmäler für Könige und Edle, versah sie mit den »Grab-Beigaben«, den notwendigen Dingen für das Leben danach: Waffen, Kleider, Speisen und Getränke, reicher Schmuck, Betten und Throne, Kosmetikartikel, Schoß- und Haustiere, Diener und Konkubinen (die manchmal geopfert wurden, um ihren Herrn zu begleiten, öfter aber gab man nur Modelle oder Bilddarstellungen bei). Der reine Geldwert dieser

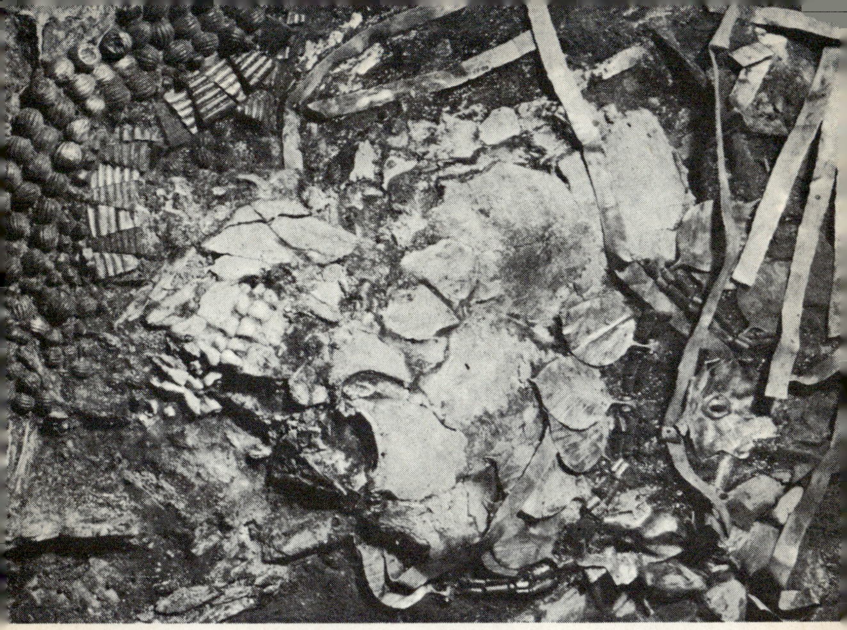

Die prächtigen Grabbeigaben der Königsgräber aus der Bronzezeit:
Schädel einer Hofdame aus Ur, umgeben von Gold und anderen
Wertgegenständen (oben); Schmuck aus einem der Königsgräber in
Ur (unten).

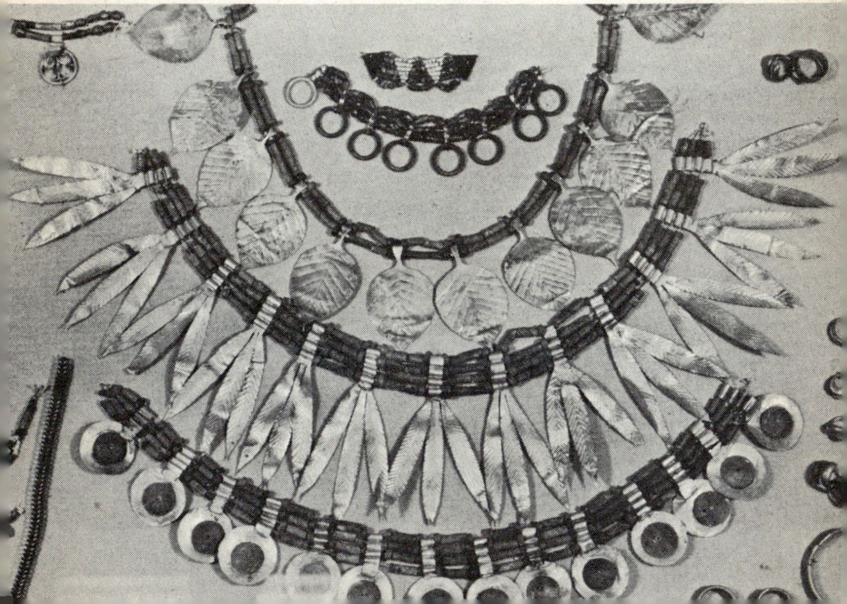

prunkvollen, kostspieligen Totenstätten läßt sich an den Schätzen des Grabmals von Tutenchamon ablesen. Doch das Prinzip war bei einfacheren Begräbnissen das gleiche: man bestattete das Kind mit seinem einzigen Spielzeug, den Erwachsenen mit mehreren Kochtöpfen, einem Dolch, einer Fibel oder einigen Krügen mit Augen- oder Lippenfarbe.

Aus den Gebäuderuinen kann man die Organisation dieser Städte ablesen, aus den Bedürfnissen der Seele im Leben nach dem Tode die Alltagsgewohnheiten rekonstruieren. Das sich abzeichnende allgemeine Bild von der Bronzezeit gleicht in den großen Zügen Platons Atlantis dermaßen, daß man nur schwer

Kriege auf großer Ebene hingen in der Bronzezeit noch weitgehend von der Führung des halbgöttlichen Königs oder Pharaos ab; auf diesem Tempelrelief aus Abu Simbel wird Ramses II. gezeigt, wie er die Feinde Ägyptens erschlägt.

der Behauptung von Professor Gideon aus Caen widersprechen kann, »die von Platon beschriebene Atlantis-Kultur« sei »in der Tat eine Kultur der Bronzezeit«.

Sehen wir uns nun die Aufzählung der Charakteristika und Errungenschaften von Platons Atlantis an, die auf den Seiten 13—16 zusammengefaßt sind, und suchen wir sie, in derselben Reihenfolge, in den großen Kulturen der Bronzezeit.

Einige dieser Kulturen scheinen fast keine Kriege erlebt zu haben — vor allem und über eine lange Zeit Kreta und das Industal — und frei gewesen zu sein von den Erfordernissen der Verteidigung. Andere dagegen, wie die Ägypter, Hethiter und frühen Assyrer, waren als Staaten mit Angriffs- und Verteidigungsstreitkräften organisiert. Militärische Operationen kamen im Nahen Osten häufig vor, und die zahllosen Inschriften über die Siege von Ramses II. im 14. Jahrhundert v. Chr. legen, so unzuverlässig sie auch im Detail sind, Zeugnis von organisierten militärischen Operationen auf sehr breiter Basis ab. Der Seehandel war bereits etabliert, man suchte Kupfer und Zinn, wo man es fand, auf Zypern, in Spanien und Großbritannien, und transportierte es auf dem Seeweg. Lebhafter Handel wurde zwischen Mesopotamien, dem Industal und (vielleicht) Oman über das Transitlager Bahrein betrieben. Daß die Frachtschiffe auch für Marine-Invasionen benutzt werden konnten, zeigte sich gegen Ende der Ära, als Ramses III. in der ersten aufgezeichneten großen Seeschlacht der Geschichte einen Angriff der Seevölker abwehren mußte.

Zur Landwirtschaft brauchen wir kaum mehr zu sagen, als daß große Kulturen ohne sie nicht existieren können. Der vielfältige Ackerbau in den Flußtälern von Indus, Nil und Euphrat-Tigris während der Bronzezeit lieferte alle die klassischen Informationen über Bodenbestellung im zweiten Jahrtausend, die sich ein Mensch nur wünschen mochte.

Erfolgreiche Landwirtschaft führte unweigerlich zu Wohlstand, Muße und zu dem Bedürfnis nach Organisation und öffentlichen Einrichtungen. Der Kornbehälter des Bauern der Jungsteinzeit wuchs sich in einer unaufhaltsamen Weiterentwicklung zu den großen öffentlichen Getreidespeichern von Harappa und Mohenjo Daro oder den Lagerhäusern des minoischen Knossos mit ihren riesigen, prächtigen *Pithoi* für Korn, Öl und Wein aus. Organisation und Kontrolle erzeugten Macht,

*Blühende Landwirtschaft, wie Platon sie in seinem Atlantisbericht
beschrieb, war ein Charakteristikum der meisten Bronzezeit-Kulturen: Männer mit Dreschflegeln, dargestellt auf der »Erntefestzugs«-
Vase aus Knossos (rechts oben); riesige ›Pithoi‹ und Vorratsgruben
im Palast von Knossos (rechts unten); und hier die gewaltigen, aus
Ziegel errichteten Getreidespeicher von Mohenjo Daro (oben).*

die Delegierung von Macht, ein Herrschaftssystem, den König
oder Hohepriester und seine Bevollmächtigten, weltliche sowie
geistliche. In Kreta folgte Minos auf Minos, in Ägypten Pharao
auf Pharao, und die Hethiterkönige artikulierten sich in wohl-
klingenden mehrsilbigen Wörtern. In Sumer zerbrach der frühe,
auf Religion basierende Kommunismus an der Verbreitung von
privatem Wohlstand, Dynastien von Königen und mächtigen
Beamten tauchten aus der Anonymität auf.

Der erste Architekt, Imhotep, Erbauer der Stufenpyramide
von Sakkara, war etwa tausend Jahre vor dem Beginn der Zeit
gestorben, die wir hier untersuchen, und inzwischen zu einer
Legende und einem Gott geworden. Wer der erste Hydraulik-
Ingenieur war, ist unbekannt wie der Gesang der Sirenen, aber
seine Genialität — gleich jener des Mannes, der das Rad er-
fand — offenbart sich in allen Flußkönigreichen der Bronzezeit:

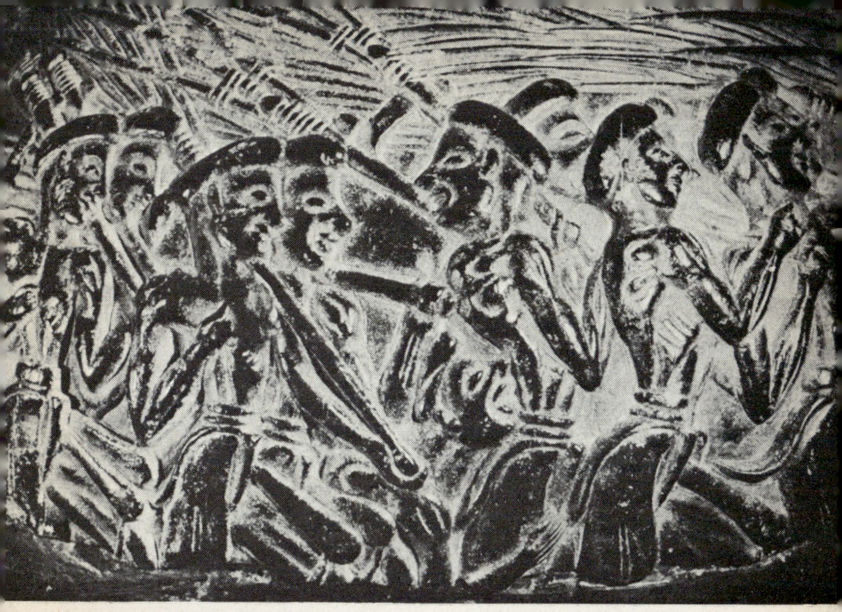

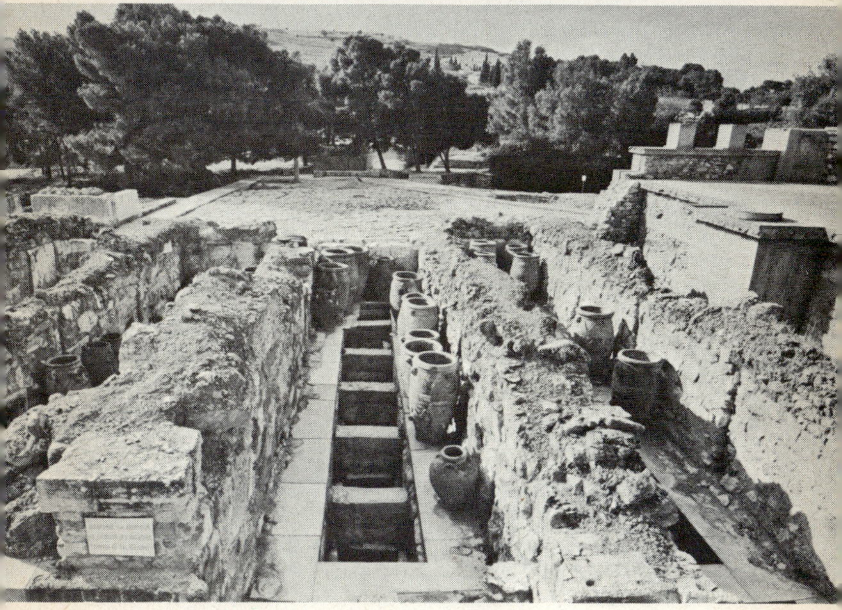

in der kunstvollen Kanalisation von Harappa und Mohenjo Daro, den Docks von Lothal, den Dämmen und Bewässerungskanälen von Mesopotamien, der Wasserverwaltung und den Pegeln zum Messen des Nilwasserstandes in Ägypten.

Schoßtiere (meist Hunde oder Affen) und Haustiere (vorwiegend Rinder, Schafe, Ziegen) waren in der ganzen Bronzezeit sehr verbreitet, Pferd und Wagen erschienen im Nahen Osten um die Mitte des zweiten Jahrtausends mit der Ankunft von Völkern des indoeuropäischen Sprachkreises aus Südrußland und dem Osten. Mit den Ariern kam das Pferd, Besitz und Symbol des Adels, für das keine Behandlung zu gut, kein Schmuck zu kostbar war.

Über die Pflanzung von Bäumen und die Anlage von Gärten kann man nur schwer präzise Angaben machen. Gärten und Pflanzungen hinterlassen kaum Spuren. Verkohlte Samen von Trauben, Feigen, Oliven, Mandeln und Äpfeln fand man an zahlreichen Orten des fernen Altertums. Die Wahrscheinlichkeit, daß sie von gezüchteten Pflanzen stammen, ist zwar sehr groß, aber der Beweis dafür schwer zu erbringen, und es ist praktisch unmöglich, mit Sicherheit zu sagen, daß die Pflanzen zum Vergnügen gesetzt wurden. Allgemein herrscht die Ansicht, daß man Weinreben ausdrücklich zu Ehren der betreffenden Gottheit auf die Hänge der sumerischen Zikkurate (Stufentürme) pflanzte. Von dort zu den hängenden Gärten Babylons führt ein logischer Weg.

In allen Bronzezeit-Kulturen, deren vordringlichstes Bedürfnis ja Wasser war — die Voraussetzung für Leben und Fruchtbarkeit —, gab es Zisternen und Reservoire, weil die Wasserzufuhr unregelmäßig war, während der Bedarf konstant blieb.

Was den Ursprung der Götter anbelangt, so ist der Spekulation Tür und Tor geöffnet. Die normale Entwicklung des Glaubens eines Menschen an göttliche Macht oder die Schaffung einer göttlichen Macht durch ihn scheint mit einem einfachen Gott (oder einer Göttin) zu beginnen, der seinen ersten einfachsten Bedürfnissen entspricht. Die Entwicklung scheint sich fortzusetzen mit einer Vermehrung der Götter, wenn die Bedürfnisse des Menschen vielfältiger, komplexer werden; es bleibt bei einer Gottheit, wenn die ersten Regungen der Philosophie nach einem einzigen, alles beherrschenden Prinzip verlangen. Daß die Bronzezeit eine komplexe Zeit war, steht außer

Pferd und Wagen erscheinen im Nahen Osten um die Mitte des zweiten Jahrtausends v. Chr.: Goldsiegel aus Mykenä, sechzehntes Jahrhundert v. Chr. (unten). Vor dem Auftauchen des Pferdes dienten andere Haustiere als Zugtiere: Gipsabdruck eines Siegels aus Kreta, der einen von zwei Ziegen gezogenen Wagen zeigt (oben).

Frage. Daß sie eine Zeit der Vielgötterei war, ist sehr wahrscheinlich und dort sicher, wo die Lese- und Schreibfähigkeit sich entwickelt hatte und der Glaube schriftlich festgehalten wurde, besonders in Mesopotamien und Ägypten.

Die Bronzezeit erlebte die Geburt und Verbreitung der Lese-

und Schreibfähigkeit. Sumer und Mesopotamien lieferten reiches Material, das entziffert werden konnte. Auch die hethitischen Schriftzeichen geben ihre Geheimnisse preis. Kreta hatte zu jener Zeit zwei Schriften: Linear A (noch unentziffert) und Linear B, von der Ventris und Chadwick nun enthüllten, daß es eine Silbenschrift in primitivem Griechisch ist. Andere Völker dieses Gebiets, in Indien und dem östlichen Mittelmeerraum, machten ebenfalls Aufzeichnungen. Sie notierten geschäftliche Transaktionen in Signaturen, die kurz sein mögen, aber dennoch Symbole für das mechanische Gedächtnis sind, dieses erste Produkt der Lese- und Schreibfähigkeit.

Die Bronzezeit war nicht nur ein metallverarbeitendes, sondern auch das erste Zeitalter, in dem Metall auf breiter Basis Verwendung fand. Bestimmte Metalle, besonders Gold und Kupfer, kommen im Reinzustand vor und können ohne große Mühe in Formen gehämmert werden. Die Jahrhunderte vor der Bronzezeit bezeichnet man denn auch gelegentlich als Kupferzeit. Erst in der Bronzezeit jedoch wurde die Verschmelzung von Kupfer und Zinn zu der harten, nützlichen Legierung, die man Bronze nennt, allgemein üblich, und der Handel mit Metallen sowie Werkzeugen entwickelte sich zu einem Beruf. Große Mengen von Gold und Silber wurden verwendet — in Form von Blattgold, Filigran, Körnchen, allein oder in Kombinationen, besetzt mit Edel- oder Halbedelsteinen, eingelegt mit schwarzem Niello oder blauem Lapislazuli oder Glas oder rotem Karneol. Man frönte mit den beiden Metallen einer schier unglaublichen Verschwendungssucht, die Schätze der Königsgräber von Ur und die Herrlichkeiten in Tutenchamons prächtigem Grabmal sind dafür Beweis genug. Diese Gräber entgingen, dank glücklicher Umstände, der Beraubúng und Einschmelzung ihrer Schätze. Im Gegensatz zu Tonwaren und Stein können Metalle ja eingeschmolzen, umgeformt und somit nicht mehr in der ursprünglichen Form erkennbar, immer wieder verwendet werden. Wer will behaupten, daß Ihr Ehering nicht ein oder zwei Goldkörnchen aus Sumer enthält? Wie groß die Schätze der Bronzezeit zu einem bestimmten Zeitpunkt *insgesamt* gewesen sein mögen, ist nicht zu sagen und schwer auszudenken.

Die Bauweise der Bronzezeit kennen wir aus vielen Zeugnissen: den riesigen Ziegelplattformen von Harappa, Mohenjo

A

B

Die Bronzezeit
erlebte die Geburt
der Schreibkunst. In
Ägypten, Mesopo-
tamien und anderen
Kulturzentren
wurde eine Vielzahl
Schriften und an-
derer Formen des
Schreibens
entwickelt. Dazu
zählten die Schrif-
ten Kretas, Linear A
und Linear B.

Daro und sogar Mesopotamien, wo es keinen Stein gab; den großen Hügeln, die von Tempeln und Zikkuraten aus Fluß- schlammziegeln übrigblieben; in Ägypten den großen Gräbern und Tempeln (die großen Pyramiden sind alle älter), in Kreta und Griechenland den megalithischen Gräbern und Monumen- ten, diesen Bauten aus unbehauenen Steinblöcken, die zum Kennzeichen für das Vordringen der ägäischen Händler ins westliche Mittelmeer und weit hinaus an die Atlantikküsten Spaniens, Frankreichs und Großbritanniens wurden.

Tatsächlich besaß Platons Atlantis im wesentlichen nichts, wofür man unter den bekannten Überresten der älteren Bronze- zeit keine Parallelen fände. Man kann Platons Bericht nicht lesen, ohne zu der Überzeugung zu gelangen, es handle sich um eine Kultur der Bronzezeit.

Einige der großen Bauten aus der Bronzezeit bestehen noch, wenn auch oft als Ruinen; der Zikkurat (Stufenturm) von Ur hatte ur- sprünglich die mehrfache Höhe des Ziegelhügels, der heute in der mesopotamischen Ebene steht. Der Tempel von Königin Hatschep- sut in Dair Al Bahri gehört zu den imposantesten Bauten der Bronze- zeit (rechts).

2. Die Geographie von Platons Atlantis

Dies war also die Art der Kultur, die Platon beschrieb. Doch welche geographischen und physischen Charakteristika hatte sie, welche geschichtliche Periode umfaßte sie, welcher Art waren Ursprung und Ende?

Das alles wird aus dem Bericht ziemlich klar, wenn man einmal das Grundproblem gelöst hat, ob Atlantis eine einzige große Insel oder ein Königreich aus zwei oder mehr Inseln war. Zum Glück gibt der *Kritias* hier die Antwort: In der legendären Aufteilung der Erde auf die Götter erhielt Poseidon eine Insel, auf der Euenor, einer der ersten Sterblichen, mit seiner Gattin Leukippe und der Tochter Kleito lebte. Nach dem Tode Euenors und Leukippes nahm Poseidon Kleito zur Frau.

»An männlicher Nachkommenschaft aber erzeugte er fünf Zwillingspaare und zog sie auf, zerlegte sodann die ganze Insel Atlantis in zehn Landgebiete und teilte von ihnen dem Erstgeborenen des ältesten Paares den Wohnsitz seiner Mutter und das umliegende Gebiet als das größte und beste zu und bestellte ihn auch zum König über die anderen Söhne; aber auch diese machte er zu Herrschern, indem er einem jeden die Herrschaft über viele Menschen und vieles Land verlieh. Auch legte er allen Namen bei, und zwar dem ältesten und Könige den, von welchem auch die ganze Insel und das Meer, welches ja das atlantische heißt, ihre Benennungen empfingen; nämlich Atlas ward dieser erste damals herrschende König geheißen.« *(Krit., 113 E—114 A)*

An mehreren Stellen im *Kritias* gibt Platon eine genaue Beschreibung der Mutterstadt, das heißt des Wohnorts der Mutter von Atlas, dem ältesten Sohn Poseidons und ersten König von Atlantis:

»Ziemlich in der Mitte der ganzen Insel, jedoch so, daß sie an das Meer stieß, lag eine Ebene, welche von allen Ebenen die schönste und von ganz vorzüglicher Güte des Bodens gewesen sein soll. Am Rande dieser Ebene aber lag wiederum, und zwar etwa sechzig Stadien[1] vom Meere entfernt, ein nach allen Seiten niedriger Berg . . . Poseidon wollte Leukippos Wohnort für an-

---

[1] Das griechische Stadium betrug 600 griechische Fuß, ca. 192 m.

dere unzugänglich machen. Er trennte deshalb auch den Hügel, auf welchem sie wohnte, durch eine starke Umhegung ab, indem er mehrere kleinere und größere Ringe abwechselnd von Wasser und von Erde umeinanderfügte, und zwar ihrer zwei von Erde und drei von Wasser, und mitten aus der Insel gleichsam herauszirkelte, so daß ein jeder in allen seinen Teilen gleichmäßig von den anderen entfernt war; wodurch denn der Hügel für Menschen unzugänglich ward ...« *(Krit., 113 C—D)*

Die »Ringe von Wasser« muß man sich als konzentrische Kanäle vorstellen, und es gab deren drei. Wie sie angelegt waren, beschreiben drei weitere Absätze:

»Zuerst schlugen sie Brücken über die Ringe von Wasser,

Die alte Mutterstadt von Atlantis, wie Platon sie im ›Kritias‹ beschreibt.

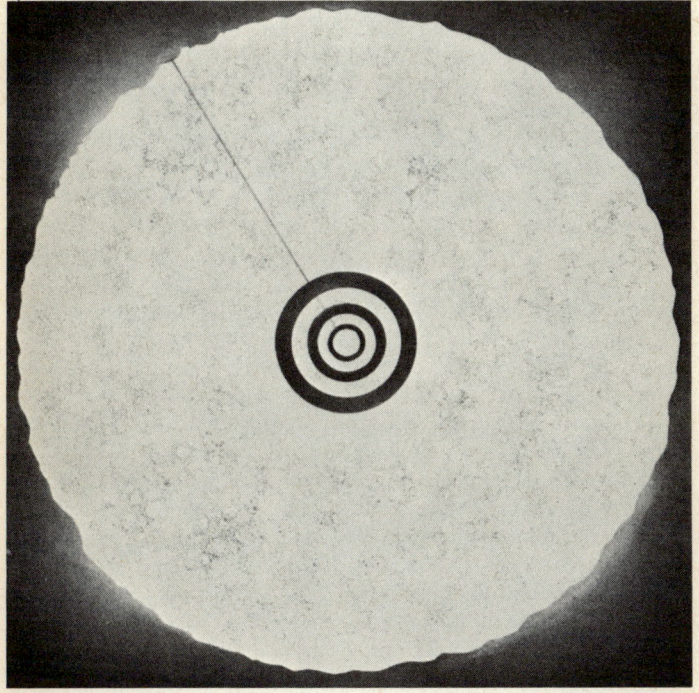

welche ihre alte Mutterstadt umgaben, um sich so einen Weg von und zu der Königsburg zu schaffen. Dieselbe errichteten sie nämlich gleich im Anfange eben auf jenem Wohnsitz des Gottes und ihrer Vorfahren, und so empfing sie der eine von dem anderen . . .«

»Zuerst nämlich gruben sie einen Kanal von drei Plethren [96 m] Breite, hundert Fuß Tiefe und fünfzig Stadien [9400 m] Länge vom Meere aus bis zu dem äußersten Ringe hin, und machten so eine Einfahrt von der See in denselben wie in einen Hafen möglich, indem sie die Einmündung in ihn weit genug zum Einlaufen für die größten Schiffe brachen.« *(Krit., 115 D)*

»Es war aber der weiteste von den Ringen, welche einst aus dem Meere gebildet waren, drei Stadien [576 m] breit, und ebenso der zunächst auf ihn folgende Wallring, von den beiden nächsten Ringen aber der aus Wasser bestehende zwei [382 m], und ebenso war ihm wiederum der aus Erde aufgehäufte an Breite gleich, endlich der unmittelbar um die Insel herumlaufende ein Stadium [192 m], und die Insel selbst, auf welcher die Königsburg stand, hatte fünf Stadien [925 m] im Durchmesser.« *(Krit., 115 E)*

Diese Ausführungen zeigen klar, daß die alte Mutterstadt eine kleine runde Insel mit einem Radius von etwa 9,25 km war.

Nach Beschreibung der alten Mutterstadt fuhr Platon in der Schilderung von Atlantis fort, das — wie man sehen wird — ganz anders aussah als eine runde Insel mit 18,5 km Durchmesser.

»Über die Stadt und jenen einstigen Wohnsitz der Könige habe ich nun so ziemlich das, was mir damals erzählt wurde, mitgeteilt; nun muß ich aber auch noch versuchen, über die natürliche Beschaffenheit *des übrigen Landes* und die Art seiner Verwaltung zu berichten. Zunächst nun wurde mir das Land im ganzen als sehr hochgelegen und steil aus dem Meere aufsteigend geschildert, die Gegend um die Stadt her dagegen durchweg als eine Ebene, welche dieselbe umschloß, ihrerseits aber wieder ringsherum von Bergen eingeschlossen wurde, die sich bis zum Meer hinabzogen, und zwar als eine ganz glatte und gleichmäßige Fläche, die in ihrer Gesamtausdehnung eine längliche Gestalt hatte, indem dieselbe nach der Seite zu dreitausend Stadien [576 km], in der Mitte aber vom Meer aufwärts nur zweitausend [382 km] hatte. Von der ganzen Insel nämlich lag dieser Teil nach der Südseite zu, indem er sich von Norden nach Süden erstreckte. Die Berge aber, welche ihn umgaben, wurden damals als solche gepriesen, welche an Menge, Größe und Schönheit alle jetzt vorhandenen übertrafen, indem sie viele Flecken mit einer reichen Zahl von Bewohnern, ferner Flüsse, Seen und Auen, welche allen möglichen zahmen und wilden Tieren hinreichendes Futter darboten, sowie endlich Waldungen in sich faßten, welche in bunter Menge und in der größten Mannigfaltigkeit aller Gattungen einen reichhaltigen Stoff zu den Arbeiten jeder Art, im großen wie im kleinen, lieferten. Auf diese Weise war die Ebene von der Natur ausgestattet, und viele Könige hatten nicht minder an ihrer weiteren Ausstattung gearbeitet. Zum größten Teile bildete sie nämlich wirklich bereits ein vollständiges Rechteck; wo es aber noch an der vollen Regelmäßigkeit dieser Gestalt fehlte, war ihr dieselbe dadurch gegeben worden, daß sie auf allen Seiten einen Graben herumgezogen hatten. Was mir nun von dessen Tiefe, Breite und Länge erzählt ward, das könnte unglaublich erscheinen für ein von Menschenhänden gearbeitetes Werk; es könnte unglaublich erscheinen, daß sie zu ihren vielen anderen Arbeiten auch noch diese von so gewaltiger Ausdehnung unternommen hätten; dennoch muß ich darüber berichten, wie ich es gehört habe. Nämlich ein Plethrum [32 m] tief ward er gegraben und überall ein Stadium [192 m] breit, und als er um die ganze Ebene herumgezogen war, da ergab sich für ihn eine Länge von zehntausend Stadien [knapp 2000 km]. Er nahm auch die von den Bergen herabfließenden Wasser auf, und da er rings um die Ebene herumgeführt war und die Stadt auf beiden Seiten berührte, so ließ er dieselben auf folgende Weise ins Meer abfließen. Von seinem oberen Teile her wurden nämlich von ihm ungefähr hundert Fuß breite Kanäle in gerader Linie in die Ebene geleitet, welche wieder in den großen vom Meere aus gezogenen Kanal einmündeten und voneinander hundert Stadien [19 km] entfernt waren. Auf ihnen brachten sie denn auch das Holz von den Bergen in die Stadt, aber auch alle anderen Landeserzeugnisse holten sie zu Wasser heran, indem sie wieder Überfahrten aus den Kanälen ineinander nach der Quere zu und ebenso nach der Stadt hin gruben. Auch ernteten sie infolgedessen zweimal des Jahres ein, indem ihnen im Winter der Regen des Zeus dazu verhalf, im Sommer aber die Bewässerung, welche das Land selber in sich trug, dadurch, daß sie sie aus den Kanälen herzuleiteten.« *(Krit., 118 A—E)*

Dieser Absatz ist nicht völlig klar. Platon war offensichtlich selbst nicht ganz zufrieden damit, wie seine Formulierungen zeigen: »Was mir nun von dessen Tiefe, Breite und Länge erzählt ward, das könnte unglaublich erscheinen«, und: »dennoch muß ich darüber berichten, wie ich es gehört habe«. (Übrigens sind diese Formulierungen ein Beweis dafür — falls ein solcher noch benötigt wird —, daß Platon die Geschichte als eine etwas unverdauliche Tatsache und nicht als leichtverdauliche Sage ansah.) Bestimmte Punkte jedoch sind überaus klar. Die Ebene um die Stadt war ungefähr rechteckig, der Graben um die Stadt maß 10 000 Stadien (knapp 2000 km) in der Länge und die längere Seite der Ebene 3000 Stadien (576 km). Die von Platon erwähnten 2000 Stadien (384 km) beziehen sich somit auf die Breite der Ebene in ihrem mittleren Punkt und nicht auf den Abstand von der Mitte der Ebene zum Meer, wie manche Schriftsteller behaupten.

Ferner scheint die Ebene um die Stadt nicht jene bei der alten Mutterstadt gewesen zu sein, da letztere im Zentrum der Insel und 50 Stadien (9,4 km) vom Meer entfernt lag. Die Ebene um die Stadt war 3000 Stadien (576 km) lang und 2000 Stadien (384 km) breit. Das Zentrum dieser Ebene muß also weit über 9,25 km vom Meer entfernt gewesen sein. Der Versuch, diese Behauptungen in Einklang zu bringen, indem man sagte, die alte Mutterstadt habe nicht in der Inselmitte, sondern am Meer in der Mitte einer der Inselseiten gelegen, scheiterte an dem Absatz *(Krit., 113 D)*, worin es heißt, die Wasserringe um die Mutterstadt seien gleich weit vom Inselzentrum entfernt gewesen.

Schließlich wurde die Ebene um die Stadt von Bergen umrahmt, deren Hänge zum Meer hinabreichten. Diese Berge waren berühmt, groß, mit vielen prächtigen Dörfern. Daraus geht hervor, daß die von Platon angegebenen Maße (3000 Stadien × 2000 Stadien = 576 × 384 km) sich nur auf die Ebene um die Stadt und nicht, wie manche glauben, auf die gesamte Insel bezogen.

Platon setzte seine Beschreibung mit Ausführungen über die Atlantisbewohner fort:

»Was aber die Zahl der Bewohner anbetrifft, so bestand die

Griechische ›hoplites‹ (schwerbewaffnete Fußsoldaten), an die Platon gedacht haben muß, als er den Ausdruck ›hoplite‹ zur Beschreibung der Soldaten von Atlantis gebrauchte.

Anordnung, daß in der Ebene selbst an kriegstüchtigen Männern jedes Grundstück *[kleros]* einen Anführer zu stellen hatte; die Größe eines jeden Grundstücks aber betrug gegen hundert Quadrat-Stadien [19 200 m²], und die Zahl von ihnen allen sechzigtausend. In den Bergen und im übrigen Lande gab es, den Berichten zufolge, zahllose Bewohner, die alle, entsprechend ihren Ortschaften und Flecken, je einem dieser Grundstücke und Führer zugeteilt waren. Die Führer nun aber hatten die Verpflichtung, zum Kriege ihrer sechs zusammen einen Kriegswagen zu stellen, so daß deren insgesamt zehntausend wurden, ferner ein jeder zwei Rosse und Reiter, dazu noch ein Zwiegespann ohne Sessel, welches mit einem Krieger bemannt war, der einen kleinen Schild trug und auch herabsteigend zu Fuß kämpfte; außer diesem Wagenkämpfer aber mit einem Lenker für die beiden Rosse, ferner zwei Schwerbewaffnete und an Bogen- und Schleuderschützen je zwei, und ebenso an Stein- und Speerwerfern ohne Rüstung je drei; endlich vier Seeleute zur Bemannung von zwölfhundert Schiffen. So war das Kriegswesen in dem königlichen Staate angeordnet, in den anderen neun Staaten aber auf verschiedene Weise, deren Erörterung zu lange Zeit in Anspruch nehmen würde.« *(Krit., 118 E—119 C)*

Dieser Absatz beweist, daß die Ebene zur »Königsstadt« gehörte und die Bewohner der Berge sowie sonstiger Teile von Atlantis anderen, untergeordneten Herrschern unterstanden. Atlantis hatte, wie bereits ausgeführt, zehn Städte und zehn Herrscher. Die Königsstadt, wie Platon sie oben beschrieb, war die Hauptstadt eines Gebiets von 3000 × 2000 Stadien (576 × 384 km). Umfaßten die im Schlußsatz des letzten Zitats erwähnten neun restlichen Staaten ähnliche Gebiete, müßten die Ausmaße des gesamten Staates Atlantis bei 30 000 × 20 000 Stadien (5760 × 3840 km) gelegen haben. Diese Werte ergeben eine Landmasse etwa von der Größe Kleinasiens und des bewohnbaren Nordafrikas. Das Mittelmeer ist ungefähr 3300 km lang, und eine Insel mit einer Länge von 5760 km konnte sich somit unmöglich im Mittelmeerbecken befunden haben.

Solon war im Mittelmeergebiet gereist und sich vermutlich dieser Schwierigkeit bewußt. Etwa zu jener Zeit hatten die Phönizier auf Befehl des Pharao Necho (609—593 v. Chr.) Afrika umschifft und wußten so von der Existenz des Atlantischen Ozeans. Deshalb ist es möglich, daß Solon in seinen Gesprächen mit den Priestern von Sais erklärte, eine Insel der angeblichen Ausmaße von Atlantis könne sich nicht im Mittelmeer befunden haben, und daß die Priester, im Bilde über die ungeheure Größe des vor kurzem entdeckten Atlantischen Ozeans, die Gelegenheit benutzten, Atlantis dort anzusiedeln. Es kann sehr gut sein, daß der Atlantik hiervon seinen Namen herleitet. Erwähnenswert ist, daß die ägyptischen Schriften die Bezeichnung »Säulen des Herakles« nicht benutzten. Der Priester von Sais wird folgendermaßen zitiert:

»Damals nämlich war das Meer dort fahrbar, denn vor der Mündung, welche ihr in eurer Sprache die Säulen des Herakles heißt, hatte es eine Insel, welche größer war als Asien und Libyen zusammen. Von ihr aus konnte man damals zu den anderen Inseln übersetzen, und von den Inseln auf das ganze gegenüberliegende Festland, welches dieses wirklich so zu nennende Meer umschließt. Denn alles das, was sich innerhalb der genannten Mündung befindet, erscheint wie eine bloße Bucht mit einem engen Eingange, jenes Meer aber kann wahrhaft ein Meer und das es umgebende Land mit vollem Fug und Recht Festland heißen.« (Tim., 24 E—25 A)

Dieser Absatz impliziert nachdrücklich, daß in der ägyptischen Aufzeichnung die Lage von Atlantis unbestimmt und seine Ansiedlung jenseits der Straße von Gibraltar eine Folge der Diskussion zwischen Solon und den Priestern von Sais war.

Es scheint jedoch ziemlich klar, daß die alte Mutterstadt und die Königsstadt von Atlantis sich nicht auf ein und derselben Insel befanden. Die alte Mutterstadt lag auf einer kleinen runden Insel mit etwa 18,5 km Durchmesser, die Königsstadt aber auf einer rechteckigen und viel größeren Insel. Atlantis muß somit aus mindestens zwei Inseln bestanden haben, und Platon sagt das tatsächlich auch:

»Auf dieser Insel Atlantis nun bestand eine große und bewundernswürdige Königsherrschaft, welche nicht bloß die ganze Insel, sondern auch viele andere Inseln ... unter ihrer Gewalt hatte.« *(Tim., 25 A)*

Zur Datierung: Im *Kritias* erinnert Kritias zu Beginn seiner Erzählung an das, was die ägyptischen Priester zu Solon gesagt hatten: »Vor allem nun wollen wir uns zunächst ins Gedächtnis zurückrufen, daß es im ganzen neuntausend Jahre her sind, seitdem, wie angegeben worden, der Krieg zwischen denen, welche jenseits der Säulen des Herakles, und allen denen, welche innerhalb derselben wohnten, entstand ...« *(Krit., 108 E)* Dieselbe Zahl nennt der *Timaios (Tim., 23 E)*

Im *Timaios* berichtet Kritias auch die Rede der ägyptischen Priester, nachdem sie den Widerstand der Athener gegen die Streitmacht von Atlantis erwähnt hatten:

»Späterhin aber entstanden gewaltige Erdbeben und Überschwemmungen, und da versank während eines schlimmen Tages und einer schlimmen Nacht das ganze streitbare Geschlecht bei euch scharenweise unter die Erde, und ebenso verschwand die Insel Atlantis, indem sie im Meere unterging. Deshalb ist auch die dortige See jetzt unfahrbar und undurchforschbar, weil der sehr hoch aufgehäufte Schlamm im Wege ist, welchen die Insel durch ihr Untersinken hervorbrachte.« *(Tim., 25 D)*

Die Quintessenz von Platons Beschreibung der physischen und chronologischen Merkmale von Atlantis ist, daß Atlantis bestimmt aus zwei, möglicherweise aus mehr Inseln bestand und eine davon ziemlich klein und rund, eine andere ungefähr rechteckig und sehr groß war, daß es seine Blütezeit um 9600 v. Chr. erlebte, und daß es in einem Tag und einer Nacht im Meer versank.

3. Die Datierung von Platons Atlantis

In den beiden vorhergehenden Kapiteln gaben wir wieder, was Platon über Atlantis sagte. Ist es glaubhaft? Es scheint nicht so. Können die Widersprüche ausgeräumt werden? Wir sind überzeugt, daß dies geht. Wir sind auch überzeugt, daß die Lösung einfach und schlüssig ist. Zuerst jedoch müssen die Unmöglichkeiten untersucht werden.

Die erste und am meisten anachronistische Unmöglichkeit ist das Datum. Rechnet man neuntausend Jahre zurück von der Zeit, wo die ägyptischen Priester Solon erzählten, Atlantis habe einen Angriff auf Athen und Ägypten begonnen und die Athener hätten den Angriff mutig zurückgeschlagen, gelangt man ungefähr zum Jahr 9600 v. Chr. Eine Zeit, zu der es, wie Professor Marinatos richtig sagt, weder Ägypter zum Aufzeichnen der Ereignisse noch Griechen zum Vollbringen der ihnen zugeschriebenen Taten gab. Jungsteinzeitliche Überreste in Unterägypten datieren von etwa 5000 v. Chr., die historische Zeit begann um die Mitte des vierten Jahrtausends v. Chr., und griechischsprechende Menschen tauchten in Griechenland erst im zweiten Jahrtausend v. Chr. auf.

Höchst anachronistisch sind auch die hochentwickelte Landwirtschaft und der ausgeklügelte Gartenbau von Atlantis. Die sogenannten »ersten Bauern« von Jarmo im nördlichen Irak erlebten ihre Blütezeit um 7000 v. Chr. Etwas von der Norm abweichende urbane Kulturen (die auf einer regulären Landwirtschaft basiert haben müssen) bestanden zwar während derselben geschichtlichen Periode in Jericho und Catalhüyük in Anatolien, aber die ersten Hauptkulturen (auf landwirtschaftlicher Basis) — besonders die sumerische — entwickelten sich erst im vierten Jahrtausend v. Chr., d. h. zwischen 4000 und 3000 v. Chr. Die Landwirtschaft breitete sich im dritten Jahrtausend oder ein wenig früher vom fruchtbaren Halbmond (dem Hochland, das sich von Persien bis Syrien erstreckt) nach Europa und Asien aus. In Dänemark und Großbritannien setzte die Bodenbebauung um 2500 v. Chr. ein, in Nordamerika fand der früheste Anbau von Getreide zwischen 1500 und 1000 v. Chr. in Neumexiko statt.

Die Bewohner von Atlantis konnten lesen und schreiben: ihre Gesetze waren *schriftlich* festgehalten. Doch die Sumerer — sie bildeten die erste des Lesens und Schreibens kundige Kultur der Erde — erfanden die Schrift zwischen 2700 und 2300 v. Chr., die ägyptischen Hieroglyphen gab es vielleicht etwas früher.

Diese schriftlichen Gesetze von Atlantis waren »auf eine Säule von Goldkupfererz eingegraben«, und das Volk von Atlantis kannte und bearbeitete Kupfer, Zinn, Bronze, Gold und Silber. Nun, die Verwendung verschiedener Metalle begann in allen Teilen der Welt auf dieselbe Weise und in derselben Reihenfolge. Immer wurde Kupfer als erstes verwendet, gefolgt von Bronze und schließlich, als letztem, von Eisen, ungeachtet des Zeitpunkts, an welchem die Metalle in den verschiedenen Regionen auftauchten. Die Menschheitsgeschichte unterteilt sich demgemäß in vier Zeitalter: die Stein-, Kupfer-, Bronze- und Eisenzeit. Sie leiten ihre Namen von dem Material her, aus dem die Menschen der jeweiligen Periode Werkzeuge, Waffen und anderes Gerät fertigten.

Gold und Silber sind schon lange bekannt, galten jedoch wegen ihrer Seltenheit und Schönheit seit jeher als Edelmetalle, die man zu Schmuck und nicht zu Gebrauchsgegenständen verarbeitete. Nach allgemeingültiger Ansicht wurden Kupfer und andere Metalle zuerst im Nahen Osten von den Völkern Mesopotamiens verwendet, und zwar gegen Ende des vierten Jahrtausends v. Chr. Die Sumerer, älteste bekannte Bewohner Mesopotamiens, hatten engen Kontakt zu vielen metallreichen Regionen. Von Mesopotamien breitete sich die Verwendung des Kupfers über Ägypten, die Levante, Zypern und die Ägäis nach Nordeuropa und in die Schwarzmeerländer aus, vom Mittelmeer gelangte sie dann nach Westeuropa. Vor der Landung der Spanier befand sich Nordamerika noch in der Steinzeit, auch wenn Mittel- und Südamerika einige Kenntnisse über die Verwendung von Kupfer und Bronze besaßen. Die Ureinwohner Australiens und Neuguineas tauchen gar erst jetzt aus ihrer Steinzeit auf.

Die Verwendungsmöglichkeiten reinen Kupfers waren wegen seiner Weichheit beschränkt, daher übte es keinen nachhaltigen Einfluß auf die Entwicklung der einzelnen Kulturen aus. In der Kupferzeit blieb Stein das Hauptmaterial für Werkzeuge, Waffen und Gebrauchsgegenstände des täglichen Lebens. Das Metallzeitalter begann eigentlich erst richtig mit dem Erscheinen der Bronze. (Das Wort »Bronze« bezeichnet hier die alte Legierung von ungefähr 90 Teilen Kupfer und 10 Teilen Zinn, nicht die moderne Bronze, eine Legierung aus Kupfer und anderen Metallen wie Zink, Mangan usw.) Es ist nur natürlich, daß in Gebieten, die über leicht zugängliche, große Metallvorkommen verfügten, die Verwendung von Metallen früh begann. Im Heimatland der Metallurgie, in Mesopotamien, mit reichen kupferproduzierenden Bezirken wie Assyrien, Charläa usw., in Anatolien, Syrien und auf der erzproduzierenden Insel Zypern, die an den Kreuzungen der Seewege zwischen Asien, Europa und Afrika lag, setzte die Bronzezeit am Beginn oder spätestens um die Mitte des dritten Jahrtausends v. Chr. ein. In Griechenland entwickelte sich die Verwendung von Bronze auf breiter Basis während der minoischen und helladischen Phasen der ägäischen Kultur, d. h. zwischen 2100 und 1200 v. Chr. Angesichts dieser Zahlen ist es ganz unmöglich, ja geradezu absurd, zu glauben, die Verwendung von Bronze sei siebentausend Jahre früher in Atlantis bekannt gewesen.

Die Beweisführungen zur Architektur sind vielleicht nicht ganz so schlagend, aber bestimmt ebenso überzeugend. Die ältesten bekannten Beispiele formaler Monumentalbauten datieren aus dem frühen vierten Jahrtausend im südmesopotamischen Eridu, die ältesten Steinbefestigungen aus dem siebten Jahrtausend in Jericho und die typische megalithische (oder zyklopische) Architektur, die in ihrer Art der beschriebenen von Atlantis am nächsten steht, kam im vierten Jahrtausend zuerst in Mesopotamien auf, gelangte später an die Ägäis, auf den Peloponnes und nach Kreta und erreichte Westeuropa um 2300 v. Chr.

Es gibt noch weitere Anachronismen, doch sie zu verfolgen, wäre nur ermüdend, zumal der Fall bereits klar ist. *Eine* wilde Anomalie wäre vielleicht tragbar, aber daß Atlantis alles gehabt haben soll — Architektur, Metallurgie, Schrift, Landwirtschaft und ungeborene Gegner —, und das noch drei- bis siebentausend Jahre vor deren Zeit, ist zweifellos absurd. Die Datierung 9600 v. Chr. für Atlantis ist unglaubhaft und unmöglich, im einzelnen wie im allgemeinen.

Teil II   Wo lag Atlantis?
Alte Theorien sind unhaltbar

4. Der Atlantische Ozean

Die Widersinnigkeit der Datierung von Atlantis ist offensichtlich und klar erkennbar, aber gleichzeitig einfach aufzulösen, wie man später sehen wird. Die anderen großen Anomalien der Geschichte — so die ungeheure Größe von Atlantis und sein Verschwinden »während eines schlimmen Tages und einer schlimmen Nacht« — sind komplizierter und so verwoben in Sagen, Erklärungen und Pseudowissenschaft, daß viel Aufklärungs- und auch Zerstörungsarbeit notwendig sein wird, bevor sie klar erkennbar sind.

Die geographische Lage von Atlantis scheint zwischen Platons Zeit und etwa der Mitte des sechzehnten Jahrhunderts die Menschen nicht sehr beschäftigt zu haben. Dies kann auf eine oder alle der folgenden Ursachen zurückzuführen sein:

a) die große Autorität des Aristoteles, der Atlantis als einen von seinem Lehrer Platon erfundenen Mythos ansah;
b) das Fehlen einer anderen, bestätigenden Quelle, die zeitgleich mit Platon oder älter ist;
c) das Fehlen wissenschaftlicher Informationen, die eine Prüfung der Größe und Lage von Atlantis, besonders aber des Zeitpunkts seines Untergangs erlaubten.

Trotz alledem und sogar trotz der Autorität des Aristoteles hielt Krantor, dieser im dritten Jahrhundert v. Chr. lebende erste Scholastiker oder Platon-Kommentator, die Geschichte, wie Proklus berichtet, für wahr. Laut Ammianus Marcellinus (330—400 n. Chr.) betrachteten die alexandrinischen Gelehrten die Vernichtung von Atlantis als historische Tatsache. Poseidonios (135—51 v. Chr.), ein stoischer Philosoph und Schriftsteller, der durch weite Teile Westeuropas reiste, hielt die Atlantisgeschichte für eine Kombination tatsächlicher und imaginärer Begebenheiten, und Strabon (67 v. Chr.—23 n. Chr.), der große Geograph der Antike, vertrat dieselbe Ansicht.

Die meisten Autoren, die über Atlantis schrieben, lokalisierten den »verlorenen Kontinent« im Atlantischen Ozean. Zu ihnen zählte auch Athanasius Kircher, ein Jesuit aus dem siebzehnten Jahrhundert, der diese Karte (oben) in seinem Buch ›Mundus Subterraneus‹ veröffentlichte (1665). Ein weiterer Autor, der den Atlantik als Standort von Atlantis ansah, war Ignatius Donnelly, dessen Buch ›Atlantis: the Antediluvian World‹ 1882 in New York erschien und eines der einflußreichsten Werke über den sagenhaften Kontinent ist. Donnellys »Empire of Atlantis« umfaßte fast die gesamte alte Welt, dazu präkolumbianische Kulturen Amerikas (unten).

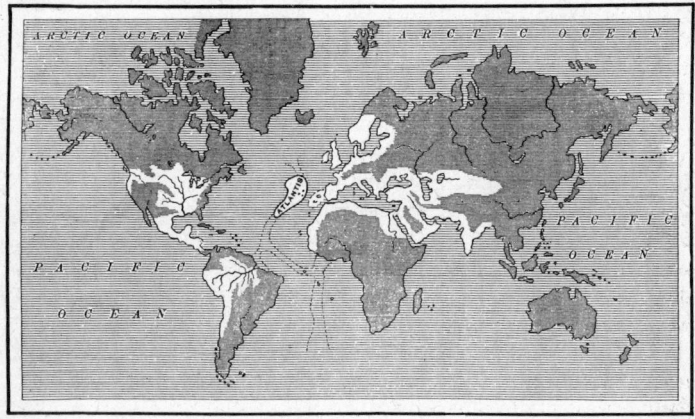

Die Überreste der ältesten nordamerikanischen Kulturen werden von einigen modernen Autoren als Überbleibsel der Atlantiskultur angesehen: vier »Atlanter« aus ›Secret Cities of Old South America‹: ›Atlantis Unveiled‹ von Harold T. Wilkins, erschienen 1950 in London (rechts oben).
1 und 2: Atlanter (Chichen Itzá, Maya-Karyatiden). 3: Bärtiger Atlanter (später vergöttlicht zum Regengott, altes Mexiko). 4: Atlanterin (sehr alte indianische Glypten, Britisch Kolumbien).

Den neuen Anstoß zu Spekulationen über die Atlantis-Frage gab dann die Entdeckung Amerikas durch Christoph Kolumbus. Etwa sechzig Jahre danach äußerte Francesco Lopez de Gomara (1553) die Meinung, Amerika sei der Kontinent auf der anderen Atlantikseite, auf den sich die Dialoge Platons bezögen. Und etwas später stellte Sir Francis Bacon die Hypothese auf, der neuentdeckte Kontinent sei Atlantis.

Atlantis, Atlantischer Ozean — die Lösung scheint auf der Hand zu liegen, die Ansiedlung von Atlantis im Atlantik kam für alte wie für moderne Forscher als eine vom Himmel geschickte Lösung. Die Existenz einer großen Insel oder eines Kontinents in den Atlantikgewässern, also einer Landbrücke zwischen der Alten und der Neuen Welt, hätte eine einfache Erklärung für verschiedene geologische, biologische, anthropologische und linguistische Übereinstimmungen geliefert, die angeblich zwischen den Kontinenten zu beiden Seiten des Atlantik und ihren Bewohnern bestanden. Aus diesem Grund traten so viele Autoren so leidenschaftlich für ein atlantisches Atlantis

43

ein, nicht um Platon zu verteidigen, sondern um eine Arbeitshypothese für ihre eigenen Theorien zu erhalten. Für die betreffenden Autoren lautete die Frage nicht, ob es wirklich eine Insel oder einen Kontinent mit den von Platon genannten Ausmaßen gegeben, sondern ob tatsächlich ein prähistorisches Volk auf so hoher Kulturstufe existiert hatte, Quelle und Ursprung aller späteren Kulturformen. Atlantis war eine wunderbare Lösung. Atlantis, so behaupteten diese Autoren, sei die Wiege aller Mittelmeerkulturen, der von Ägypten und Mykenä, ebenso der von Mittel- und Südamerika. Atlantis ist für sie in der Tat gleichzusetzen mit Ogygia, dem Paradies und dem Garten Eden als Symbol für den gemeinsamen Ursprung der Menschheit und ihrer Kulturen. Man braucht kaum darauf hinzuweisen, daß Platon keine solche Vorstellung von Atlantis hatte und daß die Athener und Ägypter seines Berichts die Atlanter einwandfrei als Feinde und Fremde ansahen.

Die Argumente, die zugunsten einer einstigen Existenz von Atlantis im Atlantischen Ozean vorgebracht wurden, lassen sich am besten unter mehreren Überschriften zusammenfassen und behandeln (und bestätigen bzw. widerlegen).

a) Das Sargassomeer

Viele Autoren behaupteten, Atlantis habe von der Westküste Marokkos bis zur Ostküste Venezuelas gereicht und die Azoren, Madeira, die Kanarischen Inseln — laut einigen von ihnen auch die Kapverdischen Inseln — und das Gebiet des Sargassomeeres umfaßt.

Das Sargassomeer ist das Gebiet im Südwesten des Nordatlantiks, das genau südlich des Golfstrom-Hauptarmes liegt. Seinen Namen hat es von dem portugiesischen Wort *sargasso*, eine Bezeichnung mehrerer Arten schwimmenden Beerentangs. Diese *sargassos* bedecken in inselähnlichen Massen ein Gebiet von mehr als 4 Millionen Quadratkilometern, das entspricht etwa achtmal der Fläche Frankreichs. Es heißt, Kolumbus' Matrosen hätten große Angst gehabt, als sie diese »tropischen Trauben« sahen, wie sie sie nannten. Sie glaubten, sich in Landnähe zu befinden und in gefährlich seichten Gewässern zu segeln. Tatsächlich ist an dieser Stelle der Atlantik etwa 5000 m

Bory de St. Vincent veröffentlichte 1803 diese mutmaßliche Karte von Atlantis, die auf der Überzeugung basiert, die Inseln im Ostatlantik seien die Überreste des untergegangenen Kontinents.

tief. Viele der Beerentangarten findet man auch an den Felsküsten Australiens und Amerikas. Lange Zeit konnten die Ansammlung und das Auftreten des Beerentangs gerade in diesem Bereich des Atlantik nicht erklärt werden. Nun wurde jedoch bewiesen, daß er von den Küsten Floridas stammt und durch Wirbelströmungen ins Sargassomeer getragen wird.

In dieser Theorie über die Lage von Atlantis waren die Azoren,

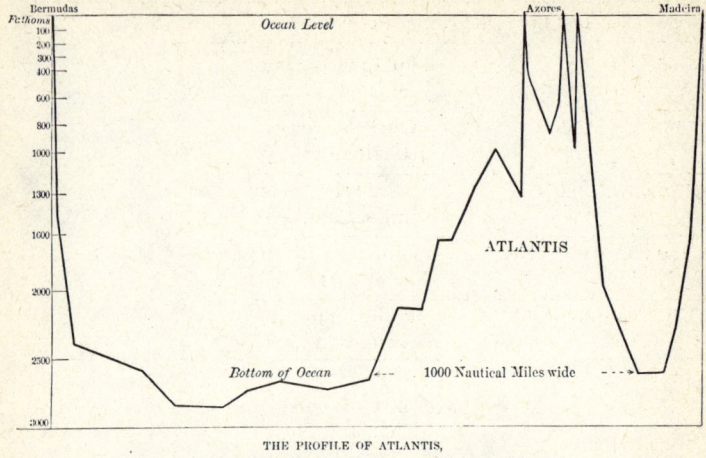

THE PROFILE OF ATLANTIS,
As revealed by the deep-sea soundings of H. M. ship "Challenger," and the U. S. ship "Dolphin."

Tiefsee-Lotungen, die während des neunzehnten Jahrhunderts im Atlantischen Ozean vorgenommen wurden, erbrachten weitere »Beweise« für die Existenz des versunkenen Kontinents: Frontispiz aus ›Atlantis: the Antediluvian World‹ von Ignatius Donnelly.

Madeira, die Kanarischen und vermutlich auch die Kapverdischen Inseln gebirgige Teile von Atlantis, die nach dem Untergang des Kontinents über der Wasseroberfläche blieben, ähnlich den Masten eines gesunkenen Schiffs. Die Hauptargumente für die Existenz einer so großen Insel im Atlantik, die das Herstellen einer Verbindung zwischen der Alten und der Neuen Welt erleichterte, stützen sich auf das Zurückweichen der Gletscher in Europa und Amerika.

Heute sind die Gletscher auf die Polargebiete und die Teile der Gebirge beschränkt, die über der Vereisungsgrenze liegen. Während des Quartärs, im Känozoikum (= vor etwa 1 500 000 bis 20 000 Jahren)[1], drangen die Gletscher zu niedrigeren Breitengraden vor und bedeckten in vier aufeinanderfolgenden Perioden weite Gebiete Europas und Amerikas. In Europa reichten große

---

[1] Die bei der geologischen Datierung genannten Zeiten sind relativ und ungefähr, wenn auch allgemein abgesprochen. Da sie in diesem Kapitel häufig vorkommen, verweisen wir den Leser auf die Zeittabelle S. 47.

Ungefähre Daten v. u. Z.*	Perioden	Zeitalter
11 000–235 000	Spätpleistozän (monastirisch)	
235 000–670 000	Oberpleistozän (tyrrhenisch)	
670 000–1 150 000	Mittelpleistozän (milazzianisch)	
1 150 000–1 370 000	Unterpleistozän (sizilianisch)	
1 370 000–2 500 000	Frühpleistozän (kalabrisch)	

Millionen Jahre v. u. Z.*		
12	Pliozän	Känozoikum
25	Miozän	
40	Oligozän	
60	Eozän	
70	Paläozän	
135	Kreide	Mesozoikum
180	Jura	
225	Trias	
270	Perm	Paläozoikum
350	Karbon	
400	Devon	
440	Silur	
500	Ordovicium	
600	Kambrium	
3600	Präkambrium	

* v. u. Z. = vor unserer Zeit   nach Holmes (1966)

Eismassen südwärts fast bis Köln und Stalingrad, in Nordamerika bis New York oder St. Louis, während kleinere Eismassen ganz Mitteleuropa und die Gebirgsregionen des Balkans bis Griechenland bedeckten.

Unter den europäischen und amerikanischen Geologen scheint Einigkeit darüber zu herrschen, daß die größten Gletschervorstöße vor etwa 18 000 bis 20 000 Jahren stattfanden. Das Rückzugsstadium, d. h. das Abschmelzen des Inlandeises, begann — unterbrochen von kleineren neuen Vorstößen — vor ungefähr 19 000 Jahren. Zahlreiche Beweise zeigen, daß der Schrumpfwert vor 11 000 Jahren zunahm und der damit verbundene Anstieg des Wasserspiegels der Meere (durch Schmelzwasser) vor rund 5000 Jahren etwa die gegenwärtige Höhe erreichte. Doch der Anstieg der Temperatur auf zwischeneiszeitliche Werte war erst vor etwa 2000 bis 3000 Jahren abgeschlossen. Die Beschränkung der Gletscher auf die heutigen Regionen wird von einigen Geologen auf die warme atlantische Meeresströmung zurückgeführt. Nach diesen Autoritäten entstand der warme Strom nach dem letzten Vorrücken der Gletscher, zu einer Zeit, die man in Amerika als Wisconsin-Zeit bezeichnet. Die Entstehung des Golfstroms wird einer strukturellen Veränderung der Bodenform des Atlantischen Ozeans durch tektonische Vorgänge wie Erdbewegungen zugeschrieben. Laut den Anhängern Platons, die seine Geschichte so, wie sie berichtet wurde, für absolut wahr halten, stellte der Untergang von Atlantis eines der entscheidenden geotektonischen Ereignisse dar. Sie behaupten, ein starkes Argument zu ihren Gunsten sei die ziemlich genaue zeitliche Übereinstimmung der Daten des Gletscherrückzugs in Europa und Amerika mit dem Zeitpunkt, den Platon für den Untergang von Atlantis nennt, also 9000 Jahre vor Solons Besuch in Ägypten oder etwa 9600 v. Chr. Diese Theorie legt somit, wie hier festzuhalten ist, die Entstehung des Golfstroms auf dasselbe Datum: etwa 9600 v. Chr.

b) Die atlantische Landbrücke

Eine gelegentlich vertretene Ansicht ist, daß über den Atlantischen Ozean eine Landbrücke bestand, die bis in die Kreidezeit Amerika mit Europa und Afrika verband. Diese Brücke habe den Atlantik in zwei kleinere Becken geteilt. Am Ende der Kreidezeit oder am Beginn des Tertiärs sei die Landbrücke, so wird behauptet, als Folge epirogener (Festland bildender) Bewegungen der Erdkruste nach unten verschwunden, und dadurch sei der Atlantische Ozean in seiner gegenwärtigen Form entstanden. Gleichzeitig, d. h. vor etwa 60 Millionen Jahren, habe sich der Golfstrom gebildet.

c) Die Mittelatlantische Schwelle

Ein weiteres Argument der Anhänger einer Ansiedlung von Atlantis im Atlantik ist die Existenz der Mittelatlantischen Schwelle. Doch diese Schwelle, deren größerer Teil bis zu 3000 Meter unter dem Meeresspiegel liegt, ist nicht das Ergebnis eines Versinkens von Land. Ganz im Gegenteil: Der Rücken, der sich S-förmig von Norden nach Süden zieht, von Island an den St.-Pauls-Felsen vorbei bis Tristan da Cunha und weiter, entstand durch eine Hebung des Meeresbodens unter dem Einfluß orogener (gebirgsbildender) Bewegungen in diesem Gebiet. Er ist viel länger und breiter als das Gebirgssystem Alpen-Himalaja und strukturell mit dem ostafrikanischen Grabensystem verbunden. Er setzt sich außerdem um das Kap der Guten Hoffnung fort und geht über in den Zentralrücken im Indischen Ozean. Beide Rücken gehören dem tektonischen Komplex um den afrikanischen Block an. Die Länge der mittelindisch-atlantischen Erdbebenzone beträgt mehr als 30 000 km. Jüngste Forschungen haben schlüssig bewiesen, daß die Mittelatlantische Schwelle Bestandteil eines die ganze Erde umfassenden, 65 000 km langen morphotektonischen Gürtels ist, der durch den Indischen Ozean, den Südpazifik, die Norwegische See und das Arktische Becken verläuft. Außerdem gibt es ziemlich stichhaltige Beweise dafür, daß die Grenzen der Mittelatlantischen Schwelle sich zumindest seit dem mittleren Eozän nicht wesentlich verändert haben.

Helium-Altersmessungen von Basaltfragmenten, die man dem Gebiet entnahm, wo sich Atlantis befunden haben soll (Breite 30°01′ N, Länge 45°01′ W), erbrachten die Bestätigung für vulkanische Aktivität auf dem Meeresboden im Tertiär und zeigten, daß die Mittelatlantische Schwelle vor wenigstens 15 Millionen Jahren gebildet wurde. Außerdem ließ sich aus der Dicke des Sedimentgesteins in der Atlantikmitte auf 34°57′ nördlicher Breite und 44°16′ westlicher Länge schätzen, daß dieses Gebiet seit mindestens 280 000 Jahren Meeresboden ist. Des weiteren zeigten Messungen — nach der Ionium-Methode — von Proben, die man 1300 km östlich Neufundlands entnommen hatte, daß die Mittelatlantische Schwelle dort seit mindestens 72 500 Jahren Meeresboden ist. Schließlich bewies eine C^{14}-Altersbestimmung von Tiefsee-Sedimentkernen aus ver-

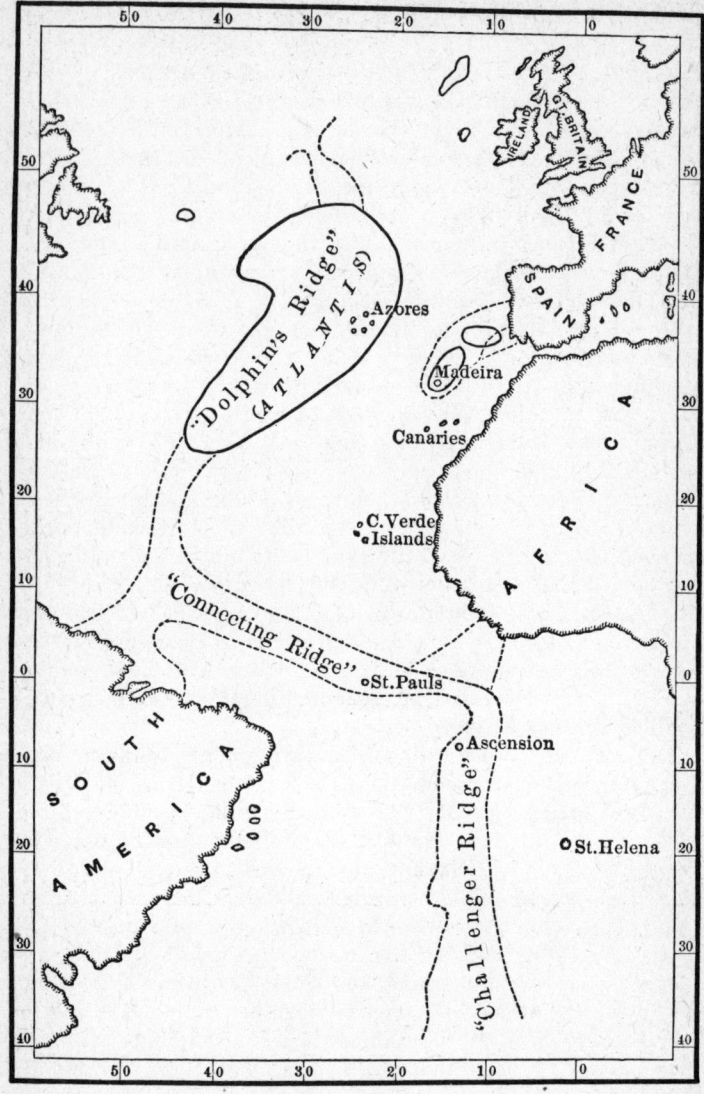

MAP OF ATLANTIS, WITH ITS ISLANDS AND CONNECTING RIDGES, FROM DEEP-SEA
SOUNDINGS.

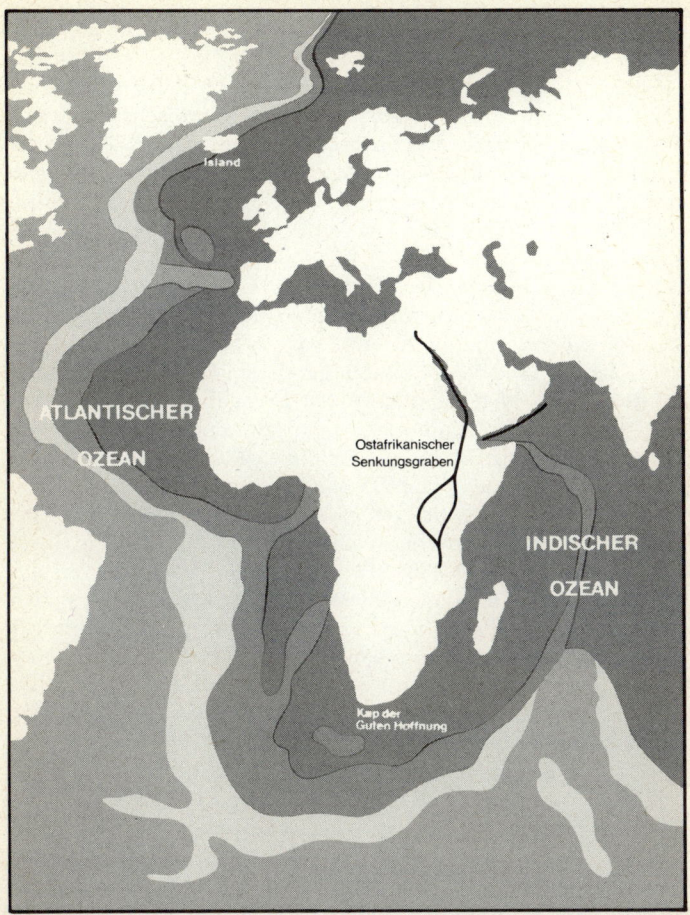

Die Anhänger der Theorie, daß Atlantis im Atlantik gelegen habe,
wurden in ihrer Ansicht durch die Entdeckung des Mittelatlantischen
Rückens im neunzehnten Jahrhundert bestärkt; dieser Rücken ist ein
gewaltiges submarines Gebirge, das auf dem Meeresboden ungefähr
in Nordsüdrichtung verläuft. Die Karte auf der gegenüberstehenden
Seite stammt aus Donnellys ›Atlantis: the Antediluvian World‹.
Heute weiß man, daß der mittelalterliche Rücken kein vereinzeltes
Phänomen, sondern Teil eines Gürtels untermeerischer Gebirge ist,
die sich weit über den Atlantik hinaus ausdehnen.

51

schiedenen Stellen des Atlantiks, daß diese Sedimente vor etwa 30 000 Jahren abgelagert wurden.

Solche Messungen und andere ozeanographische Forschungen bewiesen somit unzweifelhaft, daß der Atlantische Ozean in seiner gegenwärtigen Form schon lange vor dem Rückzug des Inlandeises bestand. Die Sedimentbecken blieben während der ganzen Zeit, die zur Ablagerung der Schichtfolgen erforderlich war, tektonisch ruhig (d. h. sie erfuhren keine wesentliche Veränderung).

Zu der Behauptung, der Rückzug der Gletscher sei durch den warmen Golfstrom verursacht worden, ist zu sagen: Jene Autoren, für die Atlantis im Atlantik lag, behaupten ja, der Golfstrom sei vor etwa 11 500 Jahren durch den Untergang der Insel Atlantis entstanden. Es gibt jedoch gewichtige Beweise dafür, daß der Golfstrom zumindest vor dem Ende der Kreidezeit existierte, also schon vor 60 Millionen Jahren. Die Untersuchung von einundvierzig Tiefsee-Sedimentkernen, die man verschiedenen Stellen des Atlantiks entnahm, bewies das Vorhandensein präpleistozäner Sedimente auf der ganzen Breite des Meeresbodens. Das älteste gefundene Sediment datiert aus der Oberkreide. Das Fehlen älterer Sedimente als aus der späten Kreidezeit sowie die geringe Dicke nicht verfestigter Sedimente (800—1000 m), wie durch seismische Methoden gemessen, weisen darauf hin, daß eine umfassende Umgestaltung des Atlantikbeckens irgendwann im späteren Mesozoikum erfolgte. Wie das verbreitete Vorhandensein mariner Ablagerungen auf beiden Seiten des Atlantiks während aptisch-albischen Zeiten zeigt, war die Umgestaltung des Atlantikbeckens vor 120 Millionen Jahren abgeschlossen — lange vor Erscheinen des Menschen auf Erden.

Das Beweismaterial, das die atlantischen Sedimente liefern, ist schlüssig. Radiokarbon aus pelagischen und abyssalen Sedimentkernen[1] zeigt auf, daß der Ablagerungswert (d. h. die Ansammlung dieser Sedimente) im Atlantik während des Pleistozäns zwischen 10 und 20 cm in 1000 Jahren betrug. In der Eiszeit stieg dieser Ablagerungswert auf 60 cm in 1000 Jahren,

---

[1] Diese Kerne erhält man, indem man — ähnlich wie die Öl-Unternehmer — ein Loch in die Meeressedimente bohrt. Der Kern kann, gleich einer mit dem Käseprobierer entnommenen Probe, wissenschaftlich untersucht und analysiert werden.

seit der Eiszeit dagegen wird er mit 3 bis 10 cm in 1000 Jahren errechnet. Wenn also der Atlantische Ozean vor 11 000 Jahren entstand (bei einem angenommenen Untergang von Atlantis also 9500 v. Chr.), dürfte die Dicke der Ablagerungen nicht viel mehr als einen Meter betragen (11 × 10 cm). Selbst wenn der Ablagerungswert dem höchsten Schätzwert während der Eiszeit entsprach (11 × 60 cm), könnte die Dicke der Ablagerungen immer noch nicht mehr als ca. 6,5 m ausmachen, und mit den modernen Methoden zur Erforschung des Meeresbodens wäre es kein großes Problem, Überreste von Gebäuden und Bauwerken unter einer so dünnen Sedimentschicht zu finden. Zum Pech jener, die Atlantis im Atlantik vermuten, übersteigt jedoch die tatsächliche Dicke der Ablagerungen 800 Meter.

Die Behauptung, der Golfstrom sei nach der letzten Eiszeit entstanden, wäre zwar eine Erklärung für den Rückzug der letzten Gletscher, aber keine zufriedenstellende dafür, daß das Eis auch am Ende der vorausgegangenen Eiszeiten schrumpfte, Paläoklimatische Forschungen haben gezeigt, daß in den vergangenen 60 000 bis 80 000 Jahren ähnliche, wenn auch beträchtlich geringere Klimaänderungen erfolgten. Die Klimaänderungen im Pleistozän waren von fünf Temperaturhöchstwerten derselben Ordnung wie im gegenwärtigen Klima geprägt. Diese Beobachtungen führen uns zu der Überzeugung, daß ein innerer Selbstregulierungsmechanismus die klimatischen Veränderungen im Pleistozän steuerte.

Daß die aufeinanderfolgenden glazialen und interglazialen Phasen zu ihrer Auslösung oder Aufrechterhaltung keiner äußeren Einflüsse (wie des Golfstroms) und keiner Naturkatastrophen (wie des Untergangs von Atlantis) bedurften, machte eine geniale, revolutionäre Theorie klar, die von den Geophysikern Maurice Ewing und William Donn von der Columbia-Universität aufgestellt wurde.

Aus paläoklimatischen Beweisen lasse sich ableiten, daß am Beginn des Kambriums (vor 600 Millionen Jahren) der Nordpol im Nordpazifik gelegen, doch während des Tertiärs das Nordpolarmeer erreicht habe. Die plötzliche Verlagerung des Pols sei Konvektionsströmungen zuzuschreiben, und diese Strömungen, vielleicht auch irgendein anderer Mechanismus, hätten dazu geführt, daß die äußeren Schichten der Erdkruste sich über die inneren Erdschichten schoben. Während der Pol sich im Pazifik

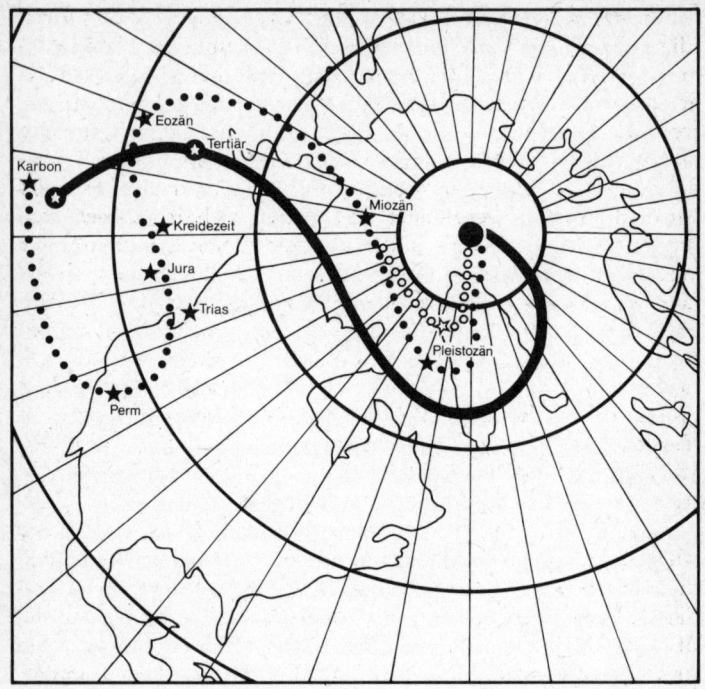

Alternativstrecken des Nordpols zu verschiedenen Perioden der geologischen Geschichte, ermittelt anhand paläoklimatischer und paläomagnetischer Tatsachen und Beweise. Die Verlagerung des Pols liefert eine Theorie über die Eiszeiten, ohne daß man den Untergang von Atlantis postulieren muß.

befand, seien Strömungen aus südlichen Breiten über das Polargebiet geflossen, hätten es erwärmt, und als Folge davon sei das gesamte Klima der Erde wärmer geworden. Als der Nordpol jedoch ins Nordpolarmeer wanderte, sei das Polargebiet fast völlig von den warmen Strömungen des Pazifik abgeschnitten worden. Außerdem sei der Zufluß warmen Wassers aus dem Atlantik verhältnismäßig gering gewesen, und zwar wegen einer Reihe untermeerischer Erhebungen oder Rücken, die sichtbar seien in der Kette Schottland-Färöer-Island-Grönland und dem kanadischen arktischen Archipel, der sich zwischen den Atlantik und die arktischen Meere schiebt.

Am Beginn der ersten Eiszeit vor etwa 1,5 Millionen Jahren (die Zeit, als der Nordpol zu seinem Standpunkt im Nordpolarmeer wanderte) sei der Meeresspiegel verhältnismäßig hoch gewesen. Dank dieser Tatsache habe das Wasser des Atlantik frei über die untermeerischen Rücken fließen können, welche die Arktis vom Atlantik trennen. Im Gebiet des kalten Nordpolarmeeres seien große Mengen des aus Süden einfließenden warmen Wassers verdunstet und hätten sich in Schnee verwandelt. Die Schneefälle hätten die nördlichen Kontinente mit einer Eiskappe bedeckt. Da jedoch auf diese Weise dem Kreislauf große Wassermassen entzogen wurden, sei der Meeresspiegel gesunken. Als Folge davon sei das warme Wasser aus dem Atlantik nicht mehr in ausreichender Menge über die submarinen Rücken geflossen, um das Nordpolarmeer zu erreichen und eisfrei zu halten. Das Nordpolarmeer sei zugefroren, die Verdunstung habe aufgehört, ebenso der Schneefall. Ohne den ständigen Schneenachschub seien die Gletscher langsam zurückgegangen, und die Eiszeit habe geendet.

Gemäß einer unlängst vorgenommenen Korrektur dieser Theorie sank irgendwann während des glazialen Höhepunktes die Temperatur des Meeres-Oberflächenwassers tief genug, so daß sich die Verdunstung und damit auch die Niederschläge über dem Inlandeis verringerten. Durch die kombinierte Wirkung verringerter Nahrung für das Kontinentaleis und gesteigerter Erwärmung seines Randes als Folge der geringen Albedo von Wasser (d. h. der hohen Absorption der Strahlung, die das Oberflächenwasser des Nordatlantik empfing) hätte sich das Kontinentaleis zurückgezogen.

Wie dem auch sei, die Gletscher schmolzen ab, so daß der Meeresspiegel wieder stieg. Warmes Wasser aus dem Atlantik floß von neuem frei und in ausreichenden Mengen über die unterseeischen Rücken, um sich im Nordpolarmeer auszuwirken und es aufzutauen. Die Verdunstung begann erneut, die Schneefälle setzten wieder ein, und so hob unweigerlich eine neue Eiszeit an.

Entsprechend dem geophysikalischen Mechanismus wird also die Vergletscherung auf der nördlichen Halbkugel durch eine Zunahme der Niederschläge eingeleitet und durch ihre Abnahme beendet. Es gibt Beweise dafür, daß die Eiskappe der Pole durch eine leichte Zunahme der Meeres-Wärmeströmung infolge eines postglazialen Ansteigens des Meeresspiegels, möglicherweise auch infolge einer stärkeren Strahlung, derzeit wieder schmilzt. Die Temperatur auf der Erde liegt heute bei dem in einer Zwischeneiszeit verzeichneten Maximum. Deshalb kann, wenn der Nordpol seine gegenwärtige Position beibehält, mit einem Sinken der Temperatur und einer neuen Eiszeit gerechnet werden — in ein paar tausend Jahren.

d) Das Argument glasiger Lava

Im Jahre 1898 holte ein Schiff, das ein Atlantikkabel legte, 900 km nördlich der Azoren auf 47° nördlicher Breite, 27° 20′ westlicher Länge aus einer Tiefe von 3000 Metern ein Stück Tachylit herauf, glasig ausgebildete basaltische Lava. Dieses Stück befindet sich jetzt in der Ecole des Mines in Paris. Wäre die Lava auf dem Meeresboden unter dem Druck von 3000 Metern Wasser geformt worden, hätte sie eine kristallinische und keine glasige Struktur haben müssen. Aus dieser Tatsache schloß Pierre Termier, der das Stück untersuchte, daß die Lava unter normalem atmosphärischem Druck erstarrt sei. Deshalb, so wurde argumentiert, sei das Gebiet zwischen den Azoren und Island noch Land gewesen, als die Lava ausgespuckt wurde. Später sei dieses Land dann auf eine Tiefe von 3000 Metern gesunken und zum Boden des Atlantischen Ozeans geworden.

Die Gültigkeit dieses Beweises hängt freilich davon ab, ob das Tachylitstück an jener Stelle geformt worden war, wo man es fand. Genauso gut konnte es durch Treibeis oder von benachbarten Vulkaninseln durch Suspensionsströmungen an den Fundort getragen worden sein. Eine solche Strömung ist von großer Dichte und fließt deshalb auf dem Meeresboden, genau wie Quecksilber unter Wasser fließt; ihre hohe Dichte ist auf Sedimente in turbulenter Suspension zurückzuführen. Die moderne Forschung hat gezeigt, daß terrestrische organische Überreste sowie Holz und Baumlaub oft von solchen Strömungen mitgenommen und in den untermeerischen Cañons des Magdalenenstroms und des Kongo abgelagert wurden. Noch grünes Gras entdeckte man 1935 in knapp 1400 m Tiefe 18 km außerhalb des Magdalenenstroms im Meer (im Golf von Kalifornien), und der Kongo trägt Süßwasser-Diatomeen Hunderte von Meilen in die See hinaus. Letztere wurden sogar in einem Kern aus dem Kamm der Mittelatlantischen Schwelle unweit des Äquators gefunden. R. Malaise vertrat die Ansicht, diese Diatomeen seien in kleinen Seen abgelagert worden, als die Mittelatlantische Schwelle Land war. Bruce Heezen und Marje Tharp jedoch behaupten, »daß (1) die Schicht von Süßwasser-Diatomeen ungefähr einen Millimeter dick ist, mit zwischengelagerten typischen Tiefseesedimenten, und (2) die aus Afrika wehenden Winde oft derartige Mengen von Diatomeen-Testas[1] mitbringen, daß sich auf Schiffsdecks Schichten von bemerkenswerter Dicke ablagern«. Außerdem konnten natürlich auch Oberflächenströmungen die auf der Mittelatlantischen Schwelle gefundenen Diatomeen dorthin getragen haben. Im Puerto-Rico-Graben wiederum fand man auf 8875 Metern Fragmente der Alge *Halimeda*, und die lebende *Halimeda* benötigt Sonnenlicht. Laut der vorherrschenden Meinung kamen diese Fragmente vom Festland und wurden von Suspensionsströmungen an den Fundort getragen. Deshalb ist es auch wahrscheinlich, daß ein Stück Tachylit von Oberflächen- oder Bodenströmungen zum Fundort transportiert wurde. Die Position einzelner Steine läßt sich auf verschiedene Arten erklären. So schrieb beispielsweise A. S. Laughton vor kurzem (1967): »Häufiger werden einzelne Steine von Geröllhalden und verwitterten Ausbissen geborgen. Dies bedeutet, daß immer Zweifel bestehen, ob die Steine repräsentativ für den lokalen Ausbiß sind oder von weit her durch Treibeisgeschiebe, Treibholzgeschiebe oder andere weniger bedeutende Mittel herangebracht wurden. Im Nordatlantik gibt es bekanntlich durch Treibeis zusammengeschobene Findlinge, die zu mehr als 50 Prozent aus einer Ansammlung vieler Steine bestehen.« Für die Möglichkeit eines Treibeisgeschiebes spricht auch, daß Kerne, die man zwischen 40° und 50° N im nördlichen und nordwestlichen Nordatlantik entnahm, laut Bericht schwarzen Bimsstein sowie braunes und schwarzes Glas enthielten und vermutlich aus dem Gebiet von Island durch Treibeisgeschiebe an ihre gegenwärtige Position getragen wurden.

---

[1] Die Testa ist die kieselharte Schale, das einzige, was von Diatomeen (eine Art mikroskopische Alge) übrigbleibt.

Doch selbst wenn man nicht geneigt ist, der Ansicht beizustimmen, das auf dem Atlantikboden gefundene Lavastück sei durch Eisgeschiebe oder Suspensionsströmungen dorthin befördert worden, so zeigt das Vorhandensein glasiger Lava an der Stelle noch lange nicht an, daß die Fundstelle Festland war, das am Ende der Eiszeit unterging. Die Mittelatlantik-Expedition von 1947 holte bei 30° N mit dem Schleppnetz Basaltbrocken aus dem Kammgebiet der Mittelatlantischen Schwelle herauf, und diese Brocken waren mit Schichten dunkelbraunen, Bläschen aufweisenden basaltischen Glases bedeckt. Jüngste Forschungen ergaben, daß Mikrofossilien aus dem Unteren Miozän in dem basaltischen Glas vorkommen. Ein Basalt, bei 45° N vom Kamm der Mittelatlantischen Schwelle heraufgeholt, wurde mittels der Pottasche-Argon-Technik auf ein Alter von 29 ± 4 Millionen Jahre datiert. Außerdem zeigt die Sedimentationsgeschichte des Atlantik, daß die nicht verfestigten Sedimente über der Mittelatlantischen Schwelle, zumindest zwischen 30° N und 29° S, sämtlich seit dem frühen Miozän abgelagert wurden.

Der Erosions- oder Umbildungswert des Meeresbodens gibt keine Datierungshilfe. Bekanntermaßen sind für eine Umbildung von Lava mehr als 15 000 Jahre erforderlich. Außerdem ist anzunehmen, daß eine Schicht aus vulkanischem Tuff oder Asche die Lava bedeckte, bevor sie auf den Meeresboden gelangte. In einem solchen Fall hätte die vorhandene Oberflächenschicht aus Asche die Erosion der Lava verhindert, bis sie selbst erodiert oder durch untermeerische Strömungen abgewaschen war.

Zieht man alle diese Dinge in Betracht, dann ist es am wahrscheinlichsten, daß die im Atlantik gefundene Lava aus einem untermeerischen Vulkan stammt, dessen Kegel kurz über den Meeresspiegel stieg. Untermeerische Eruptionen sind oft so heftig, daß die Ausbruchsstoffe kleine Vulkaninseln bilden — wie man vor kurzem bei Island sah (Surtsey). Solche Inseln verschwinden, da sie gewöhnlich aus Lockerschlacke bestehen, infolge der zerstörerischen Wirkung der Meereswellen bald wieder.

Die Geschichte vulkanischer Regionen liefert dafür zahlreiche Beispiele. Fünf gibt es allein in der Vulkangeschichte der Azoren. Nach einer submarinen Eruption zwischen São Miguel und Terceira (die äußerste der Azoren-Inseln) am 31. Dezember

1719 entstand eine neue Insel, die 1723 wieder verschwand. Eine weitere Eruption, diesmal zwischen Terceira und Graciosa, wurde am 1. Juni 1867 verzeichnet. Der dabei entstandene Vulkankegel versank kurz danach in den Tiefen des Meeres. Eine submarine Eruption am 1. Februar 1871 vor der Westküste São Miguels brachte ebenfalls eine kurzlebige Insel hervor, und im Juli 1880 entstand und verschwand eine weitere 9 km südlich von São Jorge. Der interessanteste Fall jedoch spielte sich in viel jüngerer Zeit ab: am 28. September 1957. Bei einer submarinen Eruption 800 m vor der Westküste von Fajal — der nördlichsten Azoren-Insel — entstand eine neue Insel mit einer Fläche von 6 qkm. Wie gemeldet wurde, flogen Lavafragmente bis zu 700 m hoch, und bis zum 14. Oktober hatten sich diese zu einer kleinen runden Insel mit einem Durchmesser von 700 m geformt, die 100 m über den Meeresspiegel ragte. Nach zwanzig Tagen versank die Insel wieder in den Fluten.

Die Konturen des Atlantikbodens zeigen, daß die Tachylitstücke, auf denen die hier behandelte Theorie fußt, aus dem Senkungsgraben in der Mittelatlantischen Schwelle kommen. Zieht man die Form des Meeresbodens und die vulkanische Geschichte der Azorenregion in Betracht, dann ist es am wahrscheinlichsten, daß die Tachylitstücke von einer vorübergehend bestehenden Insel stammen oder vulkanische Extrusionsstoffe sind und durch Meeresströmungen vom Azorenplateau in den Senkungsgraben getragen wurden.

e) Das Argument eines ostatlantischen Kontinents

J. F. Rothé vertrat die Meinung, daß der östliche Teil des Atlantischen Ozeans eine kontinentale Struktur habe. Deshalb behaupten die Verfechter eines atlantischen Atlantis, dieser vermutlich untergegangene Kontinent könne Atlantis gewesen sein. Rothés Meinung wird nicht allgemein akzeptiert. Die Schicht, die in diesem Gebiet unter den lockeren Sedimenten liegt und Charakteristika der kontinentalen Granitschicht aufweist, ist — wie seismische Messungen im Atlantischen Ozean ergaben — wesentlich dünner als die Granitschicht unter den Kontinenten. Auf den Kontinenten besteht die Erdkruste aus einer Schicht Sial·(Aluminiumsilikat) mit einer Dicke von etwa 10 km, die örtlich leicht schwankt. Auf 53°50′ nördlicher Breite, 18°40′ westlicher Länge übersteigt die Dicke der Sialschicht unter dem Atlantik 3 km nicht, wie Untersuchungen einer von der Universität Cambridge finanzierten Expedition ergaben.

Wäre der östliche Teil des Atlantik durch den Untergang von Land geformt worden, das sich zwischen dem afrikanischen Block und der Mittelatlantischen Schwelle erstreckte, müßte die Dicke der Erdkruste in diesem Bereich zumindest der durchschnittlichen Krustendicke unter den Kontinenten entsprechen. Diese Krustenstärke schwankt zwischen 30 und 70 km, die größte bekannte Tiefe der Mohorovičić-Unstetigkeitsschicht, 60 bis 70 km, befindet sich in den europäischen Südalpen und der kalifornischen Sierra Nevada. Die Mohorovičić-Unstetigkeitsschicht ist eine Fläche, welche die Erdkruste von der darunterliegenden Schicht, dem sogenannten Mantel, trennt. Unter mäßig hohen Gebirgsregionen befindet sie sich gewöhnlich in einer Tiefe von 50 km, im Flachland unweit der Meeresküsten dagegen in einer Tiefe von etwa 35 km.

Nun war aber Atlantis, laut Platons Beschreibung, berühmt durch die hohen Berge, die um die große Ebene aufragten. Wenn Atlantis im Atlantischen Ozean lag, müßte die Erdkruste unter dem Meeresboden dort dicker als 35 km sein, doch im Indischen und im Atlantischen Ozean erreicht die Kruste unter der See kaum 20 bis 30 km.

Außerdem zeigte ein Vergleich auf See erhaltener geophysikalischer Resultate mit den auf dem Land erhaltenen, daß ein grundlegender Unterschied in der Struktur von Ozeanen und Kontinenten besteht. Viele hundert Schweremessungen ergaben, daß der durchschnittliche Schwerewert über tiefen Meeren ausnahmslos um 300 oder 400 Milligal höher liegt, als zu erwarten stünde, wenn der Meeresboden ein von Wasser bedeckter abgesunkener Kontinent wäre. Laut Sir Edward Bullard »können tiefe Ozeanbecken nie Teile von Kontinenten gewesen sein«.

Und schließlich kann, selbst wenn wir die Hypothese akzeptieren, daß der Ostteil des Atlantischen Ozeans durch einen Untergang von Land entstand, dieser Untergang nicht am Ende der letzten Eiszeit stattgefunden haben. Wie bereits erwähnt, gibt es auf dem gesamten Boden des Atlantischen Ozeans nichtverfestigte Sedimente aus der Zeit des Präpleistozäns. Ein Schema der Sedimentdicke, besonders im Hinblick auf die schrittweise Zunahme der Dicke zu den Kontinenten hin, führten Bruce C. Heezen und Marie Tharp zu dem Schluß, »daß keine Landverbindungen über die tiefen Atlantikbecken in Form untergegangener Kontinente, isthmischer Bindeglieder oder nahe beisammenliegender insularer ›Trittsteine‹ bestanden«. Folglich muß der Atlantische Ozean in seiner gegenwärtigen Form seit mindestens einer Million Jahren existieren.

f) Das Argument untermeerischer Flußtäler und Cañons

Wenn Atlantis im Atlantischen Ozean versank, müssen die an den Atlantik grenzenden Kontinente bis zu einem bestimmten Grad abgebrochen und im Meer untergegangen sein. Die Anhänger dieser Theorie weisen darauf hin, daß die Erosionsfähigkeit von Flüssen (d. h. ihr Vermögen, einen Kanal auszuhöhlen) aufhört, wenn sie ins Meer münden, weil Süßwasser leichter ist als Meerwasser und deshalb an der Oberfläche bleibt. Aus diesem Grund nehmen sie die Existenz untermeerischer Flußtäler, die in den Atlantik führen, als Beweis dafür, daß Atlantis dort lag, wo sich jetzt der Atlantische Ozean erstreckt.

Es gibt auf dem Meeresboden tatsächlich tiefe Furchen, die Fortsetzungen der Täler von Flüssen, die in den Atlantik münden. Diese Furchen führen von der Küste weit ins Meer, und sie erreichen eine Tiefe von etwa 3000 m. Ein klassisches Beispiel dafür ist der Hudson River, der bei New York mündet. Sein Flußtal setzt sich unter Wasser in Form eines Cañons in einer Tiefe von 2000 m fort. Die Seitenwände dieses Cañons sind steil und mehr als 100 m hoch. In der Nähe der tiefsten Stellen des Meeres münden Täler von Nebenflüssen in den submarinen Cañon ein, der bis in eine Tiefe von 2700 m verfolgt wurde. Für die Autoren, die der Theorie anhängen, Atlantis sei im Atlantik versunken, weist die Form des Meeresbodens auf die Tatsache hin, daß die Flußtäler auf Festland entstanden und später versanken. Doch nach der vorherrschenden Meinung sind nur die submarinen Cañons des Kongo und des Indus mit den festländischen Flußsystemen verbunden. Cañons in submarinen Senken, wie jener des Hudson, kommen in den Ozeanen häufig vor. Francis P. Shepard sagt dazu: »Auf

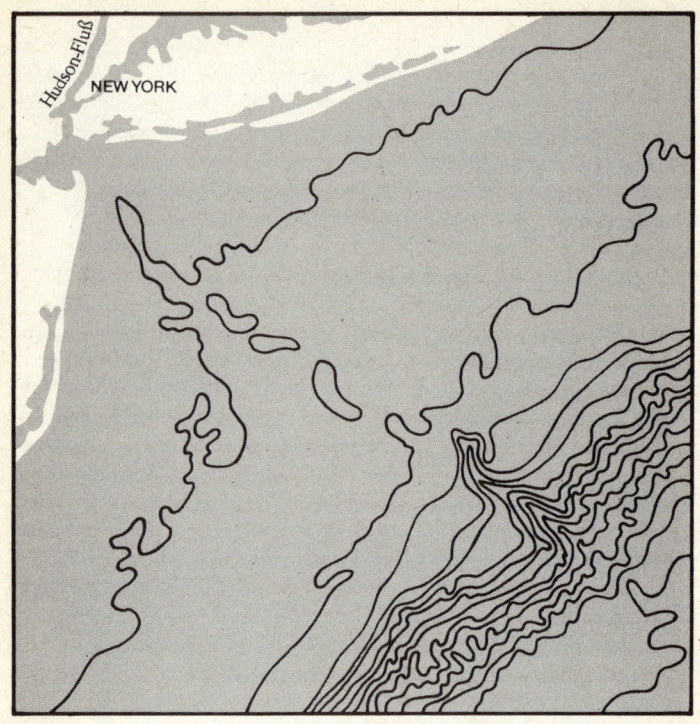

Die Fortsetzung des Hudson-Flußtales im Bett des Atlantischen Ozeans ist ein typischer submariner Cañon; er entstand vor mehreren Millionen Jahren und erbringt keinen Beweis für die Existenz einer untergegangenen Insel Atlantis.

welche Weise sie immer entstanden . . . sie sind kein Produkt jüngster Zeit, sondern existieren seit Millionen Jahren.«

Die Verfechter der hier behandelten Theorie verweisen auch auf die Senkung der Atlantikküsten nordeuropäischer Länder, deren Überflutung in die Zeit des Gletscherrückzugs fällt. Die Trennung der Britischen Inseln vom europäischen Kontinent und das Versinken der norwegischen Küste werden ebenfalls Senkungsvorgängen jener Zeit zugeschrieben. Die Anhänger dieser Theorie vergessen jedoch, daß vor dem Abschmelzen des

Inlandeises der Meeresspiegel 100 m niedriger lag als heute, der Ärmelkanal und übrigens auch die Beringstraße waren in der Eiszeit trockenes Land. Gleichzeitig bedeckte der Atlantische Ozean wegen des niedrigeren Meeresspiegels eine viel kleinere Fläche. Die untermeerischen Flußtäler, die heute 100 m unter dem Meeresspiegel liegen, befanden sich während der Eiszeit auf dem Festland, doch als das Eis schmolz, stieg der Wasserspiegel, und diese Regionen wurden langsam vom Meer überschwemmt. Sie also gingen nicht unter, sondern wurden vielmehr einfach als Folge sogenannter eustatischer Bewegungen überflutet.

Diese eustatischen Bewegungen sind Schwankungen des Meeresspiegels, die im Verlauf langer Zeiträume erfolgen. In der Vergangenheit traten sie hauptsächlich durch die Bildung oder Abschmelzung von Inlandeis in glazialen oder postglazialen Perioden auf.

Laut Ericson und seinen Mitarbeitern entstand der submarine Hudson-Cañon (der bis in eine Tiefe von 3000 m reicht) infolge Erosion des Meeresbodens durch Suspensionsströmungen. Die größten natürlichen Tiefseedämme (Ränder submariner Flußtäler), die bis heute entdeckt wurden, sind jene des Kongo-Cañon. Sie haben in einer Tiefe von 4120 m eine Höhe von 188 m und eine Breite von mehr als 32 km. Die natürlichen Dämme des Kongo-Cañons und des nordwestatlantischen Mittelmeer-Cañons sind nach vorherrschender Ansicht die Seitenwände gekippter, durch Suspensionsströmungen ausgehöhlter Bruchschollen.

Im allgemeinen sind die großen submarinen Cañons von Verwerfungen umrandete Senkungsgräben, erodiert und durchflossen von Tiefenströmungen. Die Formung des Meeresbodens durch Suspensionsströmungen ist ein universelles, in allen Ozeanen auftretendes Phänomen, und die Erosion durch Bodenströmungen gleicht jener, die Wind und Wasser auf dem Lande bewirken, freilich in geringerem Ausmaß. Sogar Wellenfurchen, von denen man lange meinte, sie würden ausschließlich von Oberflächenwasser hervorgerufen und seien ein unwiderlegbarer Beweis für Seichtwasserablagerungen, fand man jetzt in einer Tiefe von 3600 m. Außerdem beobachtete man Tiefseedünen, hervorgerufen durch starke Bodenstömung, in einer Tiefe von 4400 m.

g) Das Argument der Aalwanderungen

Diese Theorie ist eine etwas phantasievolle Auslegung dessen, was Professor Koumaris als »makabre Hochzeitsreise« der Süßwasseraale bezeichnete. Wenn die Süßwasseraale die Geschlechtsreife erreichen, wandern sie zum Meer und schwimmen in den Atlantik hinaus, die europäischen Aale nach Westen, die amerikanischen nach Osten. Man nimmt allgemein an, daß alle europäischen und amerikanischen Aale, auch jene, die in Sümpfen leben, sich ihren Weg — manchmal sogar über trockenes Land — zum Atlantik und dort ins Sargassomeer suchen, besonders in dessen mittleren Teil. Nach dem Laichen im Tang in einer Tiefe von etwa 300 m sterben die Weibchen und die Männchen. Ein Teil der Jungaale (in diesem Stadium Leptocephali genannt), die zwischen März und Juli ausschlüpfen, kehrt in einjähriger Wanderung nach Amerika zurück, den anderen Teil trägt der Golfstrom nach Europa. Die nach Europa getragenen Leptocephali bilden 25 m dicke und 90 m breite Schwärme. Während des langen Aufenthalts im Meer beginnt ihre Umwandlung, sie werden durchsichtige kleine Glasaale, die langsam ihre — erst grün, dann grau — Farbe verändern.

Die Umwandlungen, die sie durchlaufen, hängen von der Dauer ihres Aufenthalts im Meer ab. Jene Leptocephali, die nach Amerika wandern, bleiben höchstens ein Jahr im Meer, jene dagegen, die nach Europa getragen werden, zwei oder drei Jahre. Letztere machen deshalb mehr Umwandlungen durch, und auf diese Weise entsteht eine andere Aal-Subspezies. Diese betrachtete man als neue, eigene Spezies, und um den Unterschied zu erklären, glaubte man, die aus den Eiern der europäischen Aale schlüpfenden Lepotcephali würden nach Europa zurückkehren, jene mit amerikanischen Vorfahren nach Amerika.

Für diese Vermutung, eine ziemlich simple übrigens, suchte man nun eine Erklärung. Und wieder mußte Atlantis herhalten. Die Verfechter des atlantischen Atlantis glauben, daß die Aale früher im Süßwasser von Atlantis lebten. Der große Fluß von Atlantis mündete ihrer Ansicht nach in das Gebiet, das nun vom Sargassomeer eingenommen wird. Im Delta dieses Flusses gab es gemäß ihrer Vorstellung einen riesigen Sumpf — ein idealer Laichplatz für Aale. In der Fortpflanzungszeit schwammen die Aale somit einfach den Fluß hinunter und laichten im

Sumpf. Nach dem Untergang von Atlantis und dem Verschwinden des großen prähistorischen Flusses suchten die Aale, so wird argumentiert, Zuflucht auf den Kontinenten zu beiden Seiten des Ozeans. Da diese Kontinente jedoch keine geeigneten Laichplätze bieten, wandern die Aale seit damals, getrieben von einem uralten Instinkt, zur Fortpflanzung an jene Stelle, wo ihre fernen Vorfahren das Licht der Welt erblickt hatten.

Vor kurzem jedoch wurde die Behauptung aufgestellt, daß die europäischen Aale gar nicht ins Sargassomeer gelangen. Würden sie dorthin kommen, so lautet das Argument, müßte man sie über die ganze Breite des Atlantiks fangen können — doch das ist nicht der Fall. Eine moderne Ansicht besagt deshalb, daß alle europäischen Aale auf der Wanderung zum Sargassomeer umkommen und alle Jungaale, die nach Europa gelangen, Nachkommen der amerikanischen Aale sind. Darum kann angeblich kein noch so intensiver Fang der europäischen Aale die Spezies ausrotten. Diese Ansicht wird jedoch von Bruun abgelehnt, und die Angelegenheit ist strittig.

Ein weiteres Argument, das die Anhänger von »Atlantis im Atlantik« für unwiderlegbar halten, ist das Vorkommen eines Insekts im Sargassomeer, welches sich übers Wasser bewegt und von einer Tanginsel zur nächsten überwechselt. Die moderne Forschung hat jedoch gezeigt, daß es dort ausschließlich Meeresinsekten gibt, abgesehen von jenen, die an den Küsten leben und beim Nahen der Flut in Felsspalten oder im Boden Zuflucht suchen. Die Sargasso-Spezies ist nicht bemerkenswert und wird den *Halobates* oder Wasserwanzen zugeordnet, die in Sümpfen und Flüssen leben und sich über die Wasserfläche bewegen. Tatsächlich leben auf warmen Meeren über vierzig Arten *Halobates*.

Selbst wenn man der Meinung zustimmt, daß die europäischen Aale zum Sargassomeer wandern, um dort zu laichen und zu sterben, und daß ihre Nachkommen, von einem Erbinstinkt getrieben, nach Europa zurückkehren, folgt daraus noch lange nicht, daß dieser Instinkt unbedingt aus der letzten Eiszeit datiert; es wäre wahrlich nicht abwegiger, anzunehmen, ein solcher Instinkt stamme aus älteren geologischen Zeiten. Doch die Existenz einer Landbrücke über den Atlantik im Tertiär ist, wie sich schlüssig beweisen läßt, geologisch unmöglich.

h) Das Argument gemeinsamer Flora und Fauna

Das Vorkommen verschiedener Arten von Pflanzen und Tieren auf beiden Seiten des Atlantik, im Mittelmeerbecken, auf den Azoren, Madeira, den Kanarischen Inseln, den Antillen und in Mittelamerika wird als Hinweis darauf genommen, daß einst eine Landverbindung zwischen Europa und Nordamerika bestand, und die Anhänger der Theorie, daß Atlantis im Atlantik lag, sind der Überzeugung, diese Verbindung habe die Form einer Landbrücke über den Atlantik gehabt. Theoretisch könnte diese Verbindung natürlich die Form irgendeines Landkontaktes zwischen Eurasien und Nordamerika gehabt haben. In vielen Fällen kann außerdem eine Gleichheit von Pflanzen und Tieren auftreten, ohne daß die Kontinente je zusammenhingen. Dies gilt besonders für Vögel und Pflanzen. Der Wind trägt Pflanzensamen über große Entfernungen, und Vögel fliegen. Schwimmende Holzteile werden von Meeresströmungen meilenweit mitgenommen, und auf solchen Holzstücken können sich Samen oder kleine Tiere befinden. Zugvögel überqueren immer wieder breite Meeresflächen.

Es ist oft schwer, zwischen natürlicher Wanderung oder Kolonisierung und einer Verbreitung durch menschlichen Einfluß zu unterscheiden. Wir sind überzeugt, daß es in Amerika vor dem Eintreffen der Spanier das Pferd, wie wir es kennen, nicht gab. Umgekehrt erreichten die Agave und der Feigenkaktus, die im Mittelmeergebiet so verbreitet sind, Europa erst nach der Entdeckung Amerikas. Das trifft jedoch für viele Pflanzenarten nicht zu, beispielsweise Birke, Haselnuß, Eiche, Kiefer usw., die in Kanada genauso gedeihen wie in Nordeuropa. Wären diese Pflanzen von derselben Spezies, müßte in jüngeren geologischen Zeiten eine Verbindung zwischen Europa und Amerika bestanden haben. Bestand diese Verbindung jedoch nur während älterer geologischer Zeiten, muß die Evolution der Formen sich auf beiden Seiten des Atlantiks generell unterscheiden. Eine gründliche Untersuchung ergab, daß die Flora diesseits und jenseits des Atlantiks gemeinsame Gattungen aufweisen kann, daß es jedoch nur eine sehr kleine Zahl autochthoner Arten gibt, die hier und dort gleich sind; und diese beschränkte Zahl gemeinsamer Spezies ist ein Beweis dafür, daß es in jüngeren geologischen Zeiten und besonders während des Quartärs, d. h. in den letzten 1,5 Millionen Jahren, keine Landbrücke gab.

Hätte im Quartär eine Landbrücke existiert, müßte die Zahl gemeinsamer Arten auf beiden Atlantikseiten viel größer sein. Doch eine Spezies wie das Mammut, das während der Eiszeit in Sibirien lebte, findet man in Amerika nur selten, und das Rhinozeros der Glazialperiode, das in Europa überall auftrat, kommt in der alten Fauna Nordamerikas nicht vor.

Im Tertiär (vor 1,5 bis 64 Millionen Jahren) war der Mammutbaum in Europa weit verbreitet, doch er erscheint in der Glazialperiode überhaupt nicht und ist heute nur als gezüchtete exotische Pflanze in europäischen Gärten und Parks zu finden. In Amerika gedeiht er wild lediglich in den Küstenbereichen Kaliforniens. Die Sumpfzypresse (*Taxodium*) ist ein weiteres Beispiel für einen Baum, der während des Tertiärs diesseits und jenseits des Atlantiks vorkam. Heute trifft man die Gattung nur in Nord- und Mittelamerika an. Die Ananas, heute eine rein amerikanische Pflanze, wuchs während des Tertiärs im Rheintal. Der Hauptstamm der Pferdefamilie entwickelte sich in Nordamerika, wo die moderne Gattung *Equus* im späten Tertiär auftauchte. Sie wanderte von Amerika nach Asien und verschwand, seltsamerweise, in ihrem Ursprungsland.

Aber kehren wir zur Frage einer hypothetischen Landbrücke zurück. Wenn ein Kontinent in ozeanische Tiefen versank (mehr als 4000 m), müßte die Krustenstruktur in diesem Gebiet sich deutlich von jener in anderen ozeanischen Bereichen unterscheiden. Andererseits stützt die Tatsache, daß submarine Kuppen mit einem Gipfelplateau (*Guyots* genannt) im Atlantik verhältnismäßig selten sind, keineswegs die Ansicht, es habe einst eine »trittsteinartige« Landbrücke über tiefes Meer gegeben. Botaniker behaupten außerdem, daß kleine Inseln keine Vegetation kontinentalen Typs entwickeln und somit nicht als Landbrücke fungieren würden.

Falls eine Landbrücke oder eine Kette von »Trittstein«-Inseln einst Europa und Nordamerika verbunden haben sollte, wäre die wahrscheinlichste Lage die Region Island—Grönland. Grönland ist die größte Insel der Welt. Island ist die größte Insel im Atlantik und die größte Vulkaninsel der Welt, seine Vulkangeschichte reicht bis ins Tertiär zurück, wo es bereits festes Land war. Es gibt jedoch keinen geologischen Beweis dafür, daß

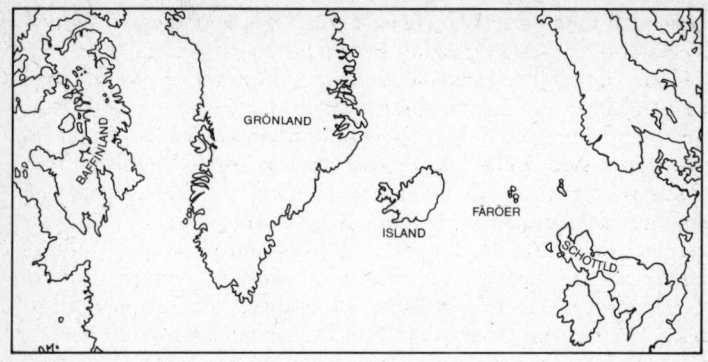

Die Inselkette im Nordatlantik, deren größte Inseln Grönland, Island und die Britischen Inseln sind, wurde verschiedentlich als Überrest einer Landbrücke von Europa nach Nordamerika angesehen. Mit ziemlicher Sicherheit ist sie nichts dergleichen.

Island während des Tertiärs und Quartärs durch die Färöer mit Europa zusammenhing. Man kann hinzufügen, daß das Fehlen wilder Landtiere auf dem isländischen Plateau zusammen mit dem Charakter der Flora gegen eine Verbindung mit Europa oder Amerika zur Zeit der Entstehung der Hochfläche im Tertiär spricht. Während der Eiszeiten war die Fläche der Inseln Grönland, Island und Färöer zweifellos größer als heute, aber eine durchgehende Landbrücke zwischen Europa und Amerika, gebildet aus diesen Inseln, konnte einzig durch das eustatische Absinken des Meeresspiegels nicht entstanden sein.

Die Entfernungen betragen: zwischen Schottland und den Färöern 300 km; zwischen den Färöern und Island 400 km; zwischen Island und Grönland 300 km; zwischen Grönland und Baffinland 500 km. Die Meerestiefe zwischen diesen verschiedenen Punkten liegt bei 250 bis 500 m.

Laut Bruce C. Heezen und Marie Tharp muß man, wenn auf einer fast durchgehenden Landbrücke zwischen Europa und Island bestanden wird, davon ausgehen, daß der Island-Färöer-Rücken in den letzten 200 000 Jahren mehr als 200 m unter den Wasserspiegel sank. »Gegenwärtige Schätzungen des maximalen pleistozänen Absinkens des Meeresspiegels gehen nicht weiter als bis 160 m; folglich konnte, selbst wenn das maximale Absinken des Meeresspiegels während der vorletzten Vereisung um 40 m über der gegenwärtigen Schätzung lag, der Färöer-Island-Grönland-Rücken keine durchgehende Landbrükke von Europa nach Island und Grönland gebildet haben.« Andererseits übersteigt die Tiefe der Beringstraße 50 bis 60 m nicht, und ihre Breite beträgt nur 75 km. Die Verbindung von Eurasien mit Amerika in der Glazialperiode dürfte also viel eher an der Beringstraße bestanden haben. Während der Eiszeit war der Wasserspiegel mindestens 100 m niedriger, und die Beringstraße war somit Festland. Wegen der relativ kurzen Zeitspanne, die das Spätpleistozän umfaßte, müssen wir große tektonische Veränderungen in der absoluten Höhe des Island-Grönland-Rückens ausschließen.

Dieser Rücken könnte eine Landbrücke oder eine Brücke aus Inseln gewesen sein, aber nur in vortertiären Zeiten, d. h. vor mehr als 60 Millionen Jahren. Bedarf man einer Landbrücke, um die wenigen gemeinsamen Gattungen in Amerika und Eurasien zu erklären, so ist die naheliegende Position an der Beringstraße.

Eine Landbrücke über die heutige Bering-Straße bestand vor etwa 20 000 Jahren.

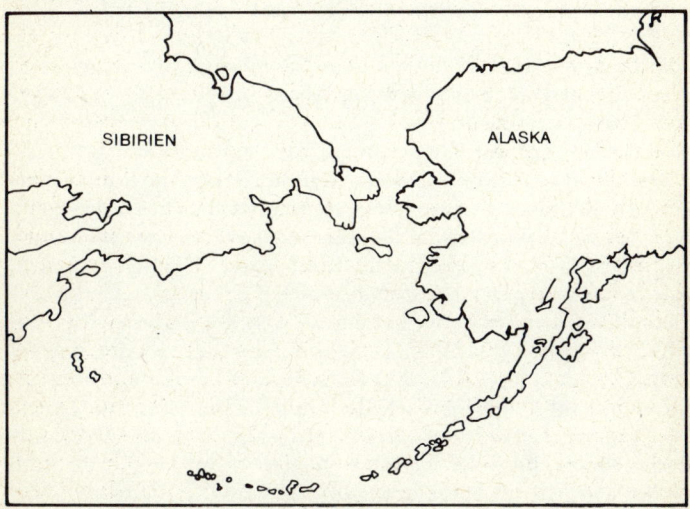

i) Das Argument kultureller Übereinstimmungen

Dieses Argument hat viel mit dem Vorhergehenden gemein und kann fast genauso behandelt werden, obwohl es weniger Gültigkeit besitzt.

Ein Vergleich der Kunst alter Völker im und um das Mittelmeerbecken mit jener Amerikas könnte zu der Annahme verleiten, die Kulturen der zwei Welten zeigten seltsame Analogien. Laut Dévigné wurden die beiden Hemisphären von Menschen derselben Rasse bewohnt, der »Kupferrasse«. Diese Menschen, so wird behauptet, erschienen diesseits und jenseits des Atlantiks überall, wo Kupfer gefunden wurde, von der Berberei (Marokko) bis Ägypten und Chaldäa, bis zu den etruskischen Gebieten in Italien, dem Baskenland in Spanien und Frankreich, den Kanarischen Inseln, ebenso in Mittel- und Südamerika von Mexiko bis Peru. Die Völker dieser Rasse hatten angeblich dieselbe Hautfarbe (braun bis rot), dieselben Institutionen, Neigungen und Bräuche — wie das Einbalsamieren der Toten —, dieselben Sym-

Angebliche Übereinstimmungen zwischen den Kulturen zu beiden Seiten des Atlantik wurden als Beweise für den gemeinsamen Ursprung dieser Kulturen in Atlantis angeführt. Die hier abgebildeten Beispiele stammen aus Ignatius Donnellys ›Atlantis: the Antediluvian World‹. Die ägyptischen Pyramiden (links) werden mit den mexikanischen (rechts) verglichen.

bole, einschließlich des Kreuzes, dieselbe Religion, in der es die Sonnenanbetung, gebildete, besonders in Astronomie bewanderte Priester, Menschenopfer und als gemeinsames Merkmal den Bau trapezförmiger Tempel aus Megalithen mit Goldplattierung gab. Sie sollen auch dieselben Traditionen und Künste, wie Töpferei und Wandmalerei, gepflegt haben, vergleichbare Bearbeitungsweisen des Kupfers und ähnliche Methoden beim Bau von Grabhügeln und Pyramiden angewandt haben. Das verblüffendste Beispiel für diese Parallelität stellen die Übereinstimmungen (die allerdings eher scheinbar als wirklich sind) zwischen den mittelamerikanischen und den ägyptischen Pyramiden dar.

Der überwölbte Eingang zum Schatzhaus des Atreus in Mykenä in · Griechenland (rechts) wird verglichen mit einem Gewölbe in Las Monjas, Mittelamerika (links).

Diese scheinbare Ähnlichkeit europäischer und amerikanischer Kulturen, dazu die amerikanischen Sagen über den Verlust von Land unter ähnlichen Umständen, wie Platon sie in seinem Atlantisbericht erwähnt, gelten manchen Menschen als die stärksten Argumente für die Existenz einer »verlorenen Insel«. Es wird behauptet, daß vor der Zerstörung dieser Insel eine Landbrücke über den Atlantik bestand und daß nach ihrem Untergang die Überlebenden Zuflucht auf den Kontinenten in Ost und West suchten — auf denen sie zuvor schon Fuß gefaßt hatten. Der letzte Punkt, so sagen die Verfechter, lasse sich durch Platons Aussage beweisen, daß die Wanderung der Atlantisbewohner nach Europa vor dem Verschwinden der Insel erfolgte.

Gegen alle diese Phantastereien muß ins Treffen geführt werden, daß der frühe Mensch gemäß der akzeptierten Meinung während oder nach der letzten Glazialperiode aus Asien nach

Amerika kam. Die Indianer sind ohne Zweifel eine aus Ostasien stammende mongolische Rasse. Während der Eiszeit gab es, wie bereits erwähnt, über die heutige Beringstraße eine Landbrücke zwischen Sibirien und Alaska. Sie wurde zweifellos benutzt, und es muß sich in Nordwestamerika ein Kulturzentrum entwickelt haben. Als das Inlandeis vor etwa 11 000 Jahren zu schmelzen begann, öffnete sich ein Weg durch die Hochebenen östlich der Rocky Mountains, und das Aufbrechen des Eises erlaubte eine rasche Wanderung der arktischen Völker nach Süden. Als das Inlandeis abnahm, stieg der Meeresspiegel, und das Nördliche Eismeer bedeckte sich mit Eis. Während also die Arktisvölker nach Süden zogen, schloß sich die Tür für weitere Wanderungen aus Sibirien. Als der Meeresspiegel stieg, entstand die Beringstraße, und Sibirien war wieder von Alaska abgeschnitten. Gleichzeitig erlaubte der ständige Rückzug des Inlandeises eine Ausbreitung des Volkes aus den arktischen Regionen Amerikas im Laufe einiger tausend Jahre hinunter nach Südamerika.

Die linguistischen und anthropologischen Übereinstimmungen zwischen Bewohnern der Alten und der Neuen Welt — soweit sie überhaupt bestehen — und die gesamten ethnographischen Tatsachen lassen sich mühelos auf diese Weise erklären, ohne daß man die Existenz einer großen, den Atlantik überbrückenden Insel beschwören muß.

j) Das Argument der Sintflut-Sagen

Die Existenz amerikanischer Sagen über das Verschwinden eines Stück Landes unter ähnlichen Umständen wie jenen, unter denen bei Platon Atlantis endete, wird mit Argumenten angeführt, die mit der obenstehenden Erörterung zusammenhängen, und wirft einige interessante Punkte auf.

In erster Linie muß man hier die Tatsache berücksichtigen, daß alle Völker auf Erden zu Zeiten unter ähnlichen Naturphänomenen zu leiden haben. Erdbeben, zerstörerische Flutwellen oder *Tsunamis* (wie die Japaner sie nennen), Vulkanausbrüche und Überschwemmungen kommen in fast allen Teilen der Erde vor. Diese Phänomene sind in den Regionen um das Pazifikbecken und in der Karibik häufiger und besonders heftig. Da sie von denselben Naturprozessen hervorgerufen werden, gleichen die von ihnen verursachten Katastrophen einander sehr, und die Reaktionen der Menschen darauf sind auf der ganzen Welt ziemlich ähnlich. Und weil alle Menschen ähnlich reagieren, tendiert die Entwicklung der Menschheit auf materiellem, intellektuellem und geistigem Gebiet überall in dieselbe Richtung. Deshalb ist ein unabhängiges Bestehen ähnlicher, aber nicht miteinander verbundener Traditionen in verschiedenen Teilen der Erde leicht denkbar.

Es überrascht nicht, daß Guatemala eine Sage über eine Weltkatastrophe kennt, die der griechischen Sage von Phaethon ähnelt (Phaethon — der Sohn des Helios — durfte seines Vaters Wagen, die Sonne, fahren, was katastrophale Folgen hatte). Die Blitzbogen, die man während heftiger Vulkanausbrüche am Himmel beobachtet, erklären wohl zusammen mit dem Ascheregen die Sage von Phaethon und das Verbrennen all dessen, was auf Erden war (*Tim.*, 22 C), ebenso wie die anderen ähnlichen Sagen. Interessant im Hinblick auf später Folgendes ist, daß man Phaethons Feuersbrunst als zeitgleich mit der griechischen Sintflutsage ansah, in der Deukalion und Pyrrha die einzigen Überlebenden waren.

Die Geschichte von Deukalions Flut weist verblüffende Ähnlichkeit mit der biblischen Überlieferung von der Sintflut und ihrer Hauptfigur Noah sowie mit der babylonischen Flutsage auf. In allen diesen Sagen ist die Flut eine von den Göttern geschickte Strafe. Der Auserwählte der Götter wird vor der drohenden Katastrophe gewarnt und ergreift die notwendigen Schritte, um seine Angehörigen und verschiedene Tiere und Pflanzen zu retten. Diese Sagen sowie die merxikanischen und guatemaltekischen Sagen von einer großen Überschwemmung und die ähnlichen Traditionen lassen den Eindruck entstehen, daß die genannten Überschwemmungen ein und dieselbe Sintflut betreffen, die gleichzeitig auf der ganzen Erde stattfand. Das kann nicht akzeptiert werden: Lokale Unglücke dieser Art können sich plötzlich ereignen und katastrophal sein, weltweite Überflutungen dagegen vollziehen sich so langsam, daß sie während einer Menschengeneration fast unbemerkt bleiben.

Laut H. E. Suess begann 90 000 bis 11 000 vor unserer Zeit die Temperatur alle 11 000 Jahre um ein Grad zu sinken. Aber vor 11 000 Jahren stieg sie abrupt, d. h. alle 1000 Jahre um ein Grad. Dieser Anstieg setzte sich fort und endete erst vor einigen Jahrtausenden. In den letzten Jahrtausenden lag die Temperatur bei etwa dem Höchstwert, der in allen pleistozänen Interglazialphasen erreicht wurde. Diesen »abrupten« Temperaturanstieg — ein Grad in 1000 Jahren —, der das Zurückgehen des Inlandeises verursachte, bemerkten die Völker jener Zeit mit ziemlicher Sicherheit nicht.

Von den Menschen, die Theorien über das Atlantisproblem aufstellten, besaßen viele ungenügendes geologisches Wissen und erkannten den geologischen Kontext des Wortes »abrupt« nicht. Sie schrieben das Zurückgehen des Inlandeises (dessen Ursache angeblich der *abrupte* Temperaturanstieg war) dem plötzlichen Verschwinden des atlantischen Territoriums zu. Das geologische Zeitmaß wurde von ihnen als Menschen-Zeitmaß für Ereignisse verstanden, die im kurzen Zeitraum einer Menschengeneration auftreten.

Die Ansicht, daß das Verschwinden von Atlantis ein Absinken des Meeresspiegels oder ein Zurückweichen des Meeres verursacht haben müsse und eine solche Veränderung im Mittelmeer erfolgt sei, ist geologisch unhaltbar. Es wurde bewiesen, daß seit dem letzten Gletscherrückzug vor etwa 11 000 Jahren der Meeresspiegel gestiegen und nicht gefallen ist. In Europa begann die eustatische Bewegung des Meeresspiegels, verursacht durch das Abschmelzen großer Inlandeismassen, während des siebten oder achten Jahrtausends v. Chr. Die Aufwärtsbewegung verlief nicht konstant, sondern wechselte ab mit Perioden der Stabilität und sogar eines Absinkens des Meeresspiegels. Seit dem ersten Jahrhundert v. Chr. muß der Meeresspiegel um 2,5 bis 2,8 m gestiegen sein.

An den Felsküsten der Ägäisinsel Siphos entstanden durch lithophage (sich ins Gestein einbohrende) Mollusken 700 m über dem derzeitigen Meresspiegel Löcher. Ähnliche Phänomene in anderen Teilen Griechenlands und anderswo in Europa verzeichnete Ph. Negris. Sie sind nicht auf eustatische Veränderungen des Meeresspiegels in der Größenordnung von mehreren hundert Metern zurückzuführen, sondern auf die langsame festlandbildende oder epirogene Bewegung des Landes seit dem Pliozän, also seit mindestens einer Million Jahre vor der letzten Glazialperiode. Nach Meinung von M. C. Dollfus hat sich der Meeresspiegel seit dem Pliozän nicht nennenswert verändert. Es herrscht allgemein die Ansicht, daß sich in jüngster Zeit nur die Kontinente ständig heben oder örtlich ungleichmäßig senken. Die durch eustatische Bewegung verursachte Änderung des Meeresspiegels übersteigt 100 m nicht.

Die Aufwärts- und Abwärtsbewegung des Landes während solcher epirogener Perioden und das Ausmaß solcher Veränderungen lassen sich an den isostatischen Ausgleichsbewegungen veranschaulichen, die man in den alten terrestrischen Schilden des Baltikums und Kanadas beobachtete. Isostatische Ausgleichsbewegung ist, grob gesprochen, die Anpassung, die bei Schwereveränderungen oder Gewichtsverlagerungen erfolgt. Ein Beispiel bildet die Landhebung in Finnland und Skandinavien als Folge des stetigen Abschmelzens von Inlandeis, das diese Gebiete während der letzten Eiszeit bedeckt hatte. Diese bestimmte Hebung beläuft sich derzeit auf maximal einen Meter ter pro Jahrhundert. Wie man sich leicht denken kann, hat das keine kurzfristige Auswirkung auf den Menschen. Die Bewohner Skandinaviens sind sich des Phänomens nicht bewußt und beziehen ihre Kenntnis davon nur aus geologischen Untersuchungen.

Wie dieses Kapitel gezeigt hat, gibt es viele Anhänger der Theorie, daß Atlantis im Atlantischen Ozean lag. Viele seltsame Argumente zur Stützung dieser Theorie wurden vorgebracht. Es schien notwendig, sie alle zu prüfen und ihre Schwächen zu enthüllen. Vielleicht ist es hier nun ratsam, einige Schlußfolgerungen zu ziehen:

Seit der Ankunft des Menschen auf Erden gab es keine atlantische Landbrücke; im Atlantik befindet sich keine untergegangene Landmasse; der Atlantische Ozean muß in seiner gegenwärtigen Form zumindest seit einer Million Jahren bestehen. Es ist eine geophysikalische Unmöglichkeit, daß ein Atlantis von Platons Ausmaßen im Atlantik existierte.

Wird Atlantis auch an anderen Orten vermutet? Ja, und an nicht wenigen.

5. Andere Orte

Der Atlantische Ozean hat kein Monopol auf Atlantis, denn auch andere Meere und Kontinente wurden nacheinander als Wiege der ersten Erdenkultur bezeichnet. Tatsächlich gibt es kaum Orte auf Erden, die man nicht als Heimat oder Kolonie der Atlanter ansah. Verschiedene Autoren stützten entschieden die Behauptungen, Atlantis habe in Palästina gelegen, in Schweden, in der Region zwischen Irland und der Bretagne, im Helgoländer Gebiet der Nordsee, in der Arktis, in Mittelasien, Nigerien, Tunesien und Spanien. Alle diese Theorien haben denselben schwerwiegenden Nachteil: ihnen fehlt jedweder geologische Beweis dafür, daß in dem betreffenden Gebiet irgendwann ein plötzliches Absinken von Land stattfand, das groß genug war, um ernste Zerstörungen zu verursachen.

a) Tunesien

Nach Meinung A. Herrmanns (1930) ist die von Platon erwähnte Ebene eine kleine tunesische Ebene im Schott-el-Dscherid zwischen Nefta und dem Golf von Gabès. Wie Herrmann jedoch selbst zugibt, sank diese Region nicht ein. Im Gegenteil, sie hob sich, das Meer zog sich von ihr zurück, und sie wurde schließlich vom Sand der Sahara bedeckt. Übrigens ist die Region um den Schott-el-Dscherid die erdbebenfreiste Zone Nordafrikas.

b) Tartessos

Ebenso erdbebenfrei ist die Südwestküste Spaniens. Würde man jedoch die Ansicht von A. Schulten (1922) akzeptieren, wäre die berühmte alte Handelsstadt Tartessos an der Mündung des Guadalquivirs, nördlich von Cadiz, die Mutterstadt von Atlantis gewesen. Das Fehlen jedes geologischen Beweises, daß die Stadt durch eine Naturkatastrophe zerstört wurde, führt Schulten zu der Behauptung, nach der Verwüstung von Tartessos und der Schließung der Straße von Gibraltar durch die Karthager im Jahre 509 v. Chr. hätten die griechischen Seefahrer die Spur der Stadt verloren. Aus diesem »Verschwinden« der Stadt erwuchs laut Schulten die Sage vom Untergang Atlantis'. Doch zum Unglück für seine Theorie brachte Solon (639—558 v. Chr.) die Atlantisgeschichte viele Jahrzehnte vor der Zerstörung Tartessos' und der Schließung der Meerenge nach Ägypten. Außerdem läßt die Theorie viele Punkte in Platons Bericht offen, besonders die Vernichtung der athenischen Streitmacht beim Untergang der Insel.

c) Nordwestfrankreich

F. Gidon argumentiert, die Atlantissage sei ein Konglomerat vieler Überlieferungen aus verschiedenen Quellen, und der Untergang beziehe sich auf die Überflutung der Küsten Nordwestfrankreichs. Das überflutete Gebiet wird heute durch die 100-Meter-Isobathe (die Linie gleicher Wassertiefe) begrenzt. Die Ausdehnung dieses Gebiets in nordwestlicher Richtung entspricht fast der gegenwärtigen Breite Frankreichs. Gidon stützt sich auf botanische Kriterien und behauptet, die Region, die früher die Bretagne mit Irland verbunden habe, sei während der Bronzezeit (irgendwann zwischen 3000 und 1200 v. Chr.)

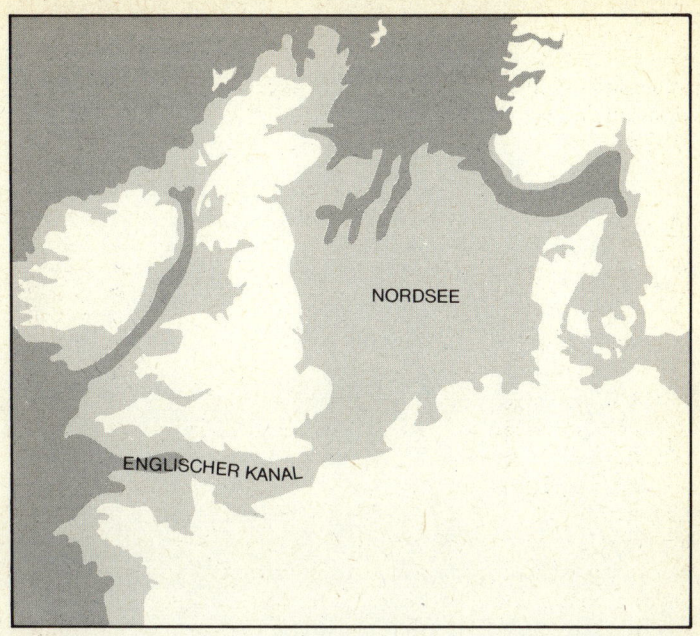

Das Seichtwasser um Nordwestfrankreich und die Britischen Inseln brachte einige Autoren auf den Gedanken, Atlantis sei in diesem Gebiet untergegangen. Tatsächlich wurde das einstige Festland hier durch ein sehr langsames Ansteigen des Meeresspiegels am Ende der letzten Eiszeit überschwemmt, nicht durch eine Bewegung des Landes selbst. Die schattierte Fläche zeigt die Hundert-Meter-Tiefenlinie an.

überflutet worden. Die Mutterstadt von Atlantis habe man auf einer Küstenterrasse erbaut, die durch eine Hebung in der Jungsteinzeit entstanden sei, wogegen die drei Wasserringe und die beiden Landwälle um die Mutterstadt ein Netzwerk künstlicher Flüsse und Dünen gewesen seien. Die Überflutung der Region zwischen der Bretagne und Irland sowie die Bildung des Ärmelkanals und der Nordsee schreibt er einem langsamen Sinken des Landes zu, das in der Jungsteinzeit begonnen und bis zum Jahr 800 n. Chr. gedauert habe.

Geologische Daten zeigen jedoch, daß die Überflutung der Nordwestküste Frankreichs und die Bildung des Ärmelkanals

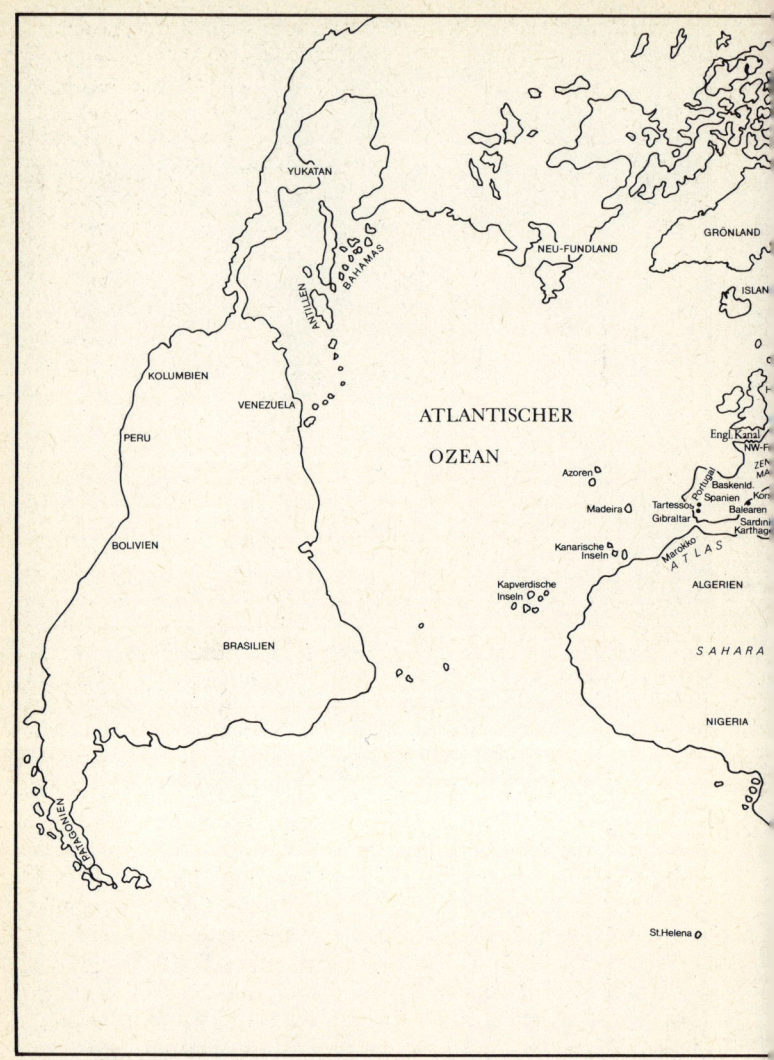

YUKATAN

NEU-FUNDLAND

GRÖNLAND

ISLAN

ANTILLEN

BAHAMAS

KOLUMBIEN

VENEZUELA

PERU

ATLANTISCHER

OZEAN

Engl. Kanal

NW-Fr

ZEN

MAI

Azoren

Baskenld.

Portugal

Madeira

Tartessos

Spanien

Koni

Balearen

BOLIVIEN

Gibraltar

Sardini

Karthage

Kanarische

Inseln

Marokko

A T L A S

ALGERIEN

Kapverdische

Inseln

S A H A R A

BRASILIEN

NIGERIA

PATAGONIEN

St.Helena

Der Atlantische Ozean wird zwar am häufigsten als Standort von
Atlantis bezeichnet, doch Theoretiker aller Disziplinen nannten
auch Dutzende anderer Lokalisationen. Wüsten werden als ehema-

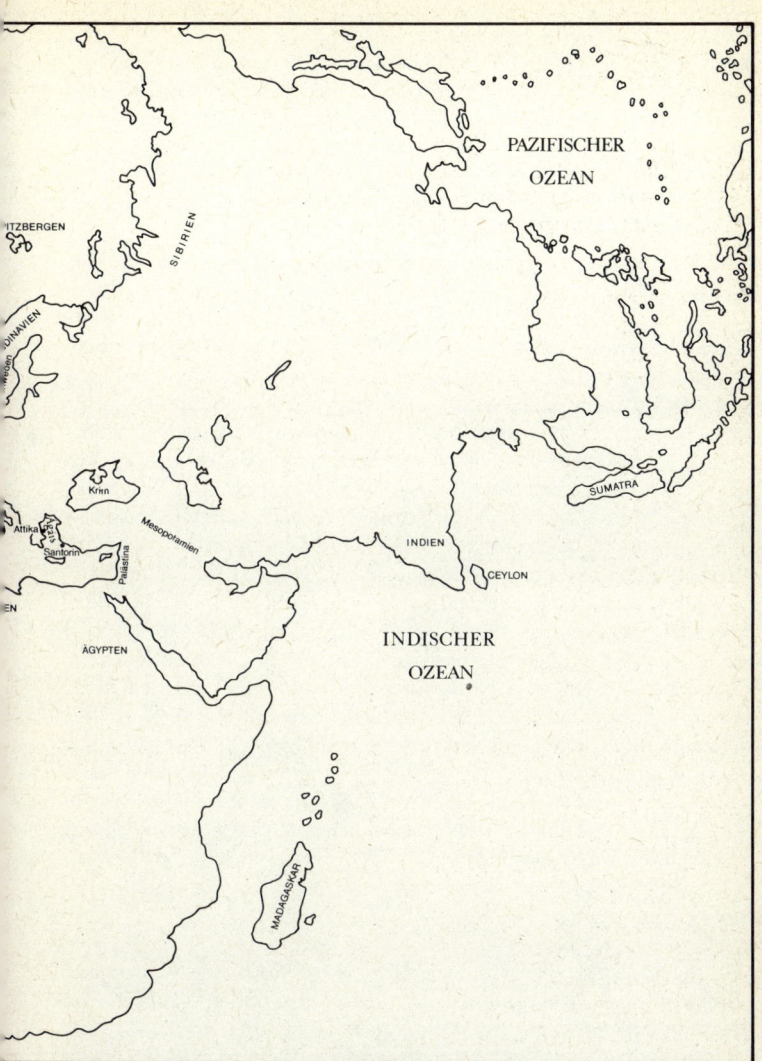

ITZBERGEN

SIBIRIEN

PAZIFISCHER
OZEAN

UNAVIEN

Krim

Mesopotamien

Attika

Santorin

Palästina

INDIEN

CEYLON

SUMATRA

ÄGYPTEN

INDISCHER
OZEAN

MADAGASKAR

lige Meere angesehen, Inseln als die Spitzen untergegangener Berge,
und die Überreste alter Kulturen als Überbleibsel des verlorenen
Atlantis.

auf ein Überfließen des Meeres im Holozän nach dem Ende der Eiszeit zurückgehen. Diese Überflutung, bekannt als Flandern-Transgression, begann um 7000 v. Chr., ihren Höhepunkt erreichte sie 5400 v. Chr. 2400 v. Chr. jedoch sank der Meeresspiegel um etwa 2 Meter, und ungefähr 400 Jahre später erfolgte ein erneutes Ansteigen mit weiterer Überflutung, wie Sir Gavin de Beer am Untergang des Waldes der Mount's Bay gegenüber Penzance in Cornwall bewies.

Die Flandern-Transgression wurde entweder durch ein Sinken des Landes oder durch eustatische Bewegungen oder durch beides verursacht. Der Anstieg des Meeresspiegels durch eustatische Bewegung kann nicht mehr als 100 m betragen haben. Solche Anstiege vollziehen sich langsam, und die Auswirkungen werden im Laufe einer einzigen Menschengeneration nicht sichtbar. Laut W. Wolff senkten sich Helgoland und die Elbemündung an der deutschen Nordseeküste in 4000 Jahren nur um 2 m, also mit einem Durchschnittswert von 5 cm in 100 Jahren, nach H. Stille übersteigen die größten je beobachteten Vertikalbewegungen 5 Meter in 100 Jahren nicht. Außerdem traten im Ärmelkanal und im Nordseegebiet nie schwere Erdbeben auf.

Platon erwähnt ausdrücklich, daß die Landwälle um die Mutterstadt von Atlantis felsig waren. Dies bedeutet, daß es sich nicht um Dünen gehandelt haben kann, die ja Sandgebilde sind. Zudem gab es in Atlantis hohe Berge, und diese können nicht von Wasser ganz überflutet worden sein, das nur 200 m tief ist. Außerdem wurden während der eustatischen Bewegung der letzten Eiszeit sämtliche niedrig gelegenen Küsten der Erde überflutet, so daß man bei dieser Argumentation alle in 100 Meter Tiefe gelegenen Festlandsockel als untergegangene Teile von Atlantis ansehen könnte.

d) Helgoland

Diese amüsante Theorie trug Jürgen Spanuth, ein Pastor aus Bordelum in Norddeutschland, 1953 vor. Er behauptet, die Mutterstadt von Atlantis habe genau 50 Stadien (etwa 9,6 km) nordöstlich von Helgoland gelegen, wo man in 8 m Wassertiefe im höheren Teil einer submarinen Erhebung, Steingrund genannt, die Überreste einer abrupt zerstörten Siedlung fand. Spanuth glaubt, die Atlantisgeschichte, wie Solon sie nach

Griechenland brachte, stelle eine Beschreibung der Katastrophen dar, denen die minoische, mykenische und hethitische Kultur zum Opfer fiel und die um 1220 v. Chr. Ägypten verwüsteten, also wenige Jahrzehnte vor der Thronbesteigung Pharao Ramses' III. (1200–1168 v. Chr.). Er unterstreicht die Tatsache, daß beträchtliche Übereinstimmung zwischen Platons Atlantis-Bericht und der Schilderung der Katastrophe auf den Reliefs in Medinet Habu besteht. Im Amuntempel des altägyptischen Theben (jetzt als Medinet Habu bekannt) gibt es Darstellungen der Seeschlacht zwischen Ramses III. und den »Seevölkern« an der Nilmündung. Der norddeutsche Pastor führt die Form der Schiffe, die Rundschilde, die gefiederten Kopfbedeckungen (»Strahlenkronen«) und andere Charakteristika von Ramses' Gegnern ins Treffen und folgert, daß die Völker, die den Seeüberfall auf Ägypten unternahmen, aus der Nordsee kamen – genau gesagt: aus dem Gebiet zwischen Helgoland und Schleswig-Holstein. Was die Vernichtung der Königsinsel von Atlantis angeht, so behauptet er, sie sei von Sturmfluten verschlungen worden, die durch eine gleichzeitige Eruption von Santorin, Ätna, Hekla und einiger Vulkane in Sinai sowie anderen Teilen der Welt entstanden seien, und durch den Sturz des Kometen Phaethon in die Mündung der Eider unweit der Nordfriesischen Inseln.

Bei der Aufzählung der Metalle, welche die Atlantisbewohner benutzten, erwähnte Platon das »Orichalcum« (Goldkupfererz). Laut Spanuth bedeutet dies »Bernstein«. Bernstein ist jedoch kein Metall, sondern ein fossiles Harz. In Griechenland wurde er spätestens ab 1500 v. Chr. viel als Zierat benutzt. Auch zu Platons Zeiten fand er schon Verwendung und war unter dem Namen »Elektron« bekannt.

Im *Kritias* sagte Platon, die zehn Könige hätten »eine Jagd *ohne Eisen*, bloß mit Knitteln und Stricken« auf Stiere angefangen. Das konnte bedeuten, daß sie Waffen aus Eisen besaßen und sie nur in diesem Fall nicht benutzten, doch das ist höchst fraglich. Außerdem handelt es sich hier um den einzigen Hinweis auf Eisen im Atlantisbericht. Wie dem auch sei, die vermutete mögliche Verwendung von Eisen reicht nicht aus, um die Vernichtung von Atlantis an den Beginn der Eiszeit zu legen, selbst wenn man annimmt, die Grenzen der Bronze- und Eisenzeit seien fest bestimmbar und überall dieselben gewesen.

Der Sieg von Ramses III. über die »Seevölker« wurde in seinem Tempel von Medinet Habu für die Nachwelt festgehalten. Einige Autoren von Büchern über Atlantis sehen in den »Strahlenkronen« und den Rundschilden der Krieger einen Hinweis darauf, daß die Seevölker aus der Nordsee kamen und Überlebende der Atlantis-Katastrophe waren.

Im Zusammenhang mit den Rundschilden und den gefiederten Kopfbedeckungen, den »Strahlenkronen«, ignoriert Spanuth die Tatsache, daß diese auch in den Hieroglyphen des berühmten »Diskus von Phaistos« erscheinen. Gleichgültig, welcher Herkunft (und Bedeutung) diese Tonplatte sein mag, sie wurde im Palast von Phaistos auf Kreta in einem Raum gefunden, der mittelminoische III-B-Vasen und eine Schrifttafel in Linear B enthielt, und entstand deshalb zugegebenermaßen im siebzehnten oder sechzehnten Jahrhundert v. Chr., also mindestens 400 Jahre vor dem Seeüberfall auf Ägypten.

In der erneuten Darstellung seiner Theorie aus dem Jahr 1965 sagt Jürgen Spanuth, der Seeüberfall auf Ägypten sei von Nordseevölkern durchgeführt worden, die den Untergang der Königsinsel von Atlantis in den Sturmfluten überlebt hätten. Dies steht in krassem Widerspruch zur Reihenfolge der Ereignisse in Platons Geschichte. Im *Timaios (25 C, D)* wird gesagt, das Volk von Atlantis habe versucht, Ägypten und Attika »mit einem Zuge« zu unterjochen, sei jedoch von den Athenern

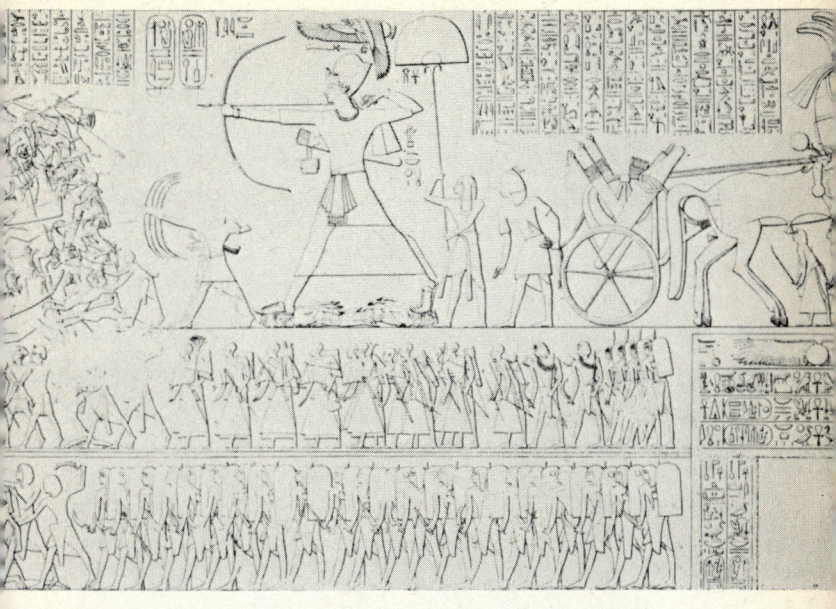

geschlagen worden. »*Späterhin* aber entstanden gewaltige Erdbeben und Überschwemmungen«, die sowohl die athenische
Streitmacht als auch die Insel Atlantis verschlangen.

Spanuth und sein Mitstreiter Dr. Günther Kehnscherper
trugen Unmengen relevanter (und irrelevanter) Daten zusammen, ignorierten aber den von Professor Rhys Carpenter deutlich herausgearbeiteten Punkt, daß »das Vorkommen archäologischen Materials mit spätminoischen Beziehungen unter den
vulkanischen Trümmern auf Santorin, gepaart mit dem völligen
Fehlen irgendwelcher berichteter Spuren vom Höhepunkt my-
kenischer Prosperität irgendwo auf der Insel, den Santorin davon freisprechen, zum Untergang der mykenischen Kultur bei-
getragen zu haben, denn dieser Untergang fällt in eine Periode,
die mindestens ein paar Jahrhunderte später liegt als die große
Eruption«.

Neben anderen wichtigen Punkten übersahen diese gelehrten
Amateure die Tatsachen, daß vulkanische Gesteinsbrocken
kaum über eine Distanz von 2000 km oder auch nur ein Zehn-

Gefiederte Kopfbedeckungen (»Strahlenkronen«) und runde Zeichen, die Schilde darstellen können, zählen zu den Hieroglyphen auf dem Diskus von Phaistos, den man in Phaistos, Südkreta, fand. Die Tonplatte datiert aus einer Periode, die mindestens vierhundert Jahre früher liegt als der von Ramses III. abgewehrte Überfall der Seevölker.

tel davon geschleudert worden sein konnten und daß die Helgoländer Region in der Nordsee sich nicht »während eines schlimmen Tages und einer schlimmen Nacht« formte. Die Insel Helgoland hat jetzt einen Umfang von weniger als 5 km. Geht man jedoch von historischen Werten der Küstenrezession aus, betrug er 1300 n. Chr. etwa 70 km und 800 n. Chr. etwa 200 km. Das geologische Beweismaterial läßt keinen Zweifel daran, daß die Deutsche Bucht, in der Helgoland liegt, durch ein Zurückweichen der Küste, durch Überflutungen und eustatische

Bewegung des Meeresspiegels im Lauf vieler Jahrtausende entstand. Außerdem ist das Nordseegebiet, wie bereits erwähnt, stabil und immun gegen Erdbeben.

e) Planetenkollisionen und Gondwanaland

Andere Theorien über die geographische Lage von Atlantis ignorieren entweder das geologische Ereignis seines Untergangs oder erklären es mit bizarren, völlig imaginären außerirdischen Phänomenen, die in krassem Widerspruch zum geologischen und kosmologischen Wissen über die Geschichte der Erde und des Sonnensystems stehen. Velikovsky beispielsweise verläßt sich auf die mythologischen Überlieferungen bestimmter Völker und behauptet, die Venus sei im zweiten Jahrtausend v. Chr. als Komet entstanden. In der Mitte dieses Jahrtausends habe sie zweimal die Erde berührt und ihre Kometenbahn geändert, sie sei vom zehnten bis zum achten Jahrhundert v. Chr. tatsächlich noch ein Komet gewesen. Oberst A. Braghine glaubt, die Zerstörung von Atlantis sei die Folge einer Kollision zwischen der Erde und einem Planeten gewesen, der vom Schwerefeld der Erde eingefangen und ihr Trabant geworden sei. Im Lauf der Zeit habe sich die Kreisbahn dieses Trabanten (durch die Anziehungskraft der Erde) immer mehr verkleinert, schließlich sei der Trabant in die Erdatmosphäre eingetaucht und mit der Erde kollidiert. Bei dieser Kollision seien Atlantis untergegangen und ein großer, im Indischen Ozean gelegener Kontinent verschwunden. Madagaskar, Südindien, die Inselgruppen im Indischen Ozean, Sumatra und einige pazifische Archipel könne man als Überreste dieses verlorenen Kontinents betrachten, dem man den Namen Lemuria und später Gondwania oder Gondwanaland gegeben habe. Nach Braghines Ansicht wurde Gondwania schon vor dem Auftauchen des Mondes von Menschen bewohnt, und in diesem Kontext bezeichnet er Gondwania als Wiege der Menschheit. Um die Mythen verschiedener Völker unter einen Hut zu bringen, nimmt er an, die Erde habe früher zwei Trabanten gehabt, auch der Mond sei ein vom Schwerefeld der Erde eingefangener Planet und dazu verurteilt, irgendwann mit der Erde zu kollidieren.

Dieser Phantasieflug, der nicht einmal die Bezeichnung Theorie verdient, basiert auf bestimmten griechischen Mythen von *Proselenes* (oder Prä-Mond-Menschen) und ähnlichen Sagen anderer Völker, besonders der Araber und Hindus. Er steht in völligem Widerspruch zu allem, was über das Sonnensystem und über die Struktur und Zusammensetzung des Meeresbodens im Indischen Ozean und sein Entstehungsdatum bekannt ist.

Vor allem berechtigen Struktur und Form des Indischen Ozeans nicht zu der Annahme, er sei durch eine Kollision der Erde mit einem extraterrestrischen Körper entstanden. Die Form seines Beckens gleicht in keiner Weise der kraterähnlichen Narbe, die ein so unwahrscheinliches Ereignis in jüngster geologischer Zeit zurückgelassen hätte. Neben den im vorhergehenden Kapitel genannten Gründen für die Behauptung, daß Ozeanbecken die Kontinente waren, gibt es einen direkten Beweis: Die Zusammensetzung des Bodens im Indischen Ozean ist ähnlich wie bei anderen Weltmeeren, und der Ozean kann folglich nie ein Kontinent gewesen sein. Der Basalt im Boden des Indischen Ozeans unterscheidet sich chemisch vom Basalt der Plateau-Magmas der Kontinente, denn er hat einen niedrigeren Gesamtgehalt an Eisen. Der Indische Ozean (er ist mehr als 4000 m tief) besitzt gleich dem Atlantik und dem Pazifik nicht die für Kontinente charakteristische Sialschicht, und die Erdkruste unter ihm hat eine Dicke von kaum mehr als 20 km. Zudem zeigen auch hier geologische Beweise, daß das große Becken des Indischen Ozeans, besonders sein Westteil, seine gegenwärtige Form zwischen dem Ende des Mesozoikums und dem Beginn des Tertiärs erhielt, also lange vor dem Erscheinen des Menschen auf Erden.

Was den angeblichen ehemaligen Großkontinent Gondwania anbelangt, so hat J. D. H. Wiseman aufgezeigt, daß Gesteinsfragmente vom Carlsberg-Rücken — einem Hauptcharakteristikum des Bodens im Indischen Ozean — einwandfrei submarinen Ursprungs und chemisch völlig anders sind als die Basalte, die gegen Ende der Kreidezeit oder möglicherweise im Untereozän in die Schichten des indischen Subkontinents ausgestoßen wurden. Diese chemische Unterschiedlichkeit und die Tatsache, daß die Plateau-Basalte der indischen Halbinsel einen viel höheren Radiumgehalt haben als die Basalte des Carlsberg-Rückens, führten Wiseman zu der Überzeugung, die von Suess und seinen Anhängern vertretene Theorie, ein großer Teil von

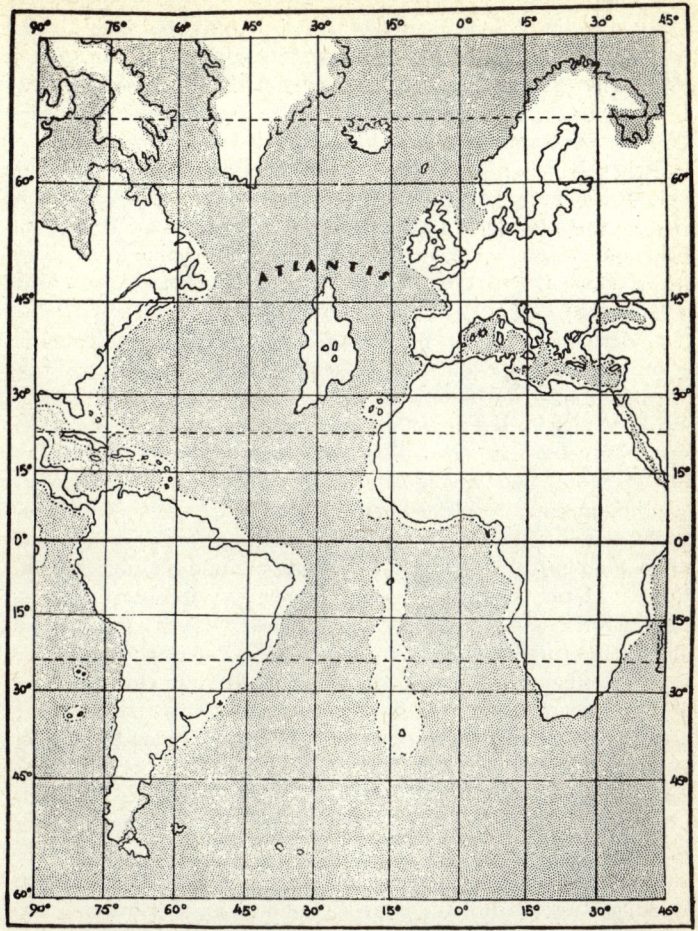

Einige Autoren behaupteten, der Mond sei ursprünglich ein Planet
gewesen, dessen Eingefangenwerden durch die Erde die Atlantis-
Katastrophe verursacht habe; Karte aus ›The Atlantis Myth‹ von
H. S. Bellamy, erschienen 1948.

Gondwania liege westlich Indiens im Meer, sei höchst unwahrscheinlich.

Das ursprüngliche Argument, aufgrund dessen man sich einen ehemaligen Kontinent Gondwania einbildete, nämlich die geographische Verteilung bestimmter fossiler Pflanzen im Paläozoikum (der *Glossopteris*-Flora), hat man übrigens jetzt fallengelassen, weil diese Pflanzen nicht nur auf der südlichen Hemisphäre, sondern auch in Europa vorkommen.

Was die Sagen von »Prä-Mond-Menschen« und ähnlichem angeht, so befinden wir uns in einem absurden Dilemma: entweder stammen diese Überlieferungen, seien sie griechisch, indisch oder arabisch, nicht nur aus einer Zeit vor der Existenz des *Homo sapiens*, oder der Untergang von Gondwania fand so spät statt, daß er geologisch unmöglich ist.

Fassen wir zusammen: Schlußfolgerungen aus astronomischen, anthropologischen sowie geologischen Aspekten und solchen, die auf Mythologie, Folklore, Ortsnamen und Sprachwissenschaft basieren, haben die Atlantis-Bibliographie ungeheuer aufgebauscht, ohne die geringste Hilfe bei der Lösung des Rätsels vom Verschwinden Atlantis' zu bieten. Dieses Verschwinden einer Insel ist ein geologisches Ereignis. Jeder Versuch, das Ereignis auf der Basis vergleichender Philologie, Archäologie, Anthropologie, Ethnographie und Kulturgeschichte zu erklären, muß im Einklang stehen mit der Geographie — der historischen wie der prähistorischen —, der Geologie im allgemeinen und der Paläontologie. Die Wissenschaft ist eins und unteilbar, und Schlußfolgerungen, die auf einem Gebiet gezogen werden, kann man nicht als richtig ansehen, wenn sie nicht mit den Beobachtungen und Beweisen in anderen oder zumindest den eng damit verbundenen Gebieten übereinstimmen. Dieses Prinzip, das jeder ernsthaften Forschung zugrunde liegt, ignorierten die Amateurforscher und jene, die man als Anhänger der apokryphischen Künste bezeichnen könnte. Die erstaunlichsten Erklärungen für den Untergang von Atlantis wurden vorgebracht, und die Absurdität von vielen dieser Erklärungen veranlaßte Franz Susemihl, einen Platon-Übersetzer und -Kommentator aus dem neunzehnten Jahrhundert, zu der Bemerkung, daß, wenn man alle Atlantis-Theorien sammeln könnte, man einen sehr guten historischen Beitrag zu unserem Wissen über menschliches Irresein hätte.

Die Lösung des Atlantis-Rätsels muß also wissenschaftlich, logisch und widerspruchsfrei sein. Ist eine solche Lösung möglich?

Teil III   Geophysikalische Theorien und Fakten

6. Geophysikalische und archäologische Aspekte

Alle Theorien über die Lage von Atlantis, die wir bisher erörterten, ignorieren den geologischen Zeitfaktor und die Tatsache, daß der Untergang einer großen Insel in einem Tag und einer Nacht geologisch unmöglich ist. Das Versinken einer großen Insel oder Landmasse kann vorkommen und kommt auch vor — aber es vollzieht sich in einem Zeitraum von Jahrhunderten und so langsam, daß es für eine einzige Menschengeneration nicht erkennbar wird. Und ein solches, für den Menschen nicht wahrnehmbares Versinken bewirkt keine sensationelle Vernichtung oder Katastrophe.

Es ist mit ziemlicher Sicherheit bewiesen, daß die durchschnittliche Verschiebung der Erdrinde den Wert von etwa einem Meter in 100 Jahren nicht übersteigt. Zwischen 1885 und 1950 lag der Anstieg des Meeresspiegels auf der ganzen Erde zwischen 1,3 und 1,5 mm in einem Jahr. Sogar wenn das Inlandeis schneller abschmolz, überstieg dieser Wert 5 mm im Jahr nicht. Das jährliche Versinken der Atlantikküsten betrug zwischen 1930 und 1948 in den Vereinigten Staaten 5,7 mm. In der Ostsee hebt sich das Land infolge des Abschmelzens der Eiskappe derzeit um 11,3 mm im Jahr. Vor 15 000 Jahren, als das Eis viel schneller schmolz, betrug die Hebung 30 mm im Jahr, vor 12 000 Jahren dann nur noch 15 mm im Jahr. Man schätzt, daß die jährliche Hebung in diesem Gebiet während der nächsten 500 Jahre 5 mm nicht übersteigen wird. In der Region Cherbourg an der Nordküste Frankreichs lag die jährliche Hebung zwischen 1885 und 1950 bei 1,8 mm. Sogar in Java — einer der aktivsten Zonen der Erde, was Erdbeben und Vulkane anbelangt — erreicht die Hebung nicht mehr als 10 mm im Jahr.

Insgesamt und im Lauf sehr langer Perioden können solche Bewegungen beträchtliche Veränderungen hervorrufen, aber ganz offensichtlich wird ihre Auswirkung »während eines . . . Tages und einer . . . Nacht« nicht wahrnehmbar. Das Verschwinden einer Landmasse in einer (menschlich, nicht geologisch) kurzen Zeit ist geologisch nur unter zwei Umständen möglich:

1. Nach schweren Erdbeben, wenn die Ufer von Seen oder Flüssen oder ganze Küstenstriche abbrechen, wie es beispielsweise im Winter 373 v. Chr. geschah, als Helike an der Südküste des Golfs von Korinth ins Meer sank.

2. Bei einer heftigen Vulkanexplosion, wenn sich die Magmakammer entleert und das Gewölbe der so entstehenden Höhle zusammensackt, wie es um 1500 v. Chr. geschah, als der Mittelteil von Santorin einstürzte.

Der Abbruch von Ufern und Meeresküsten erreicht manchmal beträchtliche Ausmaße. Mitte September 1716 versank bei Nanking ein Landstreifen von 25 qkm im Jangtsekiang. Während des ägäischen Bebens vom 26. Dezember 1961 glitt zwischen den Flüssen Meganites und Erasinos — unweit der Stelle, wo 373 v. Chr. die Stadt Helike versunken war — ein 13 qkm großer Küstenstreifen ins Meer. Solche Abbrüche resultieren gewöhnlich aus Erdrutschen von Lockermaterial an Steilhängen oder dem Einsturz unterwaschener Felsmassen.

Die Verschiebung bei einer plötzlichen Hebung oder Senkung von Landmassen während schwerer Erdbeben übersteigt nur selten 7 m. Die größte bisher beobachtete senkrechte Verschiebung — sie erfolgte 1899 bei dem Erdbeben in Alaska — betrug 16 m.

Die Spalten und Risse, die bei heftigen Erdbeben entstehen, sind — entgegen dem allgemeinen Volksglauben — nur selten groß genug, um Tiere oder Menschen zu »verschlingen«. In Berichten über Erdbeben finden sich einzig folgende authentische Fälle: Beim Beben von San Francisco im April 1906 wurde eine Kuh in einer Spalte erdrückt und beim japanischen Beben vom 28. Juni 1948 eine Frau. Eine weitere Frau soll am 5. August 1949 bei dem Beben in Ecuador von der Erde verschlungen worden sein.

Sensationelle Auswirkungen treten gewöhnlich nur bei Erdrutschen oder dem Einsturz unverfestigten Materials oder lokkerer Erde auf. Während eines Bebens in Neuguinea am 15. September 1906 beispielsweise verschüttete ein Erdrutsch etwa hundert Eingeborene. Auf der malaiischen Insel Great Sange begrub am 14. März 1931 ein durch Erdbeben ausgelöster Erdrutsch das Dorf Lesabe und seine 200 Bewohner. Bei dem großen japanischen Beben vom 1. September 1923 durchraste Lockermaterial von mehr als 1 Million Kubikmetern ein 160 m breites und 6 km langes Tal mit durchschnittlichem Gefälle von 6 Grad in fünf Minuten. Es verschüttete das Dorf Nebukava und seine 700 Bewohner, zerstörte den Bahnhof und riß einen Personenzug samt Zugpersonal und Reisende mit. Am 23. Juni 1925 blockierte ein Erdrutsch von 50 Millionen Kubikmetern den Fluß Gros Ventre in Wyoming, USA, und in Montana am 7. August 1959 ein ähnlicher Erdrutsch von geschätzten 34 bis 40 Millionen Kubikmetern den Madison etwa neun Kilometer südlich des Hebgen-Dammes. Dabei entstand ein neuer See, und 26 Menschen wurden lebendig begraben.

Starke Erdbeben können sehr hohe Verluste an Menschenleben fordern. Bei dem Erdbeben von 1908 in Messina kamen 103 000 Menschen um. Bei dem gewaltigen Beben von Tokio im Jahre 1923 überstieg die Zahl der Toten, Verletzten und der Vermißten, die in der Flutwelle verschwanden, 246 000. Das zerstörerischste Beben, das seismologisch registriert wurde, ereignete sich am 23. Januar 1556 in China. Laut Kuo Tseng-Chien forderte es mehr als 800 000 Opfer. So hohe Verluste gibt es natürlich nur in dichtbesiedelten Gebieten, denn in der Regel beschränkt sich die zerstörerische Wirkung von Erdbeben auf relativ kleine Gebiete. Bei dem starken Beben von Lissabon am 1. November 1755, dem gewaltigsten bisher registrierten, überstieg der Radius des Schadensgebiets 600 km nicht, obwohl die Stöße bis in Entfernungen von 2000 km spürbar waren. Die Größe des Gebiets, in dem man damals die Stöße spürte, läßt darauf schließen, daß die Stärke zwischen $8^{3}/4$ und 9 auf der Richterskala lag. Ein heftigeres Beben ist nicht bekannt.

Daß diese Beispiele alle aus relativ moderner Zeit stammen, hat nichts zu besagen. Gestein besitzt eine bestimmte Elastizitätsgrenze, und die Spannung überschreitet einen bestimmten Höchstwert nicht. Die Elastizität von Gestein nimmt mit dessen Alter zu, eine alte Gesteinsschicht hält höherer Spannung stand, ohne daß es zum Bruch kommt, als dieselbe Gesteinsschicht in ihren frühen Jahren. Die gebirgsbildenden Kräfte waren in vergangenen Zeiten vielleicht größer, aber die Spannung, die sie in einer bestimmten Gesteinsmasse erzeugten, muß geringer gewesen sein als die heute unter denselben Umständen entstehende, oder kann ihr bestenfalls entsprochen haben. Daraus folgt, daß Erdbeben in der Vergangenheit häufiger gewesen sein mögen, aber nicht stärker waren. Die Stärke des Erdbebens oder die Größe des Gebiets, in dem es gespürt wird, hängt von der Menge freiwerdender Energie bei der Faltung von Gesteinsschichten ab. Die Menge seismischer Energie kann jedoch den Wert der elastischen Energie, die sich vor der Faltung angesammelt hat, nicht überschreiten.

Angesichts dieser Tatsachen und dessen, was Platon schrieb, ist klar, daß ein geologisches Ereignis im Atlantik oder sogar im westlichen Mittelmeer die athenische Streitmacht nicht vernichtet haben kann. Eine solche Vernichtung wäre nur möglich gewesen, wenn sich die gesamte athenische Streitmacht auf einer Insel befunden hätte, die unterging. Und das ist höchst unwahrscheinlich. Die Insel verschwand zwar *nach* dem Krieg, aber die Athener führten einen Befreiungskrieg. Nur ein Angriffskrieg könnte die Anwesenheit einer athenischen Streitmacht auf der Insel Atlantis erklären. Außerdem wird in dem Atlantisbericht deutlich unterschieden zwischen der Vernichtung der athenischen Streitmacht und dem Ende der Insel Atlantis.

Laut Platon »versank . . . das ganze streitbare Geschlecht . . . unter die Erde«, wogegen die Insel Atlantis »im Meere unterging«. Dies besagt ziemlich klar, daß die athenische Streitmacht von Erdmassen verschüttet wurde. Wie oben erwähnt, sind die bei Erdbeben entstehenden Spalten und Risse nie groß genug, um die Menschen in Scharen zu »verschlingen«. Deshalb muß die athenische Streitmacht entweder von einer dicken Schicht vulkanischer Asche oder von einem großen Erdrutsch bzw. einer Erdlawine begraben worden sein. Die frühere Struktur des Bodens, auf dem Athen erbaut ist, und seine Zerstörung zur gleichen Zeit wie Atlantis stützen diese Ansicht.

Rufen wir uns ins Gedächtnis, was Platon sagte (*Kritias, 112*): »Die Burg zuvörderst befand sich damals in anderen Umgebungen als jetzt. Denn jetzt hat eine besonders regnerische Nacht die Erde ringsum aufgelockert und von ihr weggespült, indem zugleich Erdbeben und eine gewaltige Wasserflut, die dritte vor der Zerstörung zu Deukalions Zeit, entstanden waren. Sodann zog sich ihre Ausdehnung in früherer Zeit bis zum Eridanos und Ilissos hinab, faßte die Pnyx in sich und hatte der Pnyx gegenüber den Berg Lykabettos zur Grenze; auch war die ganze Höhe mit Erde bedeckt und mit wenigen Ausnahmen eben auf ihrer Oberfläche . . . Es gab ferner damals nur einen einzigen Born an dem Punkte, wo jetzt die Burg steht, nach dessen Versiegen infolge von Erdbeben noch die kleinen Wässerchen von ihm übriggeblieben sind, welche sich rings um sie herumziehen, er gewährte aber eine völlig zureichende Wassermenge für alle, die damals lebten, und besaß im Winter wie im Sommer das richtige Wärmeverhältnis.«

Es ist eine bekannte Tatsache, daß in Attika keine schweren lokalen Erdbeben auftraten. Wenn jedoch ein Beben eine Zerstörung im Grundwasser der Athener Burg (der Akropolis) verursachte, kann sein Zentrum nicht weit von Attika gelegen haben. Die größten Entfernungen, in denen man schwere Störungen der Grundwasserzirkulation beobachtete, übersteigen 200 km vom Epizentrum des Bebens nicht. Außerdem zeigten wir bereits, daß der weiteste Abstand vom Epizentrum, in dem geringe Schäden auftreten, nicht mehr als 600 km beträgt. Alle Orte jedoch, die auf den vorhergehenden Seiten als etwaige Lokalisationen der »verlorenen Insel« erörtert wurden, sind mehr als 1000 km von Athen entfernt. Sie scheiden somit als mögliche Standorte von Atlantis aus, der einzig akzeptable ist das östliche Mittelmeer.

Den ersten Versuch, Atlantis im östlichen Mittelmeer anzusiedeln, unternahm 1780 Bortolli. Er äußerte die Überzeugung, die Atlantisgeschichte sei von Solon erfunden und später von Platon benutzt worden. Dann behauptete er, in Platons Version seien die Inselbewohner von Atlantis eigentlich Perser, und die Atlantisgeschichte sei eine zum Mythos gemachte Version der Kriege zwischen den Athenern und den Persern. Bei dieser Auslegung muß Atlantis der Kriegsschauplatz gewesen sein, also Attika, dessen Hauptstadt Athen war. Latreille (1879) vertrat ebenfalls die Ansicht, Atlantis sei in Attika zu suchen.

In der zweiten Hälfte des neunzehnten Jahrhunderts weckten französische Ausgrabungen einiges Interesse an Santorin. Es genügt hier zu sagen, daß Santorin oder Santorini der Name ist, den man den drei Inseln Thera, Therasia und Aspronisi gab,

Zu den Funden, die man auf Santorin in den sechziger Jahren des achtzehnten Jahrhunderts und später machte, zählten eine Kupfersäge mit einer Länge von etwa 23 cm (oben) und dekorierte Keramik (rechts).

diesen Überresten einer 125 km nordnordöstlich von Kreta gelegenen Vulkaninsel. Der Vulkanologe Fouqué führte 1866 auf Therasia Ausgrabungen durch, die Archäologen Gorceix und Mamet gruben 1870 auf Thera und Therasia. Ihre Funde waren sehr bedeutsam und zeigten, daß die einstige Insel, von der heute nur noch die genannten Inseln übrig sind, vor dem Untergang ihres Mittelteils und der Ablagerung einer dicken Bimssteinschicht auf den Restteilen eine sehr weit entwickelte Kultur beherbergte. Unter den Funden waren zahlreiche Steinwerkzeuge, verzierte Tongefäße und Gebrauchsgegenstände aus Lava, darunter Mühlsteine, Becken und Mörser. In vielen der Gefäße fand man Überreste von Gerste, Erbsen, Linsen und Stroh. Zu den Werkzeugen zählte eine Säge aus reinem Kupfer. Man fand auch Knochen von Schafen und Ziegen, und in einem der Häuser, die bei Akrotiri im Südosten Theras ausgegraben wurden, gab es eine bemalte Gipswand.

Aus diesen Funden schlossen die Archäologen, daß die alten Bewohner von Santorin Maße und Gewichte benutzten und ein Zahlensystem hatten. Sie produzierten Kalk, aus dem sie Gips machten, bauten Gewölbe und schufen Wandmalereien. Die Landwirtschaft blühte, und Weberei sowie Töpferei erreichten einen hohen Standard.

Ausgehend von diesen Schlußfolgerungen, äußerte Louis Figuier 1872 die Überzeugung, Platons Atlantis sei eine Insel im ägäischen Archipel gewesen, die durch eine geologische Erschütterung untergegangen sei. Diese Insel könnte nur Santorin sein, wovon ganz offensichtlich ein Teil im Meer versunken sei, während der Rest eine dicke Bimssteinschicht bedecke. Unter dieser Schicht, so meinte er, seien Städte und Dörfer auf ähnliche Weise begraben worden wie 79 n. Chr. Pompeji und Herculaneum unter der Vulkanasche.

Am 19. Januar 1909 stellte K. T. Frost, der anonym in *The Times* schrieb, die Theorie auf, Platons Atlantisgeschichte sei ein entstellter Bericht der in ägyptischen Aufzeichnungen fest-gehaltenen Vernichtung des minoischen Kreta. Ein ähnliche Vermutung äußerte 1917 D. A. Mackenzie. In derselben Zeit veranlaßten Ausgrabungen auf Kreta den amerikanischen Geo-graphen E. S. Balch, der Amerikanischen Geographischen Ge-sellschaft folgende Theorie vorzutragen: Platons Geschichte ent-halte zwar viele schwer zu lösende Anomalien, deute aber an, daß Atlantis eine im Zentrum eines mächtigen Staates gelegene Insel war. Die Geschichte lasse an Kreta und das kretische Reich des Minos denken. Das kretische Reich müsse um 1200 v. Chr. durch die verbündeten Athener und Ägypter zerstört worden sein, die Sage von Theseus und dem Minotaurus stelle eine mythische Version dieses Krieges dar. Den Untergang von At-lantis erklärt Balch als Allegorie vom Ende des kretischen Rei-ches und seiner Auslöschung als Handels- und Kulturzentrum. Die »Säulen des Herakles« bezogen sich für ihn auf Durchfahr-ten zwischen nicht näher genannten Felseninseln der Ägäis. Diese Standortbestimmung von Atlantis im Mittelmeer wurde etwas später, 1925, auch von F. Butavandt unterstützt.

Im Jahre 1947 unterbreitete Professor J. Koumaris der Helle-nischen Anthropologischen Gesellschaft eine Abhandlung, worin er die Theorie aufstellte, der Atlantisbericht beziehe sich auf eine »lokale Katastrophe«, verursacht durch Erdeben oder Überschwemmungen im Mittelmeer. Dieselbe Ansicht hatte der deutsche Naturforscher Alexander von Humboldt etwa hundert Jahre früher vertreten. Laut Koumaris waren das Beben und die Flut von den ägyptischen Priestern zweifellos beobachtet und dann mit Übertreibungen, besonders im Hinblick auf das Aus-maß der Katastrophe, aufgezeichnet worden. Und Platon »gab einen übertriebenen schriftlichen Bericht von den Übertreibun-gen, die er gehört hatte« — die Geschichte wuchs wie ein rol-lender Schneeball.

In derselben Sitzungsperiode der Hellenischen Anthropolo-gischen Gesellschaft (24. 11. 1948) unterstützte der namhafte griechische Archäologe Professor Sp. Marinatos die Ansicht, der Atlantisbericht sei eine historische Überlieferung, die sich auf charakteristische Weise zu einem Konglomerat historischer Ereig-nisse bei verschiedenen Völkern entwickelt habe.

Er sagte, die mit ungeheuren Naturphänomenen verbundene Katastrophe von Thera und das gleichzeitige Verschwinden der Kreter aus Ägypten hätten eine Sage vom Untergang einer großen, blühenden Insel entstehen lassen. Die Invasionen der Völker aus Italien (die »Seevölker«, die Ägypten zwischen 1200 und 1167 v. Chr., wo sie von Ramses III. geschlagen wurden, mehrmals angriffen und sich aus Achäern, Danaern, Tyrrhenern [Etruskern], Sizilern und Sarden zusammensetzten) seien der Sage als Invasionen von »Atlantern« einverleibt worden. Die erfolgreiche Zurückschlagung dieser Völker aus Griechenland und die Tapferkeit der ionischen Söldner der saitischen Pharaonen habe die Sage von einer wunderbaren, unbezwinglichen Streitmacht der Athener erzeugt. Es handle sich hier um Tatsachen, die sich nacheinander abgespielt hätten während eines Zeitraums von 900 Jahren (zwischen 1500 und 600 v. Chr.), die aber in einen einzigen historischen Mythos eingebaut worden seien. Die Ägypter hätten König Sesostris Ereignisse zugeschrieben, die sich über ganze Jahrhunderte erstreckten, und so einen Mythos geschaffen. Dasselbe hätten die Griechen mit Minos getan.

Marinatos führte die Verlegung von Atlantis in den Atlantischen Ozean auf die Tatsache zurück, daß die Phöniker unter der Herrschaft des Pharaos Necho (609–593 v. Chr.) den Atlantik befahren hatten. Die wunderbaren Geschichten, die diese kühnen Seefahrer zweifellos nach Ägypten mitbrachten, mußten allgemeiner Gesprächsstoff gewesen sein und waren natürlich etwas, aufgrund dessen man Atlantis in den Atlantischen Ozean verlegen konnte.

Dies wäre in der Tat eine sehr wahrscheinliche, einleuchtende Erklärung für die »Transplantation« der Atlantisgeschichte in den Atlantik. Die erwähnten »Säulen des Herakles« (in denen man immer die Straße von Gibraltar sah) sind dann jedoch ein Problem und eine Anomalie. Wäre es möglich, daß mit den »Säulen des Herakles« nicht die Straße von Gibraltar gemeint ist?

Über diese Frage wurden einige interessante Mutmaßungen angestellt. Herakles vollbrachte fast alle seine Taten auf dem Peloponnes. Bei der letzten und schwierigsten Aufgabe, die Eurystheus dem Heros stellte, sollte er in den Hades hinabsteigen und den dreiköpfigen Wachhund Zerberus heraufholen.

Nach allgemeiner Ansicht betrat Herakles den Hades durch die Schlucht beim Kap Taenarum (heute Kap Matapan), dem westlichen Kap des Lakonischen Golfs. Im Osten des Golfs liegt das Kap Maleas, ein gefährliches, für seine rauhe See bekanntes Vorgebirge.

Pausanias berichtet, daß es auf beiden Seiten dieses windgepeitschten Vorgebirges Tempel gab, daß jene auf der Westseite dem Poseidon und jene auf der Ostseite dem Apollo geweiht waren. Deshalb ist vielleicht die Vermutung nicht abwegig, mit den Säulen des Herakles seien die Vorgebirge Taenarum und Maleas gemeint gewesen. Und in dem Zusammenhang ist vielleicht wichtig, daß dem Zwillingsbruder des Atlas der Randbezirk von Atlantis zugeteilt wurde, der am nächsten bei den Säulen des Herakles lag. Die entsprechende Stelle im *Kritias* (*114 A–B*) lautet:

»Dem nach ihm geborenen Zwillingsbruder ferner, welcher den äußeren Teil der Insel, von den Säulen des Herakles bis zu der Gegend, welche jetzt die gadeirische heißt und von der damals so genannten diese Bezeichnung empfangen hat, als seinen Anteil erhielt, gab er in der Landessprache den Namen Gadeiros, welcher auf griechisch Eumelos lauten würde und auch jene Benennung des Landes hervorrufen sollte.«

Da die Region nach dem zweiten Sohn Poseidons benannt war, dessen griechischer Name Eumelos lautete, muß auch ihr griechischer Name Eumelos gewesen sein. Dieser läßt an Melos denken, die westlichste Kykladeninsel, die nicht weit von dem berüchtigten Kap Maleas entfernt ist. Der Name Eumelos wurde auf den Kykladen gebraucht, und man fand ihn auf einem Felsen der Insel Thera in einer alten Inschrift (»Eumelos eine vortreffliche Gefahr«).

Anhand einer Reihe von Punkten in Platons Erzählung läßt sich generell sagen, daß die Lage der »Säulen des Herakles« im Süden des Peloponnes Sinn ergibt, nicht dagegen ihre Identifizierung mit der Straße von Gibraltar. Bei dieser Lage würden Umfang und Richtung des Angriffs stimmen, denn der ägäische Archipel gibt einen geeigneten geographischen Schauplatz ab. Dagegen wird die Religion der Atlanter, die auf einer Verehrung des Poseidon basiert, ganz offensichtlich immer weniger wahrscheinlich, je weiter man sie von Griechenland und der ägäischen Bühne wegrückt.

Das Ägäische Meer, Schauplatz der Atlantis-Katastrophe.

7. Ägäis und Santorin

Es beginnt sich nun abzuzeichnen, daß die Ereignisse im Atlantisbereich — der Untergang von Atlantis, die Auslöschung der athenischen Streitmacht, das Versiegen des Brunnens in der Burg (Akropolis) von Athen — mit Erdbeben und schrecklichen Überschwemmungen verbunden waren, die in einem Gebiet stattgefunden haben müssen, das nicht weiter als etwa 320 km von Attika entfernt ist. Deshalb müssen wir uns nun das ägäische Becken genau ansehen und seine geologische Geschichte untersuchen. Sind die für eine solche Reihe von Katastrophen unabdingbaren Voraussetzungen in diesem Gebiet vorhanden? Gibt es irgendwelche Aufzeichnungen über derartige Voraussetzungen?

Im mittleren Tertiär, d. h. vor etwa 30 Millionen Jahren, bildete die griechische Halbinsel mit den Ionischen Inseln, dem westlichen Kleinasien und dem Ägäischen Meer einen einzigen Landblock. Dieser Block, das Ergebnis der alpinen Faltung, die im Oligozän begann und sich bis zum Ende des Miozäns fortsetzte, wird von einigen Geologen »Ägäis« genannt. Unmittelbar nach seiner Bildung bewirkten eine Reihe Verwerfungen und grabenähnliche Senkungen — wie der tektonische Graben zwischen Patras und Korinth — allmähliche Bruchbildungen in Ägäis, begleitet von Senkungen und Hebungen der Bruchschollen. Diese epirogenen Aufwärts- und Abwärtsbewegungen des Kontinents, die mit orogenen (gebirgsbildenden) Bewegungen abwechselten, führten damals dazu, daß das Mittelmeerwasser die niedrigeren Regionen überflutete. Als Folge dieses Wechsels wurde der Peloponnes zweimal eine Insel.

Das Vordringen der See in den Mittelteil von Ägäis begann im Quartär und setzte sich bis zu dessen Ende fort. Als Folge dieses Vordringens, das etwa 500 000 Jahre dauerte, wurden viele Täler jener Zeit zu schönen Buchten und Häfen, wie wir sie heute kennen, und viele Bergketten zu pittoresken Halbinseln und idyllischen Inseln. Euböa, Kreta, die Kykladen, die Dodekanes oder Südlichen Sporaden, Chios, Lesbos, die Nördlichen Sporaden und Samothrake sind die übriggebliebenen Teile der Landmasse, die einst Griechenland und das westliche Kleinasien verband. In der Ägäis gab es Zwergelefanten. Knochen davon fand man auf Kreta, Naxos, Seriphos und Delos.

Die starke vulkanische und seismische Aktivität sowie die anomalen Schwereverhältnisse im Ägäischen Meer, besonders in seinem südöstlichen Teil, zeigen auf, daß die wechselnden gebirgsbildenden Bewegungen, die es formten, dort heute noch stattfinden.

Die Vulkantätigkeit begann im Gebiet des Ägäischen Meeres um die Mitte des Tertiärs, zur gleichen Zeit wie die Faltung und Verschiebung der Landmasse, die bis dahin Griechenland mit Kleinasien verband. Die ausgedehnte Zertrümmerung dieser Landmasse ermöglichte ein Eindringen vulkanischen Magmas in die Risse und Klüfte und sein Ausfließen an die Oberfläche von Ägäis durch die am wenigsten Widerstand bietenden Stellen. Dergestalt entstanden im ganzen Ägäischen Meer zahlreiche Vulkanherde. Nur drei davon waren in historischer Zeit noch aktiv, und sie lagen alle drei in der kykladischen Vulkanzone. Diese Zone zieht sich in Form eines Bogens, dessen konvexe Seite nach Kreta weist, durch die Ägäis. Sie umfaßt die Vulkanherde Sousaki (bei Calamaki), Ägina, Methana, Poros, Antimelos, Melos, Ananos, Kimolos, Polinos, Stronghylon, Despoticon, Antiparos, Santorin, Christianon, Kos und Nisyros. Die Vulkantätigkeit setzte in dieser Zone im Pliozän ein, vor etwa 10 Millionen Jahren. Der Vulkan Methana ist seit 282 v. Chr. erloschen, die letzte Eruption des Vulkans Nisyros erfolgte 1422 n. Chr., und der Vulkan Santorin war 1956 tätig.

Santorin heute

Da wir uns mit Santorin befassen werden — das ganz anders aussieht als alle übrigen griechischen Inseln, sogar in Griechenland kaum bekannt ist und außer von Seismologen, Vulkanologen und den Passagieren einiger Kreuzfahrtschiffe nur selten besucht wird —, empfiehlt es sich, ein Bild von der Insel zu zeichnen, wie sie heute ist.

Man erreicht sie einzig auf dem Seeweg. Das Schiff läuft durch eine Lücke zwischen zwei Inseln (Thera und Therasia) in ein riesiges rundes und sehr tiefes Becken ein, das 83 qkm umfaßt, von Norden nach Süden etwa 11 km und von Osten nach Westen etwa 7,5 km mißt; die Tiefe schwankt zwischen 300 und 400 Metern, und kein Schiff kann dort ankern. Das Wasser-

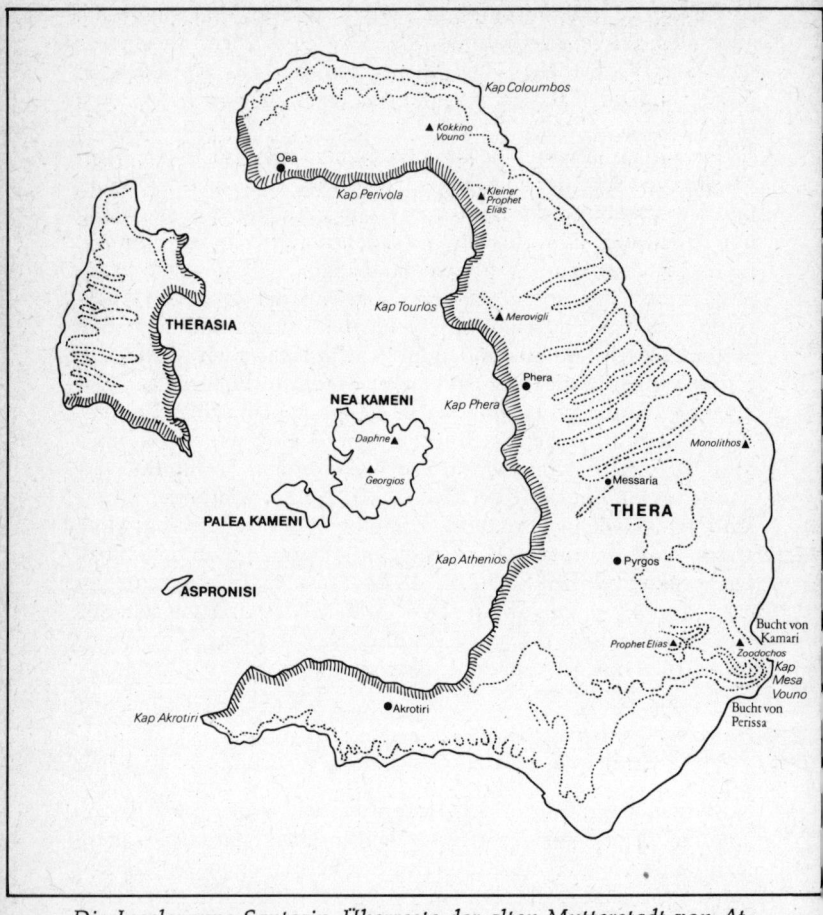

Die Inselgruppe Santorin, Überreste der alten Mutterstadt von Atlantis.

becken wird von drei Inseln der Santorin-Gruppe umschlossen: der größten, der halbmondförmigen Insel Thera im Süden, Osten und Norden, der länglichen Insel Therasia im Westen und zwischen den beiden im Südwesten dem unbewohnten Inselchen Aspronisi (»weiße Insel«). Mitten in dem Becken liegen zwei weitere Inseln, Vulkankegel: das kleinere Paläa Kameni und das größere Nea Kameni.

Man sieht auf den ersten Blick, daß dieses große Wasserbecken der Krater eines gigantischen Vulkans ist und die drei Inseln, die ihn umgeben, zertrümmerte Reste der Kraterwände darstellen. Sie ragen fast senkrecht aus dem Wasser auf, an einigen Punkten bis zu 350 Meter, an anderen nicht ganz so hoch. Sie sind phantastisch gestreift, in horizontalen Schichten von gräulichem Weiß, verwittertem Schwarz und drohendem Dunkelrot. Den oberen Rand der beiden bewohnten Inseln krönen, fast wie ein gestickter Saum in leuchtendem Weiß, die Häuser und Kirchen der Städte und Dörfer.

Besucher werden von kleinen Booten auf dem Kai abgesetzt, der am Fuß einer gewaltigen Klippe liegt. Auf Schusters Rappen, Maultieren oder Eseln müssen sie den Serpentinen-Aufstieg bewältigen, denn kein Fahrzeug würde diese Klettertour über rund 500 Stufen zwischen Rampen und in scheinbar endlosen Haarnadelkurven schaffen. Die Besucher gelangen schließlich nach Phera, einer langgezogenen Stadt mit strahlend weiß getünchten Häusern, Geschäften, Kirchen und Cafés. Enge Straßen winden sich hindurch, auf denen es wimmelt von Maultieren und Eseln, die mit Waren aus dem Hafen und Produkten aus der ländlichen Umgebung beladen sind. Der Blick seewärts geht von den schwindelerregenden Klippen auf das tiefblaue Meer des Kraters hinunter, doch genauso faszinierend, wenn auch nicht so spektakulär, ist der Blick landwärts. Man überschaut den Hang eines Berges — den man von innen erstiegen hat —, die ursprüngliche Geröllhalde des Vulkankegels, die sich ins Meer hinuntersenkt. Zwei Gipfel unterbrechen diesen langen, gekrümmten Hang: einer am südlichen Ende, der — keineswegs überraschend — Eliasberg heißt und von einem Kloster sowie einer Radarstation der NATO gekrönt wird, und einer am nördlichen Ende, der sogenannte Kleine Elias. Mitten in diesem weiten Panorama, fast an der Küste, erhebt sich der zitadellenförmige Felsen Monolithos (»Ein-Stein«). Die Gesamtlandschaft jedoch, in der man hier und dort weiße Dörfer und einige, manchmal von Gummibäumen gesäumte Straßen gewahrt, besteht aus grünen, durch niedrige Steinmauern begrenzten Feldern. In dieser Umgebung ein erstaunlicher Anblick. Sind es Bergweiden? Sind es wirklich Felder, die sogar im Hochsommer

Rechts: Die Stadt Phera und der Eliasberg. Oben: Die Felder von Thera mit dem Monolithos an der Ostküste der Insel. Im Hintergrund die Insel Anaphe (herangeholt durch Teleobjektiv).

grün bleiben? Unmöglich, denn auf der Insel regnet es kaum, sie hat nur wenige Quellen und importiert ihr Trinkwasser von Poros. Die grünen Felder sind Weingärten. Weite Flächen grauen Vulkanstaubs tragen — der Himmel weiß, wie — Tausende und aber Tausende fast am Boden liegender Weinstöcke, die so zäh sind, daß abgebrochene Reben, wenn ein Eselhuf sie in die staubigen Straßen drückt, wurzeln und ihr scheinbar endloses Leben von neuem beginnen.

Norman Douglas besuchte die Insel 1892 und schrieb (in *Looking Back*): »Santorin sollte besucht werden. Seit der Lek-

türe von Voswinkels *De Theraeorum Insulis* — einer unglaublich faden Inauguraldissertation, aber nützlich, weil sie die klassischen Verweise gibt — war ich hierzu entschlossen und sammelte alle nur möglichen Informationen über die Insel, und es gibt deren ziemlich viele. Ich fand einen phantastischen Flecken Erde vor. Pittoresk oder romantisch ist ein zu milder Ausdruck. Die Klippenszenerie und die Farben von Meer und Land nehmen einem den Atem. Unter einem trüben nördlichen Himmel wäre es ein entsetzlicher Ort, in funkelndes Mailicht getaucht war er sagenhaft schön. Ob ich heute noch so beeindruckt wäre, ist eine andere Frage, denn die Sinne stumpfen ab, man sieht so viel! Aber Santorin ist zweifellos ein Anblick, der niemanden enttäuschen kann.«

Das stimmt, und der Besucher möge das Glück haben, ein santorinisches Phänomen zu erleben, das Norman Douglas entzückt hätte, denn es wäre sowohl seiner Freude an landwirtschaftlicher Fruchtbarkeit als auch seiner starken mythenbildenden Fähigkeit entgegengekommen. Morgens geht die Sonne neben der Insel Anaphi auf und taucht bald die Osthänge Theras in goldenes Licht. Aber erst am späten Vormittag erreichen ihre Strahlen das Wasser des Kraters, das im Schatten der hohen Klippen liegt. Und dieses Wasser ist wegen seiner Tiefe kälter als die See in der Umgebung. Wenn die Sonne es endlich mit fast mittäglicher Hitze trifft, zieht sie große Wolken von Wasserdampf empor, die, den Gesetzen der Thermodynamik gehorchend, in gespenstischen Nebelschwaden und ständig wechselnden irisierenden Formen — Wonne romantischer Maler und Ursprung aller Nereidensagen — an den Klippen hochsteigen, in die Stadt fließen und sich, immer noch den strengen Regeln der Thermodynamik folgend, nach Osten die Hänge hinunter ergießen und als unspürbarer Tau auf die zahllosen Blätter der Myriaden Weinstöcke legen, ihnen die Feuchtigkeit bringen, die in einem wasserlosen Land ein Wachstum ermöglicht.

Vulkanstaub ist fruchtbar und nährstoffreich, wenn er Wasser erhält, und seien es auch nur kleine Mengen: Santorin exportiert Wein, Tomaten, Gerste und Bohnen, und der Posillipotuff, diese dicke weiße Schicht aus Bimsstein und Vulkanasche, letzte der vielen Schichten, aus denen die Inseln bestehen, wird zur Gewinnung hochwertigen Zements abgebaut. Santorin ist in der Tat ein gut funktionierendes Unternehmen. Angesichts der lan-

Die Königliche Stoa, Teil der Ruinen des alten Thira.

gen Geschichte von Eruptionen und Erdbeben muß dem nachdenklichen Besucher jedoch scheinen, es sei gefährlich, riskant, fast wunderbar, daß der Mensch dieses Land in seinem Besitz hält. Aber wie die vom Eselshuf in den Staub getretene Weinrebe, so ist auch der Mensch unglaublich zäh. An der Erdoberfläche und weit darunter finden sich Beweise menschlicher Anwesenheit durch Jahrtausende. Höchst beachtlich sind die Überreste des alten Thira, die von dem Deutschen Hiller von Görtringen Ende des vorigen Jahrhunderts ausgegraben wurden. Sie befinden sich im Südosten Theras auf einem Paß zwischen dem Eliasberg und der Spitze des Kaps Mesa Vouno.

Es ist ein haarsträubender Ort, den Winden ausgesetzt, die zwischen den beiden Bergspitzen pfeifen, und das Gelände fällt jäh ab zu der kleinen Perissabucht auf der einen und der Kamaribucht auf der anderen Seite. Wie konnte irgend jemand sich entschließen, hier zu leben, es sei denn, aus Angst vor Angriffen? Doch der Mensch entschloß sich dazu und lebte Hunderte von Jahren hier, etwa ab 1000 v. Chr. durch griechische, ptolemäische und römische Zeiten bis weit ins byzantinische Zeitalter. Hier lag sogar eine mehr als 800 m lange Stadt mit Tempeln, Palästen, Basilika und Forum mit Kolonnaden, Gymnasien und einem griechischen Theater, dessen symmetrisch überwölbtes Proszenium an einem Steilabhang zur etwa 330 m tiefer liegenden Kamaribucht stand — einem gruselig pittoresken Konkurrenten für jedes Drama, das hier und auf der halbkreisförmigen Orchestra aufgeführt wurde.

Doch alle diese Bauten sind Ruinen, alle in der Humangeschichte seit damals vorgenommenen physischen Veränderungen — byzantinische, fränkische, venezianische, türkische — sind zwar sichtbar, vor allem als Kirchen sowie venezianische Befestigungen, aber nicht auffällig, und oft stehen nur mehr Reste. Das Gebiet ist eines der größten Erdbebenzentren der unruhigen Ägäis. Der Mensch, so zäh er auch sein mag, lebt hier aufgrund eines sehr unsicheren Pachtvertrags, der jederzeit durch unvorhersehbare Launen gewaltiger Naturkräfte beendet werden kann. Nirgends wird das deutlicher als auf dem Vulkanhauptkegel, der Insel Nea Kameni.

Der Besucher erreicht sie mit einem Boot von dem kleinen Hafen Pheras und landet in einer abgeschiedenen, winzigen Bucht, einem einspringenden Winkel zwischen zwei, vielleicht drei verschiedenen Lavaströmen. Das Kopfende der Bucht ist überraschenderweise felsig, aber das Gestein ist erodiert und zu gräulichem Rotbraun verblaßt, es zerfällt teilweise zu schlackigem Staub. Die beiden Seiten der Bucht bestehen aus Massen schwarzer Lava in wilden, verzerrten Formen, gespalten durch Hitze und anschließende Abkühlung in tiefe Risse und messerscharfe Kanten: ein schreckliches, undurchdringliches Gewirr. Zwischen diesen Massen windet sich ein staubiges kleines Felstal empor, in dem man gelegentlich auf Büschel dürren Grases und die nicht umzubringende Currypflanze *Helichrysum stoechas* stößt, an einer begünstigten Stelle sogar auf das unglaubliche Grün eines Feigenbaums. Der Pfad schlängelt sich zwischen kegelförmigen Senken mit feiner Asche, verstreuten Bimssteinbrocken und schwarzen, rötlichen oder mit der hellen Schwefelausblüte bestaubten Steinen aufwärts. Es ist eine bedrückende Szenerie, jeder gruselige Effekt wiederholt sich mit der Beharrlichkeit eines Alptraums. Oben auf dem Gipfel blubbert der jüngste Krater noch leise und stößt Wölkchen faulen Dampfs aus. Es ist, als seien alle Schlackehaufen und Schutthügel der Erde hier zu einer sinnlosen, aber bedrohlichen Mischung zusammengeschüttet worden.

Mit einer gewissen Erleichterung blickt der Besucher dann von seinem erhöhten Standort hinunter auf das stille Becken tiefblauen Wassers und hinüber zu den sonnigen Klippen von Thera und Therasia, den fernen, friedlichen Kaps Oea und Akrotiri, dem einsamen Inselchen Aspronisi, und seine Stimmung hebt sich vorübergehend.

Jedoch nur vorübergehend. Diese wilde Insel, auf der er steht, ist lediglich das Produkt einiger weniger, relativ kleiner Eruptionen, die im Lauf der letzten 200 Jahre erfolgten. Das stille Wasserbecken, das ihm so beruhigend erschien, ist nichts anderes als ein riesiges Loch, das vor 3500 Jahren in die Erdoberfläche gesprengt wurde, als die alte Insel Stronghyle »verschwand... indem sie im Meere unterging«, und die sonnigen Klippen sind die aufgerissenen Wände des Kraters.

8. Die vulkanische Geschichte von Santorin

In der frühen Zerstückelungsperiode der kykladischen Landmasse blieb an der Position des heutigen Santorin eine kleine Felseninsel aus Phylliten (eine Gesteinsverbindung von Ton- und Glimmerschiefer) und halbkristallinem Kalkstein mit einer Fläche von etwa 15 qkm und der Form eines vierblätterigen Kleeblatts übrig. Nordöstlich dieser Insel, etwa achthundert Meter von ihrer Küste entfernt, schob sich ein kleines Riff, der Monolithos von heute, aus dem Wasser. Und in dieser Region des Meeresbodens setzte im Pliozän die erste vulkanische Tätigkeit ein. Ein Vulkankegel stieg nach und nach hoch, und — wie es in der Fachsprache heißt — die submarine Extrusion wurde zur subaerischen Effusion; die sich ergießenden vulkanischen Stoffe bildeten eine rein vulkanische Insel. Weitere Extrusionen durch Risse im Zentralkegel und drei weitere Kegel vergrößerten die Vulkaninsel, die im Lauf der Zeit mit der bereits vor den Eruptionen vorhandenen Felseninsel zusammenwuchs. Die Insel, die schließlich durch Vereinigung der Lava aus insgesamt sieben Vulkanherden entstand, hatte eine fast vollkommene Kreisform: daher der ursprüngliche Name Stronghyle, was »die Runde« bedeutet.

Die regelmäßige Form muß Stronghyle ein sehr attraktives Aussehen gegeben haben. Seine Oberfläche durchzogen offenbar tiefe Schluchten. Laut H. Recks Mitarbeiter Neumann van Padang bestand Santorin vor der zerstörerischen Eruption, welche die erste Bimssteinschicht erzeugte, »aus einem vielgestaltig zusammengesetzten Vulkangebirge, dessen Einzelteile mit eigener Eruptionsgeschichte fast alle durch uralte Haupttäler voneinander getrennt gewesen sind«. Nach A. de Lapparent waren die submarinen Täler, die jetzt zwischen Thera und Therasia sowie zwischen Therasia und Aspronisi liegen, in derselben Richtung verlaufende lange Cañons, die vom Hauptkegel Stronghyles abführten und ins Meer hinabreichten. Die Existenz solcher Schluchten zeigt sich klar im geologischen Profil der Santorin-Kaldera. An vielen Stellen der Kaldera, besonders an den Punkten Perivola, Kato Phera und Athenios (sämtliche auf der West-

Die Phasen des vulkanischen Wachstums von Santorin um den Kern, welchen der Monolithos und der Eliasberg bildeten.

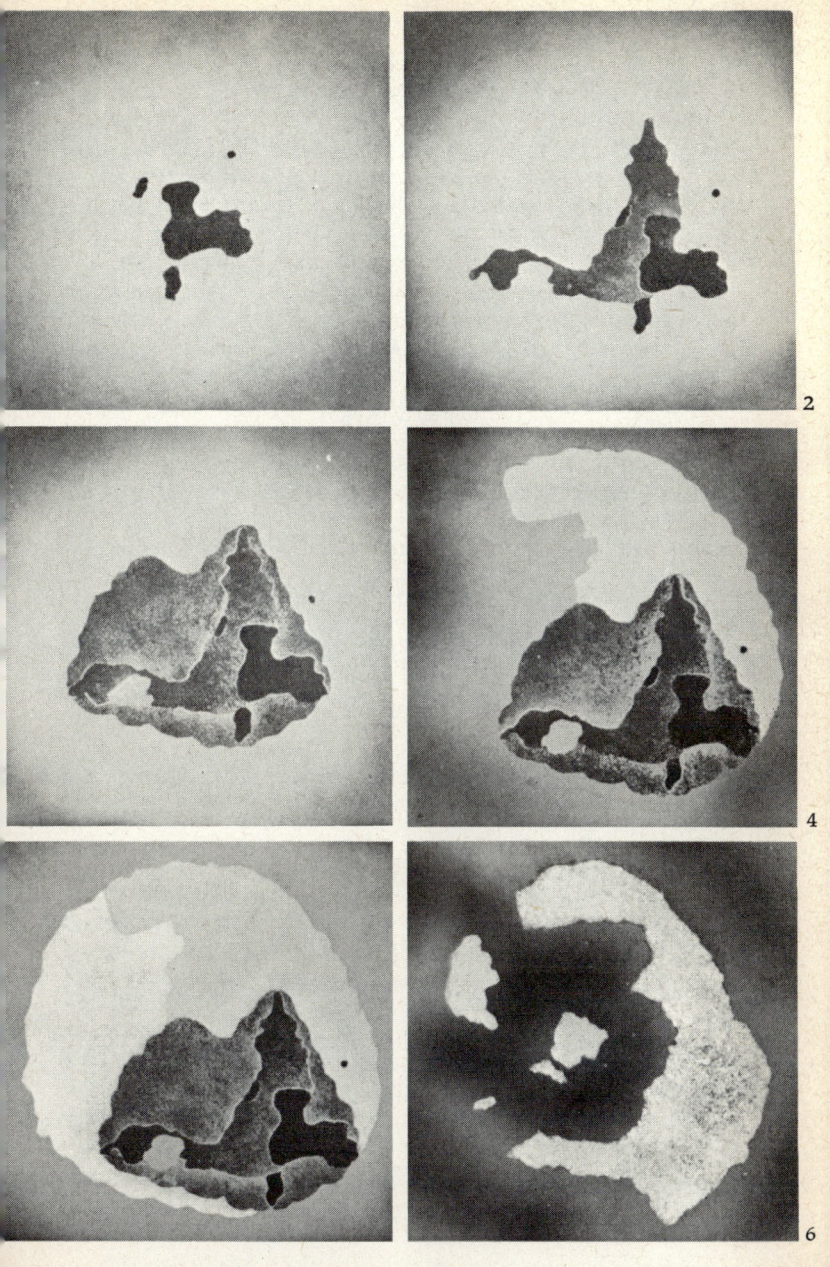

2

4

6

seite Theras), gibt es tiefe Schluchten, die mit jüngerem Lockermaterial gefüllt sind und deren Breite im oberen Bereich mehr als
150 m beträgt.

Die starke Verwitterung der Oberflächenschichten der ehemaligen Insel Stronghyle (die unter der ersten Bimssteinschicht
liegt) zeigt, daß auf die Entstehung der Insel eine lange vulkanische Ruheperiode folgte. Das läßt sich auch aus der Heftigkeit der späteren Eruption schließen, die den Untergang des Mittelteils der Insel verursachte. Gewöhnlich wird während einer
vulkanischen Ruheperiode der Krater durch Abkühlung der oberen Lavaschicht, durch Erosion und chemische Wirkung der Gase
in der Lava blockiert. Je länger also ein Vulkan schläft, desto
heftiger sind dann nachfolgende Eruptionen und die sie beglei-
tenden Erdbeben.

Während Stronghyle eine Ruheperiode erlebte, verwitterten
die oberen Schichten so stark, daß die Oberfläche der Insel bis
in eine beträchtliche Tiefe sandig wurde. Die große Fruchtbarkeit dieses Bodens, die charakteristisch ist für alle Vulkanregio-
nen, erlaubte den Prä-Eruptions-Bewohnern von Stronghyle die
Entwicklung einer bemerkenswerten Kultur. Sie waren übrigens
die ersten Menschen auf Erden, die erwiesenermaßen erdbeben-
sichere Baumethoden anwandten. Noch heute bedient man sich
dieser Bauweise in vielen Teilen Griechenlands, besonders auf
den Ionischen Inseln, mit zufriedenstellendem Erfolg. In seiner
Schilderung des Lebens der prähistorischen Bewohner von
Stronghyle, wie es sich aus archäologischen Funden unter der
ersten Bimsstein- und Ascheschicht ableiten läßt, schreibt C.
Paparigopoulos:

»Diese Menschen waren Bauern und Fischer, sie hatten Schaf-
und Ziegenherden, sie bauten Getreide und mahlten Korn, sie
produzierten Olivenöl, sie woben Stoffe und benutzten Netze
zum Fischen, sie hatten Gebäude aus behauenem Stein, und sie
*fügten Holzstücke in die Wände ein, um die katastrophalen Aus-
wirkungen von Erdbeben soweit wie möglich zu vermeiden*. Sie
verwendeten die Töpferscheibe zur Herstellung von Gefäßen mit
seltsamen Verzierungen und originellen Formen. Die meisten
ihrer Werkzeuge bestanden aus Stein, die üblichsten aus Lava,
und andere waren aus Stein oder Obsidian geformt. Sie kannten
das Gold und wahrscheinlich auch das Kupfer, obwohl die beiden
Metalle selten waren. Vor allem aber gab es damals reichen

Bimsstein, der während des Ausbruchs von Surtsey im Jahre 1963 auf dem Meer schwamm. Beim Santorin-Ausbruch müssen viel größere Mengen Bimsstein ausgeworfen worden sein, die zweifellos die Schiffahrt beträchtlich behinderten; das erinnert an Platons Äußerung, die See sei »unfahrbar und undurchforschbar, weil der sehr hoch aufgehäufte Schlamm im Wege ist, welchen die Insel durch ihr Untersinken hervorbrachte«.

Baumbestand auf der Insel. Sie hatten Verbindung mit den Nachbarinseln, wie die Form einiger Vasen zeigt, die den auf Melos, Rhodos und Zypern gefundenen gleichen.«

Nach einer langen vulkanischen Ruheperiode machte eine ungeheure Eruption mit einer Heftigkeit ohnegleichen dem Frieden auf Stronghyle ein Ende. Wie die Ausgrabungen auf Therasia veranschaulichen, hatten die Menschen keine Zeit, die Insel zu verlassen oder auch nur irgend etwas aus ihren Häusern zu holen. Zuerst wurden ungeheure Mengen Bimsstein empor-geschleudert, dann Bimsstein gemischt mit Asche, Sand, Lapilli und Gesteinsbrocken jeder Größe. Sie bedeckten die Insel mit einem Leichentuch, unter dem sämtliche Bewohner und Lebe-wesen umkamen. Dieses Leichentuch erkennt man noch heute in den hellerfarbigen Ausbruchsstoffen, die auf der dunkleren Lava und Schlacke des einstigen Stronghyle abgelagert wurden. Die Dicke dieser Ausbruchsstoffe, die jetzt den Posillipotuff bilden, beträgt mehr als 30 m und an einigen Stellen mehr als 45 m. Aus der großen Menge Tuffstein auf Thera läßt sich ab-leiten, daß die Eruption wirklich gigantische Ausmaße hatte.

Bimsstein ist ein Vulkangestein, das als Folge eines plötzlichen Freiwerdens von Dampf und Gasen bei seiner Erstarrung un-geheuer leicht und porös ist. Bei der Eruption wurden Bimsstein und Asche in große Höhe geschleudert und bedeckten die See um den Vulkan in weitem Umkreis. Beobachtungen, die man bei jüngsten Vulkanausbrüchen machte, haben gezeigt, daß große Mengen Bimsstein, der in einer dicken Lage auf dem Meer schwamm, die Schiffahrt besonders in den südlichen Teilen der Ägäis ungeheuer erschwert haben müssen. Die Bestätigung da-für liefern verschiedene Quellen. Professor Marinatos fand eine dicke Bimssteinschicht in Amnisos, dem Hafen des minoischen Knossos auf Kreta. Vulkanasche, höchstwahrscheinlich von der Stronghyle-Eruption, fand man 1947/48 südlich von Kreta in Sedimentkernen, die das schwedische Expeditionsschiff *Albatros* entnahm. Professor Max Pfannenstiel fand nördlich von Jaffa-Tel Aviv in Sedimenten einer postglazialen Terrasse 5 m über dem Meeresspiegel Schichten von Bimsstein, der übers Meer hierher gelangt war. Laut Pfannenstiel stammen diese Schichten aus der Santorin-Eruption.

Nachdem die Magmakammer sich durch den Erguß solch ge-waltiger Mengen Materials geleert hatte, bestand unter dem Mit-telteil der Insel Stronghyle eine riesige Höhlung. Sie war so groß, daß ihre Decke einstürzte und das Meerwasser in dieses Loch strömte.

Das auf dem Boden auftreffende Wasser prallte mit Wucht zurück. Die plötzliche Bewegung der ungeheuren Wassermassen erzeugte unvorstellbar hohe Wellen. Diese breiteten sich in alle Richtungen aus, überfluteten die Küsten des östlichen Mittelmeers bis in große Höhen über dem Wasserspiegel und verwüsteten alle Städte und Siedlungen in und an der Ägäis.

Laut Professor R. W. Hutchinson schienen von den größeren Siedlungen in den Niederungen Kretas nur Paläkastro und Zakro im äußersten Osten »den schlimmsten Auswirkungen der Überschwemmungen und Erdbeben entgangen zu sein«, die vermutlich den Einsturz des Mittelteils von Stronghyle einleiteten und begleiteten. (Jüngste Ausgrabungen an diesen beiden Orten weisen darauf hin, daß auch sie katastrophal betroffen waren.) Die Verbreitung der Schäden in Kreta, wie sie aus archäologischen Beweisen sichtbar wird, gibt einen ziemlich deutlichen Hinweis auf die Ursprünge des minoischen Zusammenbruchs im 15. Jahrhundert v. Chr.

Eine ungefähre Vorstellung von der zerstörerischen Kraft der gigantischen Wellen, die beim Einsturz des Mittelteils von Stronghyle entstanden, erlangt man durch Berechnung ihrer Höhe. Die Amplitude eines Tsunami steht im Verhältnis zur ursprünglichen Amplitude und im umgekehrten Verhältnis zur Quadratwurzel der Entfernung, welche die Welle zurückgelegt hat. Neben dem Amplitudenverlust infolge der Ausbreitung der Welle erfolgt auch ein bestimmter Verlust durch Absorption infolge Reibungsdissipation der elastischen Energie in Wärme. Nimmt man eine eustatische Hebung des Meeresspiegels um 2 oder 3 Meter in einer Zeitspanne von etwa 3500 Jahren an, müßte die Höhe der Meereswellen bei Jaffa-Tel Aviv mindestens 7 Meter betragen haben. Läßt man nun den Verlust durch Absorption außer acht und zieht man in Betracht, daß die beim Einsturz von Stronghyle entstandenen Wellen eine Höhe von mehr als 7 m hatten, als sie das etwa 900 km entfernte Jaffa-Tel Aviv erreichten, kann man leicht errechnen, daß ihre Höhe am Ausgangspunkt mindestens 210 m betragen haben muß. Diese Berechnung der ursprünglichen Höhe des Tsunami entspricht der jüngsten Schätzung von Professor Marinos.

Interessante, aufschlußreiche Auswirkungen entdeckte man auf der Insel Anaphe, die etwa 24 km östlich von Santorin liegt. Hier fanden Professor Marinos und sein Mitarbeiter N. Melidonis an drei Stellen Bimssteinschichten. Auf der Westseite (die Santorin zugewandt ist) entdeckten sie eine Schicht grobkörnigen, mit 10 bis 15 cm großen Stücken durchsetzten Bimsstein, und zwar 350 m von der Küste entfernt und etwa 40 bis 50 m über dem Meeresspiegel. Die beiden anderen Ablagerungen befinden sich auf der Nordostseite der Insel (der von Santorin abgewandten). Die erste liegt 160 m über dem Meeresspiegel und ist 750 m von der Küste entfernt, die zweite dagegen ist 1650 m von der Küste entfernt und liegt 250 m über dem Meeresspiegel. Alle drei Bimssteinschichten fand man am oberen Rand von Schluchten oder Tälern.

Laut Marinos und Melidonis wurde dieser Bimsstein von den Wellen abgelagert, die beim Einsturz der Vulkanhöhe von Santorin entstanden. Hätte der Wind ihn mitgebracht, so behaupten die Autoren, würde man ihn im Inneren der Insel gefunden haben, wo er sich an ebenen, geschützteren Stellen besser gehalten hätte als an den Hängen, an denen er liegt. Die Tatsache, daß man den Bimsstein an der Nordostküste Anaphes in größerer Höhe fand als an der Santorin gegenüberliegenden Westküste, läßt sich mit der östlichen Barriere der Insel Thera erklären, mit der Nordwestrichtung des tiefsten Kanals, durch den sich das Wasser von der Kaldera ausbreitete, und mit dem Zusammenlaufen der um die Insel rasenden Wellen. Eine Parallele dazu gibt es in dem Tsunami, der am 23. Mai 1960 von Chile ausging. Er erreichte an der Südostseite von Hawaii — die Küste, die direkt in seiner Laufrichtung lag — eine Höhe von knapp 6 m, dagegen an der Nordostseite bei der Stadt Hilo fast 12 m und an der Nordwestküste sogar noch 7 m.

Nennen wir einige weitere Beispiele für die Höhe von Tsunamis. Bei der Halbinsel Kamtschatka türmte sich 1937 ein Tsunami 70 m hoch auf. In Norwegen verursachte 1936 ein Erdrutsch im Lönsee eine 77 m hohe Flutwelle. In Italien ergoß sich am 6. Februar 1873 eine durch Erdrutsch erzeugte Welle fast 5 km ins Innere von Sizilien. In jüngerer Zeit, bei dem Erdbeben von Alaska im Juli 1958, erreichte eine riesige Welle, die man an der Südküste der Lituya-Bucht beobachtete, 227 m, und an der Nordküste türmten sich die Wassermassen 573 m hoch auf.

Das klassische Beispiel für die verheerenden Auswirkungen von Flutwellen ist der Tsunami, der am 16. Juni 1896 die Nordküste der japanischen Insel Hondo traf. Innerhalb von fünf Minuten zerstörte diese Welle 7600 Häuser, 27 000 Menschen fanden den Tod, 5000 erlitten Verletzungen, 18 Boote und Segelschiffe und ein Schiff von 200 Tonnen wurden von der Küste mehr als 450 m landeinwärts geschleudert. Der Tsunami, der am 21. Juli 365 n. Chr. durch das Erdbeben im östlichen Mittelmeer entstand, trug bei Methoni an der Südküste des Peloponnes ein Schiff 2 km ins Landesinnere. Dieselbe Welle traf Ägypten, sie hob im Hafen von Alexandria Schiffe über die am Wasser stehenden Häuser und setzte sie in den Straßen dahinter ab. In jüngerer Zeit (am 9. Juli 1956) wurde der Tsunami, der auf das Erdbeben von Amorgos in der Ägäis folgte, in Israel beobachtet. Diese Welle, die von dem tektonischen Graben zwischen den Inseln Amorgos und Astypalaia ausging, erreichte an der Südküste von Amorgos 25 m und an der Nordküste von Astypalaia 20 m Höhe. Bei der Insel Ios maß sie noch 8 m. Sie verursachte beträchtliche Schäden auf den Inseln Kalymnos, Leros, Sikinos, Nisyros, Karpathos und den drei bereits genannten, leichtere Schäden wurden von Kreta, Patmos, Ikaria, Telos, Alimnia, Melos, Seriphos, Antiparos und Tenos gemeldet. Mehr als 80 Boote und kleine Schiffe gingen verloren, doch das einzige Menschenopfer war eine alte Frau, die ertrank.

Die kombinierte Wirkung von Wasser und Bimsstein wird sehr gut veranschaulicht von einer submarinen Eruption bei Coloumbos (Kolumbus), die außerhalb der großen Santorin-Kaldera und etwa 6,5 km nordöstlich des Kaps gleichen Namens erfolgte. Die vulkanischen Phänomene begannen am 14. September 1650 mit häufigen Erdbeben bei Tag und Nacht. Am 26. September, nach einem heftigen Beben, erschien ein Vulkankegel über dem Wasserspiegel. Der Hauptausbruch fand am 29. September statt, er wurde begleitet von einem starken Erdbeben und einem riesigen Tsunami, der die Ostküste von Thera 3,5 km weit überschwemmte und alle Täler mit Kieseln und toten Fischen füllte. Auf der Insel Ios (etwa 35 km weit weg) türmte sich das Wasser 17 m hoch, und auf Sikinos schlug die Welle 120 m ins Landesinnere. Auf Kea setzte sie ein Schiff an Land. Auf Kreta wurden viele Schiffe aus ihren Vertäuungen gerissen, und einige versanken im Hafen von Heraklion. Patmos meldete, das Meer sei an der Westküste um 50 m und an der Ostküste um 30 m gestiegen. Eine seltsame Auswirkung beobachtete man auf Thera nach dem Abfließen des Meerwassers: die Überreste der alten Städte Kamari und Perissa wurden vorübergehend freigelegt. Diese beiden Städtchen befanden sich an der Südostküste

Theras zu beiden Seiten des Kaps Mesa Vouno. Wann sie ursprünglich untergingen, ist noch nicht bekannt.

Viele Häuser auf Thera wurden beschädigt und der Berg mit Namen Merovigli gespalten. Das Geräusch der submarinen Eruption hörte man auf der 224 km entfernten Insel Chios, und der Wind trug die Vulkanasche bis Kleinasien, wo sie die Blätter der Bäume mit einem weißlichen Belag überzogen haben soll.

Die Phänomene der Coloumbos-Eruption erstreckten sich über drei Monate. Giftgase töteten in Küstennähe 40 Bauern und zahllose Tiere, die Ebene war mit toten Tieren und Vögeln übersät. Viele Bewohner verloren für sechs bis acht Tage das Augenlicht. Schwefelwasserstoffdämpfe ließen Silber- und Goldmünzen sowie andere Gegenstände anlaufen, sogar wenn sie in Schachteln lagen. Ein Segelschiff blieb bei Coloumbos im Bimsstein stecken, und die neunköpfige Besatzung starb eines plötzlichen, tragischen Todes. Der Bimsstein war so dick, daß er Steine trug, die man daraufwarf, und viele glaubten, er trage sogar einen Menschen, der darauf ging oder sich niederlegte. Er bedeckte die ganze See zwischen der Inselgruppe der Kykladen. Nach kurzer Zeit verschwand die bei der Eruption entstandene Vulkaninsel in den Wellen, heute liegt die Spitze des Vulkankegels 18,5 m unter der Meeresoberfläche.

Um jedoch das Ausmaß der tragischen Ereignisse abschätzen zu können, die im fünfzehnten Jahrhundert v. Chr. auf die furchtbare Eruption von Stronghyle-Santorin folgten, vergleicht man sie am besten mit der Eruption auf Krakatau vom 27. August 1883, der größten in historischen Zeiten verzeichneten. Laut dem deutschen Vulkanologen H. Reck entstand der beckenförmige Krater oder die Kaldera von Santorin auf ähnliche Weise wie die vulkanische Depression auf Krakatau, einer in der Sundastraße zwischen Sumatra und Java gelegenen Insel.

Der Ausbruch des Vulkans Krakatau fand statt, nachdem der Berg 203 Jahre geschlafen hatte. Er begann am 20. Mai 1883, doch die Eruptionstätigkeit war schwach und unterbrochen, bis es am 27. August zur Katastrophe kam. Nach ungeheuren Explosionen stürzten zwei Drittel der Insel ein (deren Fläche 32,5 qkm betragen hatte), und ein kraterähnlicher, 200 bis 300 m tiefer Hohlraum entstand. Das Wasser des Indischen Ozeans schoß in diesen Hohlraum. Die plötzliche Verlagerung so großer Wassermassen erzeugte riesige Wellen. In Anjer auf Java erreichten sie eine Höhe von 36 m und in Telukbetung auf Sumatra von 40 m. In Telukbetung wurde ein holländisches Kriegsschiff 800 m landeinwärts gespült und lag dann 10 m über dem Meeresspiegel. Anjer und 29 andere Städte an den benachbarten Küsten Javas und Sumatras wurden ganz oder teilweise zerstört, 36 000 Menschen fanden den Tod, größtenteils durch Ertrinken. Die beim Krakatau-Ausbruch erzeugten Druckwellen übersprangen die Landbarrieren und verursachten neue Wellen, die stark genug waren, um im Hafen von Valparaiso in Chile die Ankerketten mehrerer Schiffe zu zerbrechen. Man schätzte, »daß eine Oberflächenexplosion mit einem Sprengwert von 100—150 Megatonnen ähnliche Druckimpulse wie jene hervorrufen würde, die von Krakatau ausgingen«.

Das Eruptionsgeräusch war so laut, daß bis in eine Entfernung von 160 km Fensterscheiben zersprangen und Wände Risse bekamen. Es war im Südosten 3600 km weit zu hören — in Australien — und im Westen 4750 km weit bis auf der Insel Rodriguez im Indischen Ozean. Die Schallwellen wanderten dreimal um die Erde. Meilenweit um die Insel war der schwimmende Bimsstein 4 m dick. Die Vulkanasche wurde 25 bis 30 km hochgeschleudert, und die Aschenmenge war derart groß, daß sie in einem Umkreis von 440 km den Himmel verdunkelte und den Tag zur Nacht machte. In einer Entfernung von 210 km währte die Dunkelheit 22 Stunden und in einem Umkreis von 80 km sogar 57 Stunden. Drei Tage nach der Eruption regnete es 2500 km entfernt riesige Aschemengen auf die Decks der Schiffe. Tiefe Kanäle, die sich mit Ausbruchsstoffen gefüllt hatten, waren nicht mehr schiffbar. Auf dem Höhepunkt der Eruption stieg feiner Vulkanstaub 80 km hoch, ein Teil davon ging als Staubregen in Japan, Afrika und Europa nieder. Durch Zurückstrahlung des Sonnenlichts von den Staubpartikeln in der oberen Atmosphäre enstanden solche »Morgenröten« am Firmament, daß »in Poughkeepsie (New York) und New Haven (Connecticut) die Feuerwehr gerufen wurde, um den brennenden Himmel zu löschen«. Das Himmelsglühen vor Sonnenaufgang und nach Sonnenuntergang trat in ganz Europa und den Vereinigten Staaten noch monatelang mit schwankender Intensität auf.

Man hat errechnet, daß die Materialförderung bei der Eruption 18 km³ betrug. Zusammen mit diesem Material strömten knapp 5 km³ Gas unter einem ursprünglichen Druck von 425 Atmosphären und mit einer Temperatur von 1400° C aus. Die Wärmeenergie der Haupteruption entsprach 100 000 Millionen Kilowattstunden, die Gesamtenergie der Eruption errechnete man mit 200 Billionen Kilowattstunden. Der Gesamtverbrauch an elektrischer Energie auf der ganzen Erde im Jahre 1950 war 250mal kleiner als die Gesamtwärmeenergie der Eruption des Krakatau im Jahre 1883.

Vergleichen wir nun das Ergebnis der beiden großen Vulkanausbrüche, des Krakatau im Jahre 1883 und des Santorin im 15. Jahrhundert v. Chr. Die Santorin-Kaldera nimmt eine Fläche von 83 qkm ein und ist 300—400 m tief. Die Krakatau-Kaldera umfaßt nicht mehr als 22 qkm und hat eine Tiefe von 200—300 m. Die Santorin-Kaldera ist also mengenmäßig fünfmal größer. Die Dicke der ausgeschleuderten Asche beträgt auf Krakatau nicht mehr als 40 cm. Die von Asche bedeckte Fläche auf Santorin ist viel größer und erreicht eine Dicke von 40—40 m.

Die erzeugte Wärmeenergie war laut Peter Hédervári bei der Santorin-Eruption etwa dreimal so hoch wie auf Krakatau. Die Energie des Tsunami, der in Santorin beim Einsturz der unterirdischen Höhlung nach der Magmaförderung entstand, war zumindest halb so groß wie jene der Flutwelle, die man nach dem chilenischen Erdbeben vom Mai 1960 beobachtete. Der chilenische Tsunami hatte an der Küste Japans, 17 000 km von seinem Ursprung entfernt, verheerende Auswirkungen. Den größten Schaden richtete er in den Bezirken Tohoku und Hokkaido an. In der Hirota-Bucht war er 6 m hoch. Auf Hawaii, 10 000 km von seinem Ursprung entfernt, forderte er 61 Menschenleben und verursachte Sachschaden in Höhe von etwa 20 Millionen Dollar.

Wir haben also völlig bewiesene Kenntnisse von den verheerenden Auswirkungen zweier moderner Katastrophen: die Eruption auf Krakatau im Jahre 1883 und der chilenische Erdbeben-Tsunami von 1960. Wir wissen ferner aus erhaltenem Beweismaterial auf Santorin, daß dort die Wärmeenergie der Eruption etwa dreimal so hoch war wie auf Krakatau und daß der dortige Tsunami halb soviel Energie hatte wie der chilenische. Es steht völlig außer Zweifel, daß der Santorin-Ausbruch wirklich gigantische Ausmaße hatte. Da er in der Mitte der Ägäis erfolgte, einem relativ dichtbesiedelten Zentrum der Bronzezeit-Kultur, kann er nicht in Vergessenheit geraten sein und ist bestimmt in Überlieferungen erhalten. Zwei Punkte des Ausbruchs

*Der Ausbruch der Kamenä-Inseln im Jahre 1866, nach einer zeit-
genössischen Radierung (oben). Der Ausbruch setzte sich in das
Jahr 1867 fort, in dem diese seltene, frühe Photographie (unten)
gemacht wurde.*

sind hier besonders wichtig: erstens erfolgte kein anderer Untergang bewohnten Landes in solchem Ausmaß, auf solche Tiefe oder so plötzlich; zweitens haben wir unwiderlegbare Beweise, daß die Katastrophe wirklich stattfand.

Wie oben beschrieben, erfüllt Santorin sogar heute noch den gelegentlichen Besucher mit Unbehagen. Auch ohne geologisches Wissen zu besitzen, kann er, wenn er in dem kleinen Hafen steht und auf die etwa 350 m aufragenden inneren Wände der Kaldera blickt, keinen Zweifel daran haben, daß sie durch den Einsturz des Mittelteils einer großen runden Insel entstanden. Wenn er sich dann klarmacht, daß der Meeresboden so weit unter ihm liegt wie der obere Rand der Klippen über ihm, dann wird ihm das riesige, ungeheuerliche Ausmaß dieses Einsturzes noch nachdrücklicher bewußt. Die deutlich abgegrenzten, in gleicher Höhe und Reihenfolge verlaufenden Schichten oder Bänke von Lava auf den Inseln Thera, Therasia und Aspronisi, die sich wie ein Kranz um den elliptischen Abgrund zwischen ihnen legen, lassen klar erkennen, daß diese vielfarbigen, steilen Wände, die wie ein geologisches Profil aussehen, das Innere einer ehemaligen einzigen Insel sind.

Dieses Kolossalbild einer architektonischen Leistung der Natur entstand also bei einem einzigen Vulkanausbruch im 15. Jahrhundert v. Chr. Wie verlief die spätere Vulkangeschichte? Die Eruption von Coloumbos 1650 n. Chr. wurde bereits beschrieben — aber sie fand außerhalb der Kaldera statt und hinterließ auch keine sofort sichtbaren Spuren.

In der Kaldera jedoch gibt es zwei Inseln, die das Ergebnis einer Verschmelzung mehrerer, vom Boden der Kaldera emporgewachsener Vulkankegel sind. Nach dem großen Ausbruch trat eine Ruheperiode von etwa 1300 Jahren ein. Danach, 198 v. Chr., entstand eine Vulkaninsel, die den Namen Hiera erhielt. 46 n. Chr. schuf eine weitere Eruption etwa 370 m davon entfernt wieder eine Insel, Theia genannt, und 60 n. Chr. vereinigte eine dritte Eruption die beiden Inseln. Im Jahre 726 vergrößerte ein vierter Ausbruch die aus der Vereinigung von Hiera und Theia hervorgegangene Insel. Übrigens wurden bei dieser Eruption große Mengen Bimsstein ausgeworfen, und der schwimmende Bimsstein erreichte Kleinasien, Lesbos, Abydos und die mazedonische Küste. Dann herrschte wieder 731 Jahre Ruhe. Erneute Ausbrüche in den Jahren 1457 und 1508 vergrößerten die Insel

Erneute Tätigkeit des Vulkans Kamenä im Jahre 1870, nach zeitgenössischen Radierungen. Das obere Bild zeigt die Einfahrt in die Santorin-Lagune von Nordwesten; im Hintergrund die Wände der Kaldera und der Eliasberg.

weiter, aber seither beobachtete man keine Aktivität mehr auf der Insel, die damals ihr gegenwärtiges Aussehen erhielt. Sie heißt heute Paläa (Alt-)Kameni und erhebt sich an ihrem höchsten Punkt etwa 110 m übers Meer.

Im Jahre 1573, also 65 Jahre nachdem Paläa Kameni seine heutige Gestalt bekam, setzte 2400 m nordöstlich vom Zentrum der Insel vulkanische Tätigkeit ein, und es entstand ein ovales Inselchen (500 × 300 m). Man nannte es Mirka (Klein-)Kameni. (1650 fand außerhalb der Kaldera die Coloumbos-Eruption statt.) 1707 hob die vulkanische Tätigkeit von neuem an, diesmal 200 m westlich von Klein-Kameni. Zwei Vulkankegel erschienen und wurden Aspronisi bzw. Macronesi genannt. Sie vereinigten sich im Lauf von fünf Jahren zu einer dritten Insel, die zwischen Alt- und Klein-Kameni lag, größer und höher war als diese und Nea (Neu-)Kameni hieß.

1866 kam es wieder zu Ausbrüchen, und im Lauf von vier Jahren erschienen drei neue Vulkankegel — Georgios, Aphroessa, Reka — und vervierfachten die Größe Nea Kamenis fast. Die Aktivität begann in einer kleinen Bucht an der Südostküste von Nea Kameni, damals als Vulcanos bekannt, und der hier auftauchende Vulkankegel Georgios ist heute die höchste Erhebung der Kameni-Gruppe. Während des Ausbruchs von 1866 wurde Regenfall beobachtet, verursacht durch die Kondensation des aus dem Vulkan ausströmenden Dampfes.

Der jüngste Ausbruch fand sechzig Jahre später, im Jahr 1925, zwischen Neu- und Klein-Kameni statt, in einer kleinen Bucht namens Kokkina Nera. Dort erschien ein Inselchen, das man Daphne taufte. Es wuchs rasch durch große Lavaströme und vereinte Klein-Kameni mit Neu-Kameni. Ausbrüche in den Jahren 1928, 1939—1941 und 1956 vergrößerten die Lavamenge, ohne jedoch die Ausmaße der Insel, die jetzt Nea Kameni heißt, wesentlich zu verändern.

Die Vulkangeschichte von Santorin seit dem großen Einsturz ist genau bekannt und gut dokumentiert, Art und Zeitpunkte der Veränderungen sind belegt. Was läßt sich über den Zeitpunkt des großen Ausbruchs und Einsturzes nachweisen?

Es ist ziemlich klar, daß die Aushöhlung im Mittelteil bei dem gewaltigen Ausbruch und dem Ausstoß riesiger Bimssteinmengen entstand. Wenn der Besucher die Klippenwände der Kaldera betrachtet, sieht er sofort, daß zwei Tuffschichten ge-

Der Ausbruch von Nea Kamenä im Jahre 1950.

nauso abgeschnitten sind wie die Lava- und Schlackeschichten, auf denen sie liegen, d. h. sie waren bereits abgelagert, bevor der Einsturz erfolgte.

Bei den Ausgrabungen auf Thera und Therasia wurden unter der rosaroten ersten Bimssteinschicht, die ganz Stronghyle bedeckte, Häuser der prähistorischen Bewohner gefunden. Die Wände dieser Häuser stehen heute noch. Dies beweist nach Ansicht von Reck, daß vor, während oder nach der vulkanischen Großexplosion auf Santorin keine Erdbeben stattfanden, die stark genug waren, um Schäden zu verursachen. Vermutlich traf dies nur auf die erste Eruptionsphase zu, die jene erste Bimssteinschicht ablagerte, unter der die Häuser der Bewohner begraben sind. Zum Einsturz der Höhle (die bei Leerung der

Magmakammer entstand) kam es erst, wie Reck bewies, nach Ablagerung des Tuffs. Deshalb können die mit dem Einsturz verbundenen Erdstöße, so heftig sie auch gewesen sein mögen, keine Wände zerstört haben, die bereits in eine dicke Schicht Bimsstein oder Vulkanasche gepackt waren.

Was den Zeitpunkt dieser Ereignisse anbelangt, so glaubt Professor Sp. Marinatos aufgrund der archäologischen Funde von Santorin und der auf Kreta gefundenen dicken Bimssteinschicht, daß die kretischen Küstensiedlungen von dem Tsunami zerstört wurden, der beim Einbruch des Mittelteils von Santorin entstand, zu einer Zeit also, die er mit etwa 1520 v. Chr. ansetzt.

Nach dem zerstörerischen Beben von Santorin am 9. Juli 1956 besuchte einer von uns (A. G.) Thera, um das Ausmaß der Schäden zu begutachten. Ihm sagte Herr D. Papageorgiou, der Besitzer eines Tuffbruches, daß sich unter der untersten Bimssteinschicht prähistorische Überreste befänden. Dieser Tuffbruch liegt bei Pheera, der Hauptstadt Theras. In einer prähistorischen Wand wurden einige Tonscherben gefunden, Steinwerkzeuge, Menschenknochen und -zähne (davon zwei verbrannte), Olivenblätter und verkohlte Kiefernholzteile. Letztere sandte man sofort an das Lamont Geological Observatory der Columbia-Universität. Die von F. A. Olson und W. S. Broecker durchgeführten C^{14}-Altersbestimmungen bewiesen, daß die eingeschickten Proben vor 3370 ± 100 Jahren gestorben waren. Der Zeitpunkt, an dem sie aus dem Kohlendioxydkreislauf genommen wurden und aufhörten, lebende Pflanzen zu sein, lag somit nicht früher als 1510 v. Chr. und nicht später als 1310 v. Chr. Diese Datierung steht nicht im Widerspruch zu den Zeitangaben, die auf kretischen Tonwaren und Wandmalereien basieren.

Vor kurzem behauptete J. G. Bennett, ausgehend von der Chronologie der deukalonischen Flut, wie man sie aus dem berühmten parischen Marmor ableitet, und vom Tod des Pharao Tuthmosis III. zuzeiten des Exodus der Israeliten, daß der Mittelteil von Santorin 1447 v. Chr. untergegangen sei — ein Datum, das mit der C^{14}-Altersbestimmung im Einklang steht.

Die C^{14}-Altersangabe (3370−1960 = 1410 ± 100 v. Chr.) bezog sich auf den Zeitpunkt der Ablagerung der ersten Tuffschicht und nicht auf das Entstehungsdatum der Kaldera. Diese entstand erst nach Ablagerung der gesamten Tuffschicht. Es ist fast sicher, daß für die Bildung einer zwischen 30 und 40 m dicken Schicht aus Bimsstein und Vulkanasche mehrere Jahre, wenn nicht Jahrzehnte erforderlich waren. Berücksichtigt man die Tatsache, daß die auf Krakatau im Lauf von drei Monaten herausgeschleuderte Asche nicht mehr als 40 cm betrug, und nimmt man für Santorin denselben Ablagerungswert an, so könnte man folgern, die Eruption des Vulkans Santorin habe etwa 25 Jahre gedauert. Außerdem war der Vulkan nach dem Ausspucken des ersten oder rosaroten Bimssteins einige Zeit ruhig. Auf der mittleren Bimssteinbank, die 5 bis 10 m dick ist, finden sich wieder Erosionsspuren, die auf eine zweite Ruheperiode des Vulkans hindeuten. Die unter der ersten Bimssteinschicht gefundenen Holzteile können zudem einige Jahre vor der Eruption aus dem Kohlendioxydkreislauf genommen, also gefällt und verwendet worden sein. Somit kann der Einsturz der Inselmitte — er erfolgte nach Ablagerung dreier klar erkennbarer Schichten von Bimsstein und Vulkanasche — mindestens 20 bis 30 Jahre später liegen als das durch die C[14]-Altersbestimmung ermittelte Datum.

Durch logische und wissenschaftliche Methoden gelangten wir zu einer Reihe von Schlüssen.

Die Insel Stronghyle, deren Überreste Santorin heißen, war Schauplatz eines katastrophalen Vulkanausbruchs, auf den ein Einsturz des ganzen Inselinneren und Tsunamis oder Flutwellen folgten.

Einige Jahre vor dem Beginn dieser Katastrophe wurde Holz von einem Baum geschlagen, das die Jahre unter dicken Bimssteinschichten überdauerte. C[14]-Altersbestimmungen beweisen, daß das Holz in einem Zeitraum von 100 Jahren vor oder nach 1410 v. Chr., also zwischen 1510 und 1310 v. Chr., geschlagen wurde.

Auf das Schlagen des Holzes folgte dann eine Periode, die bis zu 20 oder 30 Jahre umfaßt haben kann und in der drei klar voneinander abgegrenzte Eruptionen stattfanden, jede mit einem ungeheuren Ausstoß an Bimsstein. Nach diesen Ausbrüchen verschwand die ganze Inselmitte durch einen gewaltigen Einsturz, bei dem eine Flutwelle unvorstellbaren Ausmaßes entstand, die in der Ägäis und an den östlichen Mittelmeerküsten verheerende Auswirkungen gehabt haben muß.

Teil IV Bewiesene Tatsachen

9. Alte Mutterstadt und Königsstadt

Wir haben nun einen Punkt erreicht, an dem das noch nicht behandelte Beweismaterial zusammengefaßt werden sollte, die Lösung in Sicht ist und die verbleibenden Anomalien untersucht werden können.

Bisher liegt der Fall so: Wir glauben, daß Platons Bericht eher Geschichte ist als Fiktion oder eine Parabel. Wir haben gezeigt, daß die Ereignisse in dem Bericht, wie das ihm innewohnende Tatsachenmaterial enthüllt, während der Bronzezeit stattgefunden haben müssen, d. h. zwischen 2100 und 1200 v. Chr. Wir haben nachgewiesen, daß die alte Mutterstadt und die Königsstadt zwei verschiedene Örtlichkeiten sind, da erstere eine kleine runde Insel mit einem Radius von etwa 9,25 km war, letztere ein viel größeres, möglicherweise sehr großes Rechteck umfaßte. Wir haben demonstriert, daß Atlantis, geophysikalisch gesehen, unmöglich im Atlantik gelegen haben kann. Und wir haben bewiesen, daß keine der bisher aufgestellten Theorien über seinen plötzlichen Untergang haltbar ist. Wir haben des weiteren gezeigt, daß der einzige logische Standort das östliche Mittelmeer ist und daß die Gleichsetzung der Säulen des Herakles mit der Straße von Gibraltar nicht allzu ernst genommen werden muß. Schließlich haben wir vor Augen geführt, daß um die Mitte der Bronzezeit im östlichen Mittelmeer eine vulkanische Tätigkeit wirklich ungeheuren Ausmaßes stattfand, daß diese Tätigkeit sich auf die Insel Santorin konzentrierte und unter anderem zum plötzlichen Verschwinden des ganzen Mittelteils einer bewohnten, kleinen runden Insel führte.

Die Summe der Beweise und Tatsachen spricht also sehr stark für eine Identifizierung Santorins mit der alten Mutterstadt von Atlantis, und dafür sprechen auch zahlreiche weitere erhärtende Beweise, die von größtem Interesse sind.

Platon sagt nicht ausdrücklich, die Mutterstadt sei auf einem Vulkan erbaut gewesen, aber seine Beschreibung verweist klar auf eine kleine Vulkaninsel nach langer vulkanischer Ruhepause. Er führt aus, die Burg habe auf einem kleinen Hügel in der Inselmitte bei einer fruchtbaren Ebene gestanden, der schönsten auf der Welt. Es ist Tatsache, daß vulkanischer Boden, der während einer langen Periode vulkanischer Untätigkeit verwitterte, der denkbar fruchtbarste Boden überhaupt ist. Bei der Schilderung von Gebäuden erwähnt Platon schwarze, rote und weiße Steine. Rotes und besonders schwarzes Gestein ist charakteristisch für vulkanische Regionen, und auf Thera, der größten Santorininsel und dem größten von Stronghyle-Santorin übriggebliebenen Teil, gibt es rotes, schwarzes und weißes Gestein, letzteres als Kalkstein beim Eliasberg, dieser ursprünglichen Vulkaninsel, um die sich der ganze restliche Komplex bildete.

An anderer Stelle in seinem Bericht erwähnt Platon kalte und heiße Quellen. Warme Quellen trifft man nur in Vulkangebieten an, für die sie sogar charakteristisch sind. Auf Stronghyle-Santorin muß es solche Quellen gegeben haben. Ein Bericht von V. Acylas bestätigt diese Ansicht: »Als ich im Juni 1923 den als Georgios bekannten Krater [jetzt ein Teil von Nea Kameni] besuchte, aus dem heiße Schwefelgase ausströmten, besonders Schwefelsäure, mit einer Ablagerung von Schwefelkristallen in den Rissen rund um den Krater, fuhr ich mit dem Boot in die längliche kleine Bucht und landete an ihrem Kopfende. Ich bemerkte, daß es in der Bucht, in Richtung Neu-Kameni, eine untermeerische warme Quelle gab, offensichtlich mit einer starken Lösung von Eisensalzen, die der Bucht eine lebhafte Rotfärbung verlieh. Die Bucht wurde Ta Kokkina Nera genannt (das rote Gewässer).«

Früher gab es eine heiße Quelle an der Südküste von Neu-Kameni, an jener Stelle der Bucht, die Vulcanos hieß. Laut A. Christomanos hatte diese Quelle, die ziemlich reich war und sich ins Meer ergoß, im Jahre 1864 eine Temperatur von 25° C. Der Gehalt dieser Quelle an Eisen und Schwefelwasserstoff war so hoch, daß die Bewohner Theras die Bucht als Mineralbad benutzten. Acylas führt aus: »Schiffe brauchts nur in diese kleine Bucht zu fahren und einige Stunden dort zu bleiben, damit die kupfernen Schiffsböden unter dem Einfluß der im Meerwasser gelösten Salze sauber und glänzend hell wurden.« Das »rote Gewässer« zwischen Klein- und Neu-Kameni, an der Stelle, wo 1925 der Vulkankegel Daphne erschien, hatte dieselben Eigenschaften. Sogar heute noch ist in der kleinen Bucht, wo die Besucher zur Besichtigung des Vulkans landen, das Wasser von seltsam gemischter Temperatur. Man merkt es sofort beim Schwimmen, denn man gelangt aus kaltem in warmes und wieder in kaltes Wasser. Außerdem riecht es schwefelig.

Die Beweise für die Existenz kalter Süßwasserquellen auf dem alten Santorin — die direkten wie die indirekten — sind zufriedenstellend. Noch heute gibt es eine ausgezeichnete Süßwasserquelle, Zoodochos genannt, in dem ursprünglichen vorvulkanischen Kalkstein über Kamari. Bekannt ist, daß die alte Vegetation der Insel Palmen, Mastixsträucher und Ölbäume (*Phoenix dactylifera, Chamaerops humilis, Pistacia lentiscus* und *Olea europea*) umfaßte. Um Julius Schuster zu zitieren, der diese Flora untersuchte: »Da die Zwergpalme feuchte Gebüsche braucht, muß nicht auf ein damals viel feuchteres Klima geschlossen zu werden. Möglicherweise waren in der Umgebung der Vegetation Quellen.« Und der deutsche Vulkanologe Reck behauptet, auf dem jetzt untergegangenen Terrain zu beiden Seiten des Inselchens Aspronisi, zwischen den Südspitzen Theras und Therasias, habe es vor der Katastrophe eine niedrig gelegene fruchtbare Ebene gegeben. Zu beiden Seiten dieses Terrains, das mit ziemlicher Sicherheit den Ton für die am Ort gefertigte Keramik lieferte, fand man alte Siedlungen. Heute gibt es auf Santorin keine Tonvorkommen, aber die gefundene alte Keramik enthält Stückchen von Thera-Lava. Dieser Ton konnte sehr gut aus den Süß- oder Salzwasserseen stammen, die es in dem Bereich gegeben haben mußte, den Reck als Ebene von Aspronisi bezeichnet.

Platons Beschreibung der Struktur und Gestalt der alten Mutterstadt steht im Einklang mit einer auf dem Zentralkegel von Stronghyle-Santorin erbauten Burg. Wie man aus der graphischen Darstellung ganz deutlich sieht, befinden sich die Ausmaße Santorins und der alten Mutterstadt in derselben Größenordnung.

Vor mehr als fünfzig Jahren machte Professor John Trikkalinos (ehemals Präsident der Athener Akademie, der damals aber als Assistent am Geologischen Laboratorium arbeitete) ein Reliefmodell der Santorin-Kaldera, der Kameni-Inselgruppe und der Inseln Thera, Therasia sowie Aspronisi, und zwar anhand der Karte der Britischen Admiralität von 1916. Dieses Reliefmodell befindet sich heute im Geologischen Museum von Athen. (Es entstand vor der Eruption von 1925, bei der sich die Inseln Nea und Mikra Kameni vereinigten, gibt jedoch im übrigen die heutige Gestalt und Struktur Santorins wieder.) Auf dem Modell lassen sich mühelos Spuren der Häfen der alten Mutterstadt und der Kanäle zwischen ihnen und dem Meer erkennen. Die Hafenspuren sind ganz klar zwischen Nea Kameni und der Stadt Phera, besonders aber zwischen Paläa und Nea Kameni, wo man die runde Form des Zentralhafens sehen kann.

Auf der folgenden Abbildung wurde die Mutterstadt von Atlantis, wie Platon sie beschrieb, auf eine im gleichen Maßstab gezeichnete Kartenskizze von Santorin gelegt. Vergleicht man die Abbildung mit dem Modell, sieht man, daß die Spuren der Kanäle im Boden der Kaldera dieselbe Breite haben wie die von Platon beschriebenen Meereszonen oder Wasserringe und daß sich ihr Abstand vom zentralen Vulkankegel genau mit dem Abstand der entsprechenden Meereszonen von dem Hügel deckt, der den Poseidontempel trug. *Eine* Diskrepanz gibt es jedoch in Platons Beschreibung. Im *Kritias 113 C* steht die Burg auf einem niedrigen Berg, der fünfzig Stadien vom Meer entfernt war; im *Kritias 117 C* dagegen war der äußere Ring um die Burg fünfzig Stadien vom Meer entfernt. Die schematische Darstellung basiert auf der zweiten Textstelle. Wenn jedoch die erste richtig ist, muß der Radius der alten Mutterstadt 2 km kleiner gewesen sein als auf der schematischen Darstellung angegeben, und entspräche somit fast genau dem heutigen Radius von Santorin. Außerdem wäre dann die Länge der submarinen Schlucht, die zwischen Thera und Therasia verläuft, genau gleich der Länge des Kanals, welcher das Meer mit dem inneren Hafen der alten Mutterstadt verband.

Diese Übereinstimmung ist wirklich bemerkenswert, noch verblüffender aber ist die Form der Mündung der submarinen Schlucht ins Meer. Platon berichtet, die Bewohner von Atlantis hätten die Mündung des Kanals erweitert, so daß die größten Schiffe in den Hafen einlaufen konnten. Man muß vielleicht einräumen, daß die Hafenspuren auf dem Kalderaboden möglicherweise ein Zufall sind, der aus morphologischen Merkmalen entstand, doch es fällt äußerst schwer, dieselbe Erklärung auch für die sich deutlich abzeichnende Einfahrt in die untermeerische Schlucht zwischen Thera und Therasia zu akzeptieren. Ihre Form und Größe schließt eine Entstehung durch Erosion aus. Dies und die längenmäßige Übereinstimmung der untermeerischen Schlucht mit dem Verbindungskanal von Atlantis sind ein starkes Argument gegen die Behauptung, die Spuren seien generell das Ergebnis reinen Zufalls. Hier liegen wirklich zu viele und zu seltsame Zufälle vor, als daß man sie als solche akzeptieren könnte.

Aus Platons Beschreibung geht hervor, daß die Meereszonen — im wesentlichen — natürliche Kanäle um den zentralen Kegel waren. Andererseits war zumindest ein Teilstück des Verbindungskanals zwischen den Wasserringen und dem Meer von Menschenhand gemacht. Die Wasserringe um den niedrigen Berg schrieb man dem Poseidon zu (übrigens war er der Erdbebengott), er hatte sie angeblich zu einer Zeit geschaffen, wo es noch keine Schiffe gab (Krit., 113 D—E). Die Wasserringe, sagt Platon, hätten Meerwasser enthalten. Sie mußten deshalb mit dem Meer in Verbindung gestanden haben, vermutlich aber reichte die Verbindung für eine Durchfahrt von Schiffen nicht aus, denn Poseidons Nachkommen erweiterten sie nach Platons Schilderung (Krit., 115 C—E) so, daß für eine einzelne Trireme die Durchfahrt möglich war. Dann überbrückten sie den Durchstich, so daß sie eine unterirdische Verbindung zum Meer besaßen.

Die Unterscheidung zwischen den natürlichen ringförmigen Kanälen und dem weitgehend von Menschenhand gemachten Kanal, der sie mit dem Meer verband, löst weitgehend die Frage, wie so viele Kanäle in einem Gebiet angelegt werden konnten, das vorwiegend aus Tuff und dem Eruptivgestein Andesit besteht. Nach starken Eruptionen, bei denen sich die Magmakammer leert, stürzen oft breite Landstriche um die Vulkane ein, und wenn diese Einsturzstellen ungefähr auf Meereshöhe liegen, werden sie oft überflutet. Wie bereits erwähnt, war Stronghyle-Santorin von steilen, ziemlich tiefen und breiten Schluchten durchzogen, deren Talsohle unter dem Meeresspiegel lag. Laut Reck befand sich in der Mitte der gegenwärtigen Kaldera eine mittelhohe, kuppelartige Erhebung, umgeben von vereinzelten

Das Größenverhältnis von Santorin und der alten Mutterstadt von Atlantis gemäß Platons Bericht im ›Kritias‹.

Anhöhen. Andere Forscher glauben, die Erhebung sei von ringförmigen Tälern umgeben gewesen. Bei den herrschenden Voraussetzungen hätte die Anlage solcher Täler damals keine unüberwindlichen Schwierigkeiten aufgeworfen, berücksichtigt man die Verwitterung der Lava (die bis in eine beträchtliche Tiefe gegangen sein muß) und die erstaunlichen Leistungen im Tiefbau, derer in der Antike der Mensch fähig war.

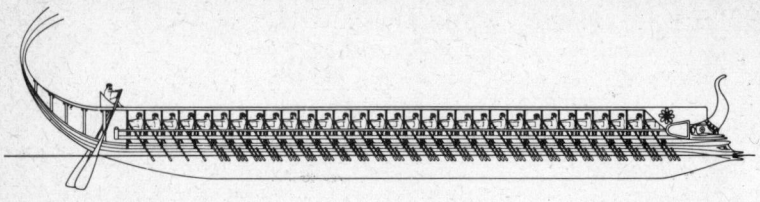

Rekonstruktionszeichnung einer griechischen Trireme; Schiffe dieser Art beschrieb Platon in seinem Bericht über den Kanal, der die Mutterstadt von Atlantis mit dem Meer verband.

Im zweiten Jahrtausend v. Chr. — der vermutlich atlantischen Ära — hatte in der Menschheit das Gesetz der natürlichen Auslese noch volle Gültigkeit. Aus jeder Generation überlebten nur die robustesten. Tausende von Sklaven arbeiteten für das Wohlergehen einiger weniger, ihre Arbeitskraft war billig und leicht zu erhalten. Unter solchen Bedingungen sind sogar bei einem Minimum an technischen Errungenschaften unglaubliche Leistungen möglich, und in vielen Fällen zeigen die erhaltenen Beispiele, daß damals das technische Wissen recht hoch gewesen sein muß.

Vielleicht genügt es hier, das sogenannte Schatzhaus des Atreus in Mykenä anzuführen, die riesigen Megalithbauten von Stonehenge in England und Carnac in der Bretagne sowie in der Neuen Welt aus einer späteren, aber vergleichbaren Zeit die Bauten der Inkastadt Cuzco in Peru. Noch überzeugender und weniger bekannt ist jedoch der Tunnel des Eupalinos auf der Insel Samos. Dies ist ein monumentaler Aquädukt, den in der Mitte des 6. Jahrhunderts v. Chr. der Baumeister Eupalinos aus Megara auf Anweisung des Tyrannen Polykrates von Samos errichtete. Es handelt sich um einen 1000 m langen, aus Granit bestehenden Tunnel durch den Berg Speliani mit vollkommen senkrechten Wänden. Die Höhe des Tunnels schwankt zwischen 1,45 und 1,90 m, die Breite zwischen 2,30 und 2,40 m. Auf seinem Boden verläuft ein etwa 60 cm breiter Kanal. Dieser hat am nördlichen Tunneleingang eine Tiefe von 2,53 m, in der Kanalmitte von 4,90 m und am südlichen Ausgang von 8,25 m. Auch die Seitenwände des Kanals sind vollkommen senkrecht und weisen über die ganze Länge dieselbe Breite auf — und der Kanal ist ebenfalls aus Granit gehauen. In ihm befanden sich

Rohre, die von der Quelle Aghiades auf der abgelegenen Seite des Berges Speliani Wasser nach Samos führten.

Es lohnt, hier innezuhalten und sich die Grandiosität dieser Leistung sowohl vom technischen als auch vom arbeitsmäßigen Standpunkt vor Augen zu führen — man muß bedenken, daß sie ohne Maschinen oder Sprengstoff erbracht wurde. Es wäre also unklug, die Tiefbaumöglichkeiten der Antike zu unterschätzen.

Stronghyle-Santorin liegt somit nicht nur an der richtigen Stelle und erlitt zum richtigen Zeitpunkt in der Geschichte die richtige Katastrophe, sondern weist auch heute noch eine Reihe richtiger physikalischer Merkmale auf, die angesichts der dort erfolgten natürlichen Veränderungen sehr überraschend sind. Man kann es folglich mit der alten Mutterstadt von Atlantis gleichsetzen.

Und wie steht es mit der Königsstadt? Aus Platons Bericht geht klar hervor, daß die alte Mutterstadt und die Königsstadt mit den dazugehörigen Ebenen und Bergen zwei verschiedene Örtlichkeiten waren.

Gibt es in angemessener Entfernung von Santorin ein Gebiet, das zur selben Zeit in der Geschichte ebenfalls eine verheerende Katastrophe erlitt? Bis auf das Moment der ungeheuren Größe, die Platon andeutet, gibt es in jeder Hinsicht ein solches Gebiet: Kreta. Die Beschreibung von Merkmalen und Form der Ebene um die Königsstadt läßt erkennen, daß sie geologische Charakteristika jener Schichten besaß, aus denen das tertiäre Becken Mittelkretas gebildet ist. Dieses Becken liegt in der Mitte der Insel und ist von Bergen umschlossen, die bis ans Meer reichen und alle Attribute jener Berge haben, von denen die Ebene der Königsstadt umrahmt wurde. In dem Becken gibt es reiche Dör-

Die Insel Kreta mit den wichtigsten minoischen Örtlichkeiten. Die Messara ist vermutlich die von Platon beschriebene Ebene bei der Königsstadt von Atlantis.

137

fer, und man darf sicher sein, daß in der Antike die Vegetation viel dichter war und ausgedehnte Wälder die Berge bedeckten. Vor allem die Messara kommt der Beschreibung der Königsstadt-Ebene sehr nahe: Sie ist länglich, eben, liegt auf der Südseite der Insel und ist vor Nordwinden geschützt — tatsächlich entspricht sie, was die Fakten und deren Summe angeht, der Ebene bei der Königsstadt so weit, wie man es nur irgend erwarten kann.

Die Ausmaße dieses zentralkretischen Beckens stimmen jedoch nicht mit jenen überein, die Platon für die Ebene bei der Königsstadt nennt. Die größte Länge des Beckens beträgt 54 km, seine Breite 37 km — mit anderen Worten, fast genau 300 × 200 Stadien. Platon gibt die Länge und Breite der Königsstadt-Ebene jedoch mit 3000 × 2000 Stadien an und fügt hinzu, sie sei von einem 10 000 Stadien langen Graben umgeben gewesen. Im Anschluß daran erklärt er, ihm erscheine es unglaublich, daß Menschen einen Graben von solcher Länge ziehen könnten. Tatsächlich kommen Platon bei diesen Maßen die ersten Zweifel an der Wahrheit der Geschichte. Er muß gespürt haben, daß hier ein Fehler vorlag, doch da ihm andere Beweise fehlten und er an die scheinbare Zuverlässigkeit der Quelle dachte, sagte er, daß er darüber berichten müsse, wie er es gehört habe.

Wenn wir die Größe der zentralen Ebene Kretas mit jener bei der Königsstadt vergleichen, wird uns sofort bewußt, daß die letztere schlicht um das Zehnfache zu groß ist — die Maße wurden mit zehn multipliziert. Derselbe Fehler erscheint im Umfang und in der Zahl von Landzuteilungen, Wagen und Schiffen, in den Entfernungen der Kanäle auf der Ebene sowie der Länge des Grabens um die Ebene. Außerdem zeigt sich genau derselbe Fehler im Datum, das Platon für den Untergang von Atlantis nennt. Laut den Priestern von Sais versank Atlantis 9000 Jahre vor Solons Besuch in Ägypten. Wir haben jedoch kulturgeschichtlich begründet, daß das Reich Atlantis und sein Untergang nicht vor der Bronzezeit möglich waren. Anhand geophysikalischer Fakten wissen wir, daß während der Bronzezeit kein plötzlicher Untergang eines bewohnten Landgebietes erfolgte, der ähnliche Ausmaße erreichte wie jener, zu dem es bekanntermaßen um 1500 v. Chr. im östlichen Mittelmeer kam. Wir haben außerdem gezeigt, daß die Verwüstung an den Küsten der Ägäis um diese Zeit ohne Parallele in der Menschheitsgeschichte gewesen sein muß. Es ist unmöglich, daß eine solche Katastrophe sich in der Überlieferung nicht hielt, und es wäre wirklich seltsam, wenn die Überlieferung viel weniger sensationelle Ereignisse bewahrt und eine Katastrophe ohnegleichen vergessen hätte, die während der höchsten Blüte der minoischen und helladischen Kultur mitten in der Ägäis stattfand.

Solon, der 639 v. Chr. geboren wurde und 559 v. Chr. starb, muß Ägypten etwa 600 v. Chr. besucht haben. Da der Einsturz des Mittelteils der Insel Stronghyle-Santorin und die Verwüstung der östlichen Mittelmeerküsten zweifellos um 1500 v. Chr. erfolgten, ist ganz klar, daß sich die Atlantisgeschichte auf ein geologisches Ereignis bezieht, das 900 und nicht 9000 Jahre vor Solons Besuch in Ägypten stattfand. Die Datumszahl für den Untergang von Atlantis ist somit zehnmal größer, als sie sein sollte. Das führt uns zu dem unvermeidlichen Schluß, daß die Fehler im Datum der Atlantiskatastrophe und in den Ausmaßen der Königsstadt-Ebene systematisch und nicht zufällig sind und daß sie auf dieselbe Weise entstanden.

Die Maße dagegen, die Platon für die alte Mutterstadt nennt, stimmen mit den Maßen von Stronghyle-Santorin überein. Dies zeigt, daß Maße, wenn sie in Zehnereinheiten von Stadien angegeben werden, ziemlich richtig sind. Werden sie jedoch in Tausendern angegeben, sind sie immer um das Zehnfache zu groß. Das deutet darauf hin, daß Solon, als er die ägyptischen Schriften kopierte, das Wort oder Zeichen, das 100 bedeutete, mißverstand. Ein ähnlicher Fehler kann heute im Englischen passieren, denn in einem amerikanischen Text bedeutet »Billion« tausend Millionen, also eine Milliarde, in einem britischen dagegen eine Million Millionen, woraus sich ein Fehlerfaktor von tausend Millionen ergibt.

Laut J. F. Scott war »das ägyptische Rechensystem ein Dezimalsystem und das Prinzip durchwegs additiv ... Die Zahl 10 wurde durch ein Zeichen wie ein umgekehrtes großes U angegeben; zwei solche Zeichen standen für 20, und so fort bis 90. Ein neues Zeichen, ähnlich einer Taurolle, wurde für 100 benutzt; wieder ein anderes, eine Lotosblume, für 1000«.

Professor Marinatos glaubt, die ägyptischen Priester hätten unabsichtlich Jahrhunderte in Jahrtausende geändert. Dies würde den Datumsfehler erklären, nicht aber die Fehler bei den Maßen der Königsstadt-Ebene. Andere erklären den Zahlenfehler mit der natürlichen Übertreibung, die in allen mündlich überlieferten Berichten auftritt. Tatsächlich scheinen solche Übertreibungen unvermeidlich, wie jeder weiß, der Zeitungsberichte studiert.

Im Atlantisbericht gibt es jedoch zwei Hinweise darauf, daß die Größenübertreibung nicht nur auf mündliche Überlieferung zurückzuführen ist. Wären die Zahlen in dem Bericht durch mündliche Überlieferung vergrößert worden, dann könnten der Fehler in den Maßen der Königsstadt-Ebene und der Fehler im Untergangsdatum kaum in derselben Größenordnung liegen. Hätte Platon die Geschichte nur durch mündliche Überlieferung gehört, müßten auch andere die Überlieferung gekannt haben, und es ist höchst unwahrscheinlich, daß sie dann weder bei Hesiod noch bei Homer erwähnt worden wäre. Die Art der Überlieferung läßt sich aus Platons eigenen Aussagen ablesen.

Die Geschichte wurde von Solon nach Athen gebracht, der auf seinem Heimweg anhand der Notizen, die er sich in Ägypten gemacht hatte, über Atlantis zu schreiben begann. Er konnte seinen Bericht aber nicht beenden, denn bei der Heimkehr fand er Athen in einem Zustand der Unruhe vor. Nach Solons Tod kam sein Atlantismanuskript in die Hände von Kritias' Großvater und wurde schließlich Kritias selbst übergeben. Wie Platon schreibt, sagt Kritias: »Und diese Aufzeichnungen befanden sich denn auch bei meinem Großvater, und ich besitze sie noch, und sie sind von mir in meinen Knabenjahren sorgfältig durchgelesen worden.« (*Krit., 113 B*) Man darf annehmen, daß Kritias die Aufzeichnungen Platon aushändigte, der schließlich sein Neffe war. Platons Atlantisbericht im *Timaios* ist kurz und enthält nur das, was Platon von Kritias hörte. Doch es könnte sein, daß die Geschichte auf großes Interesse stieß und Platon dann Kritias um die Aufzeichnungen bat. Platon schrieb später einen weiteren Dialog, den *Kritias,* worin er Einzelheiten der Atlantisgeschichte angab, die Ausmaße der alten Mutterstadt, den Plan der Königsstadt und die Zusammensetzung der Streitmacht. Diese Einzelheiten sind so genau, daß sie nur aus einer schriftlichen Überlieferung stammen können, und sie gehören kaum zu jenen Dingen, für die sich die mündliche Überlieferung erwärmt. Die Atlantisgeschichte bricht im *Kritias* plötzlich ab. Solon hatte, wie Platon sagt, keine Zeit mehr, sie zu vollenden.

Die Geschichte ist somit ein aus Ägypten mitgebrachter detaillierter schriftlicher Bericht. Alle ihre Fehler oder Diskrepanzen sind sozusagen prä-solonisch und liegen entweder in Solons Abschrift der ägyptischen Aufzeichnungen oder in den ägyptischen Aufzeichnungen selbst.

Doch wie konnte es geschehen, daß die Geschichte von einer solchen Katastrophe nach Ägypten gelangte und dort überlebte, nicht aber, oder bestenfalls bruchstückhaft, in Griechenland?

Im *Timaios* (25 D) schreibt Platon: »Deshalb ist auch die dortige See jetzt unfahrbar und undurchforschbar, weil der sehr hoch angehäufte Schlamm im Wege ist, welchen die Insel durch ihr Untersinken hervorbrachte.« Dieses Phänomen wird im *Kritias* ebenfalls erwähnt.

Wir sprachen bereits von dem Bimsstein, der 1650 bei der Coloumbos-Eruption ausgespuckt wurde. In der schwimmenden Schicht blieb ein Segelschiff stecken, sie trug große und kleine Steine und angeblich sogar einen Mann, der darauf ging. Nach dem Ausbruch des Vulkans Coseguina in Nicaragua von 1835 war laut Bullard »das Meer 50 Meilen weit mit schwimmenden Bimssteinmassen bedeckt, die dem Treibeis im Nordatlantik ähnelten«. Nach Ausbruch des japanischen Vulkans Sakurajima im Januar 1914 schwammen die Ausbruchsstoffe in solcher Dicke auf dem Meer, daß man fast 37 km weit darauf gehen konnte. Nach der Eruption auf Krakatau im August 1883 war das Meer um den Vulkan 160 km weit mit Bimsstein bedeckt, und im Umkreis von einem Kilometer um die kleine Insel war diese Bimssteinschicht 4 m dick. Die 1500 v. Chr. auf Stronghyle-Santorin geförderten Bimssteinmengen müssen viel größer gewesen sein: Bimssteinschichten von dieser Explosion fand man auf Kreta und in Palästina. Die beim Einsturz der Vulkanmitte entstandenen Wellen müssen den schwimmenden Bimsstein sehr weit getragen und die Ansammlungen von Bimsstein in Küstenbereichen und Untiefen die Schiffahrt in der Ägäis einige Zeit erschwert haben.

Die Geräusche der Eruption auf Krakatau hörte man bis in eine Entfernung von 3000 km. Santorin ist von Alexandria weniger als 700 km entfernt, somit muß man den Lärm der Eruption von 1500 v. Chr. (die dreimal stärker als jene auf Krakatau war) in Ägypten sehr deutlich gehört haben. Die Flutwelle, die auf das chilenische Erdbeben vom Mai 1960 folgte, verursachte in einer Entfernung von 17 000 km Schäden. Die Flutwelle nach dem Einsturz von Stronghyle-Santorin war mindestens halb so heftig wie die chilenische.

Dieser kurze Überblick über vulkanische Phänomene genügt, um klarzumachen, daß die Eruption und der Einsturz von Stronghyle-Santorin sensationelle Auswirkungen von ungewöhnlicher Heftigkeit gehabt haben müssen, die man in Ägypten, das damals enge Handelsbeziehungen zum minoischen Kreta unterhielt, zweifellos deutlich wahrnahm. Laut Professor Marinatos erreichte der Verkehr zwischen Kreta und Ägypten seinen Höhepunkt etwa um die Mitte des zweiten Jahrtausends v. Chr. Die Gräber von Theben, so sagt er, veranschaulichten die wunderbaren, reichen Produkte der minoischen Zeit, die damals Ägypten überschwemmten. Die Ägypter müßten sich Kreta als riesige, glückliche Insel vorgestellt haben, als ein »Atlantis«.

Die Auswirkungen von Flutwellen oder Tsunamis werden vor allem in den kleinen Buchten spürbar, die sich für Häfen besonders gut eignen. Der Tsunami nach dem japanischen Erdbeben von 1707 versenkte in der Bucht von Osaka mehr als 1000 Schiffe und Boote. Der riesige Tsunami von 1500 v. Chr. hat die Handelsflotte und die Kriegsschiffe Kretas bestimmt völlig vernichtet. Diese beispiellose Zerstörung muß dem minoischen Staat einen schweren Schlag versetzt und den Verkehr zwischen Kreta und Ägypten plötzlich zum Erliegen gebracht haben. Die Katastrophe von 1500 v. Chr. war zweifellos eine Zäsur in der Entwicklung der kretischen und ägäischen Kultur.

Auf Kreta vor allem haben die Verluste an Menschenleben, die Vernichtung großer und kleiner Besitztümer und besonders der Schiffahrt, von welcher der Wohlstand und die Stärke des minoischen Kreta weitgehend abhingen, das Land zweifellos geschwächt und den aggressiven mykenischen Fürsten die Chance gegeben, sich Kreta anzueignen und die Kontrolle über die gesamte Schiffahrt und den Handel im östlichen Mittelmeer zu übernehmen. Die Explosion von Santorin schuf ein Machtvakuum in der Ägäis — und machte den Weg frei für die erste Hellenisierung Griechenlands. Es wäre sehr seltsam, wenn die kulturell weit fortgeschrittenen Ägypter Ereignisse von solcher Tragweite und solchem Einfluß auf das Leben der östlichen Mittelmeervölker nicht in allen Einzelheiten aufgezeichnet hätten.

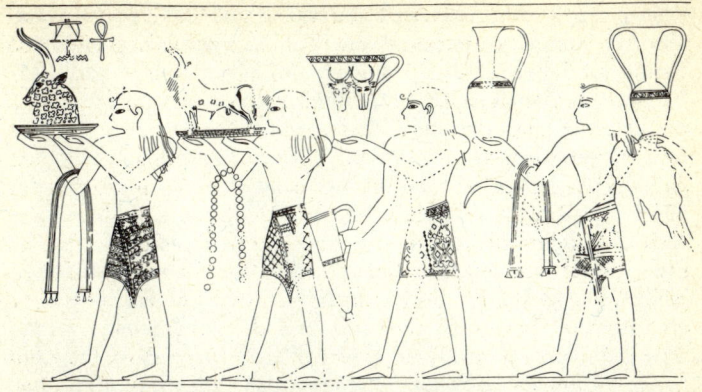

Minoische Opfernde, dargestellt in einem Grab des ägyptischen Theben (aus ›The Palace of Minos‹ von Sir Arthur Evans).

Auf den ersten Blick mag es seltsam erscheinen, daß die Griechen die Katastrophe nicht festhielten, sondern nur die Ägypter. Eine Teilerklärung dafür findet sich im *Timaios (22 B — 23 B)*. Solon hatte zu den Ägyptern von der alten Abstammung der Griechen gesprochen, worauf ein bejahrter ägyptischer Priester erwiderte:

»O Solon, Solon, ihr Hellenen bleibt doch immer Kinder, und einen alten Hellenen gibt es nicht!«

Als nun Solon dies vernommen, habe er gefragt: »Wieso? Wie meinst du das?«

»Ihr seid alle jung an Geist«, erwiderte der Priester, »denn ihr tragt in ihm keine Anschauung, welche aus alter Überlieferung stammt, und keine mit der Zeit ergraute Kunde. Der Grund hievon aber ist folgender. Es haben schon viele und vielerlei Vertilgungen der Menschen stattgefunden und werden auch fernerhin noch stattfinden, die umgänglichsten durch Feuer und Wasser, andere, geringere aber durch unzählige andere Ursachen. Denn was auch bei euch erzählt wird, daß einst Phathon, der Sohn des Helios, den Wagen seines Vaters bestieg und, weil er es nicht verstand, auf dem Wege seines Vaters zu fahren, alles auf der Erde verbrannte und selber vom Blitz erschlagen ward, das klingt zwar wie eine Fabel, doch ist das

143

Wahre daran die veränderte Bewegung der die Erde umkreisenden Himmelskörper und die Vernichtung von allem, was auf der Erde befindlich ist, durch vieles Feuer, welche nach dem Verlauf gewisser großer Zeiträume eintritt. Von derselben werden dann die, welche auf Gebirgen und in hochgelegenen und wasserlosen Gegenden wohnen, stärker betroffen als die Anwohner der Flüsse und des Meeres, und so rettet auch uns der Nil, wie aus allen andern Nöten, so auch alsdann, indem er uns auch aus dieser befreit. Wenn aber wiederum die Götter die Erde, um sie zu reinigen, mit Wasser überschwemmen, dann bleiben die, so auf den Bergen wohnen, Rinder- und Schafhirten, erhalten, die aber, welche bei euch in den Städten leben, werden von den Flüssen ins Meer geschwemmt, dagegen in unserem Lande strömt weder dann noch sonst das Wasser vom Himmel herab auf die Fluren, sondern es ist so eingerichtet, daß alles von unten her über sie aufsteigt. Daher und aus diesen Gründen bleibt alles bei uns erhalten und gilt deshalb für das Älteste. In Wahrheit jedoch gibt es in allen Gegenden, wo nicht übermäßige Kälte oder Hitze es wehrt, stets ein bald mehr, bald minder zahlreiches Menschengeschlecht. Nur aber liegt bei uns alles, was bei euch oder in der Heimat oder in anderen Gegenden vorgeht, von denen wir durch Hörensagen wissen, sofern es irgendwie etwas Treffliches oder Großes ist oder irgendeine andere Bedeutsamkeit hat, insgesamt von alters her in den Tempeln aufgezeichnet und bleibt also erhalten. Ihr dagegen und die übrigen Staaten seid hinsichtlich der Schrift und alles anderen, was zum staatlichen Leben gehört, immer eben erst eingerichtet, wenn schon wiederum nach dem Ablauf der gewöhnlichen Frist wie eine Krankheit die Regenflut des Himmels über euch hereinbricht und nur die der Schrift Unkundigen und Ungebildeten bei euch übrigläßt, so daß ihr immer von neuem gleichsam wieder jung werdet und der Vorgänge bei uns und bei euch unkundig bleibt, soviel ihrer in alten Zeiten sich ereigneten.«

Etwas später sagt der Priester zur Unwissenheit der Athener über ihre ruhmreiche Vergangenheit: »... sondern alles dies blieb euch verborgen, weil die Übriggebliebenen viele Geschlechter hindurch ohne die Sprache der Schrift ihr ganzes Leben hinbrachten.«

Ähnlich im *Kritias (109 C — 110 A)*: »Von diesen [Herrschern] sind die Namen erhalten, ihre Taten aber wegen des Untergangs derer, die sie von ihnen überkamen, und der Länge der Zeit in Vergessenheit geraten. Denn das jedesmal übrigbleibende Geschlecht pflegt, wie schon früher bemerkt wurde, das auf den Bergen lebende und der Schrift unkundige zu sein, welches bloß die Namen der Herrscher im Lande gehört hat und dazu etwas weniges von ihren Taten . . . Denn die Erzählung alter Sagen und die Erforschung der Vorzeit tritt erst mit der Muße in den Staaten ein, wenn sie die Sorge um die Notdurft des Lebens bei manchen als eine schon überwundene vorfindet, und nicht früher.«

Mit anderen Worten, Ägypten war sich zwar der verheerenden Katastrophe bewußt und litt vielleicht durch sie (siehe Anhang B), aber es wurde von ihr nicht vernichtet, wogegen auf den Inseln und an den Küsten der Ägäis solche Verwüstungen stattfanden, daß nur des Schreibens unkundige Bergbewohner davonkamen, die ungeeignet waren für »die Erzählung alter Sagen und die Erforschung der Vorzeit«, da sie um die Grundvoraussetzungen für ein Überleben kämpfen mußten. Dennoch vergaßen die späteren Generationen nie, daß Kreta reich, schön und groß gewesen war. In mündlicher Überlieferung und in Sagen hielten sich Hinweise auf die Großartigkeit der Insel und die Schatten der Katastrophe. Die verblüffendste Sage ist natürlich jene von der deukalionischen Flut.

Nach der am meisten verbreiteten Überlieferung wollte Zeus die Abkömmlinge der Titanen wegen ihrer Sündhaftigkeit und Gottlosigkeit bestrafen und beschloß, sie alle in einer Flut zu vernichten. Prometheus, der von Zeus' Absicht hörte, warnte seinen Sohn Deukalion. Deukalion, der König von Phthia, baute für sich und seine Frau Pyrrha ein Schiff. Darin entkam er, als das Wasser Griechenland überflutete und alle Bewohner ertränkte und das Schiff schließlich auf dem Berge Parnaß liegenblieb. Ein Orakel riet Deukalion und Pyrrha dann, »die Gebeine ihrer Mutter« über die Schulter zu werfen. Sie deuteten dies (richtigerweise) als Hinweis auf die Mutter Erde und warfen Steine über die Schultern. Aus jenen, die Deukalion warf, entsprangen Männer, und aus jenen, die Pyrrha warf, Frauen. Ihr ältester Sohn war Hellen, der sagenhafte Vorfahre der hellenischen Rasse und Vater von Dorus, Xuthus und Äolus, den Erzeugern der dorischen, ionischen und äolischen Griechen.

Die Sage steht in vollem Einklang mit der zitierten Erklärung des ägyptischen Priesters und mit der Vorstellung von einer Katastrophe durch Wasser sowie dem Wiedererwachen des Lebens in den Bergen.

Bevor wir uns die Übereinstimmungen von Mittelkreta und der atlantischen Königsstadt genauer ansehen, sollten wir vielleicht noch einem Hinweis in der Atlantisgeschichte auf die physische Beschaffenheit Athens nachgehen, da man daraus die vermutliche physische Beschaffenheit Mittelkretas ableiten kann.

Im Kritias (11 E — 112 A) wird über Athen gesagt: »Die Burg zuvörderst befand sich damals in anderen Umgebungen als jetzt. Denn jetzt hat eine besonders regnerische Nacht die Erde ringsum aufgelockert und von ihr weggespült, indem zugleich Erdbeben und eine gewaltige Wasserflut, die dritte vor der Zerstörung zu Deukalions Zeit, entstanden waren. Sodann zog sich ihre Ausdehnung in früherer Zeit bis zum Eridanos und Ilissos hinab, faßte die Pnyx in sich und hatte der Pnyx gegenüber den Berg Lykabettos zur Grenze; auch war die ganze Höhe mit Erde bedeckt und mit wenigen Ausnahmen eben auf ihrer Oberfläche.«

Heftiger Regen ist ein vulkanisches Phänomen. Bei den Ausbrüchen gelangen Dampf und andere Gase, die aus dem Krater strömen, in große Höhe, werden kondensiert und gehen als Regen nieder. Beim Ausbruch des Vesuvs im Jahre 1872 erreichten Asche und Gas eine Höhe von 8 km und verursachten in einem großen Gebiet eine Regen- und Schlammüberflutung. Bei dem berühmten Ausbruch dieses Vulkans im Jahre 79 n. Chr. wurde die Stadt Herculaneum von einem Schlammstrom — Wasser gemischt mit vulkanischer Asche — begraben. Die bei der Eruption freigewordene Energie betrug jedoch nur ein Tausendstel derjenigen, die 1883 bei der Eruption auf Krakatau frei wurde — oder in etwa ein Dreitausendstel der Eruption von Stronghyle-Santorin.

Vulkanausbrüche können jedoch noch auf andere Art Regengüsse verursachen. Die kleinen Partikelchen vulkanischer Asche steigen sehr hoch, sie können Kondensationskerne für Wasserdampf werden und so Niederschlag auslösen. Schwere Regenfälle in so notorisch trockenen Gegenden wie Attika kann man deshalb sehr wohl auf vulkanische Phänomene zurückführen, wie sie vor der Endkatastrophe zu erwarten stehen.

Der Vesuv-Ausbruch im Jahre 1872; damals entströmten dem Vulkan riesige Gas- und Aschewolken.

Wenn — wie Platon berichtet — die Oberflächengestalt Athens durch Regen so drastisch verändert wurde, muß man wohl annehmen, daß sich das Becken in Mittelkreta zumindest in ähnlichem Ausmaß veränderte. Die Oberflächenbeschaffenheit dieses Beckens stammt aus dem Neogen, d. h. sie besteht aus relativ jungem Gestein, das weniger verfestigt ist und deshalb rasch erodiert. Vor etwa 3500 Jahren muß das mittelkretische Becken mit einer viel dickeren Erdschicht bedeckt gewesen sein als heute und bis auf einige wenige Hügel auch ganz eben.

Nimmt man einmal an, daß Kreta die geographischen Voraussetzungen für eine Identifizierung mit Atlantis erfüllt, würde dann die minoische Kultur in irgendeiner Weise der atlantischen entsprechen? Es gibt viele erstaunliche Parallelen.

Die Entzifferung der in Knossos gefundenen Linear-B-Tafeln hat erbracht, daß die dort um 1400 v. Chr. gesprochene Sprache eine frühe Form des Griechischen war. Wie John Chadwick zeigte, befindet sich unter den vier Götternamen auf den Tafeln jener des Poseidon in seiner homerischen Form *Poseidaon*. Laut Chadwick drangen die Griechen (worunter er Völker mit einer als Griechisch erkennbaren Sprache versteht) um 2100 v. Chr. in Griechenland ein, breiteten sich auf dem Gebiet um Argos aus und eroberten Knossos im fünfzehnten Jahrhundert v. Chr. Es handelt sich dabei um Völker, die wir gewöhnlich als Mykener bezeichnen. Athen, so muß man sich erinnern, war zu jener Zeit eine mykenische Stadt. Auf der heutigen Akropolis, in Tiefenschichten unweit des Parthenons, kann man jetzt noch mykenische Mauern sehen. Die Geschichte, die Chronologie und die Überlieferung stützen sämtlich die Vorstellung, daß mykenisch/Athener und minoisch/Atlanter einander gegenüberzustellen sind. Theseus, der athenische Held, der den Minotaurus tötete und die Athener von der Herrschaft des Minos befreite, war ein Mykener.

Die ersten Bewohner Kretas, die dort im vierten Jahrtausend v. Chr. erschienen, waren natürlich prägriechisch, und welchen Ursprungs sie auch gewesen sein mögen, die Minoer müssen Kreta über die Kykladen erreicht haben. Tatsächlich ist im frühminoischen Kreta ein kykladischer Einfluß deutlich zu erkennen. Bevor die Minoer nach Kreta kamen, müssen sie sich auf den fruchtbaren Inseln Santorin und Melos niedergelassen haben. Ihre Ansiedlung auf Santorin kann mit der Ankunft Poseidons gleichgesetzt werden, der Euenors und Leukippes Tochter Kleito zur Frau nahm und so die atlantische Dynastie begründete. Diese frühminoischen Siedler müssen ein Santorin vorgefunden haben, das reich an Quellen war und eine üppige Vegetation — Dattelpalme, Zweigpalme, Mastixstrauch und Ölbaum — besaß. Auf seine Fruchtbarkeit läßt sein erster historischer Name schließen. Pindar, Kallimachos, Apollonios von Rhodos, Plinius und Pausanias sagen übereinstimmend, der ursprüngliche Name Theras sei Kalliste gewesen (die Schönste).

Die Überfahrt von Santorin nach Kreta hat von den Völkern der Frühkykladischen Periode (2800—2000 v. Chr.) zweifellos Mut und Unternehmungsgeist gefordert. Sie brauchten dazu Schiffe mit Kielen, und tatsächlich verwendeten die Kykladen-

*Linear-B-Tafel aus Kreta, die den Namen Poseidon in seiner home-
rischen Form ›Poseidaon‹ enthält – ein Beweis für griechischen Einfluß in Knossos.*

völker als erste Kielschiffe im östlichen Mittelmeer. Die Fahrt
der Argonauten unter Jason von Griechenland durch die Dar-
danellen und den Bosporus bis zu den jenseitigen Küsten des
Schwarzen Meeres ist natürlich eine Sage, doch Sagen basieren
gewöhnlich auf einer Tatsache. Und unter den außergewöhnlichen Schätzen der Dorak-Gräber, diesen Königsgräbern an der
Südküste des Marmarameeres aus der Zeit von etwa 2500 v.
Chr., fand man ein Schwert, in dessen Klinge mehrere seetüchtige Schiffe mit Segeln und Ruderbänken eingraviert sind. Kreta
besaß fruchtbare Ebenen und Berge mit reichem Bestand an
Eichen, Zypressen und Kiefern. Dieser Überfluß bewog die Bewohner bald zur Errichtung großer Schiffswerften und zum Bau
der größten Kriegs- und Handelsflotte im Mittelmeer. Die vielen auf der Insel entdeckten Hafenanlagen und -einrichtungen
sind ein Beweis dafür, und der Ruhm der kretischen Flotten
wurde in Überlieferungen gepriesen, die großen Nachdruck auf
die kretische Thalassokratie (Meerbeherrschung) legen. Man
nimmt allgemein an, daß sich von 2400 v. Chr. bis zum Fall
von Knossos der Handel im östlichen Mittelmeer in Händen des
minoischen Kreta befand. Laut Diodor lag Kreta »sehr günstig
für Reisen in die ganze Welt«, und mit »Welt« meinte Diodor
zweifellos die griechische Welt des östlichen Mittelmeerraums.
  Mit ihrer mächtigen Flotte erreichten die Kreter die nahelie-
gendsten Küsten Afrikas und errichteten ihre ersten Kolonien
in der Cyrenaica. Tatsächlich stammt im frühminoischen Kreta
der afrikanische Einfluß laut Professor Marinatos eher aus
Libyen als aus Ägypten. In der Mittelminoischen Periode bestand enger Kontakt zu Afrika. Zwischen 2100 und 1500 v. Chr.

Mykenische Mauern unterhalb des Parthenon auf der Akropolis in Athen, das zur Zeit der Atlantis-Katastrophe eine mykenische Stadt war.

herrschte ständiger Verkehr zwischen Kreta und Ägypten, und beide Länder beeinflußten sich gegenseitig.

Gleich Atlantis war Kreta dicht besiedelt, besonders während der Mittelminoischen Periode, wofür seine 90 bis 100 Städte ein Beweis sind. Die Kreter, reich durch Handel und Krieg, bauten ihre berühmten Paläste in Phaistos und Knossos. Knossos, die Hauptstadt von Minos, war die »große Stadt« Homers. Gegen Ende der Mittelminoischen Periode, einige Jahre vor der Eruption und dem Untergang des Mittelteils von Santorin, erreichte die Kultur auf Kreta und in der Ägäis ihren Höhepunkt, der minoische Staat stand auf dem Gipfel seiner Macht und seines Ruhms. In dieser Periode (1580—1500 v. Chr.) wurde Ägäus, der mythische König Athens und Vater des Theseus, von Minos

Schwertklinge aus dem Schatz der Dorak-Gräber, verziert mit verschiedenen seetüchtigen Schiffen kykladischen Typs. Solche Schiffe könnten Siedler aus Santorin nach Kreta getragen haben.

besiegt, und Athen wurde Kreta tributpflichtig. Gemäß der Sage ging Theseus später nach Kreta und befreite die Athener von dem Tribut, den ihnen Minos aufgezwungen hatte. Minos, der Herrscher Kretas, wird als Begründer der kretischen Seemacht und Erbauer vieler Städte auf der Insel angesehen. Die Befreiung Athens von der Herrschaft des minoischen Kreta und der Sieg der Athener über die Inselbewohner von Atlantis sind ganz offensichtlich Überlieferungen, die sich auf dasselbe historische Ereignis beziehen.

Das minoische Kreta befaßte sich früh mit der Bearbeitung und dem Handel von Metall. Zuerst wurden Kupfer und Bronze verwendet, besonders zur Herstellung von Messern sowie anderen Werkzeugen und Waffen. Nach der Überlieferung war Kreta das erste große metallverarbeitende Zentrum Europas. Dennoch sind, relativ gesehen, Gebrauchsgegenstände aus Metall im minoischen Kreta nicht sehr häufig. Man fand zwar Geräte, Werkzeuge einschließlich langer Sägen, Dolche, Messer und Schwerter aus Bronze und auch kleineren Goldschmuck, aber im Vergleich zu mykenischen Ansiedlungen nur in kleinen

Zwei seetüchtige Schiffe aus Kreta, dargestellt auf Steinsiegeln (aus Evans: ›Palace of Minos‹).

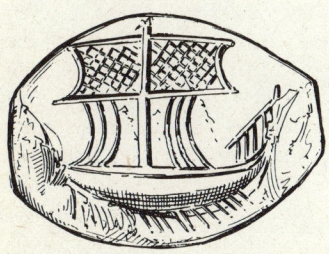

Rekonstruktionen des Megarons der Königin und der Doppelaxt-Halle im Palast von Knossos (aus Evans: ›Palace of Minos‹).

Teil der Ruinen des Palastes von Knossos, der »großen Stadt« Homers.

Mengen. Die berühmten Goldbecher stammen meist vom Festland und aus mykenischen Orten, auch wenn sie vermutlich von minoischen Handwerkern gefertigt wurden, und auf Kreta gibt es nichts Vergleichbares wie die Goldmasken aus Mykenä, die Schliemann zu der Bemerkung veranlaßten, er habe Agamemnon ins Gesicht geblickt. Gemessen am Kriegsadel der Mykener und seiner Neigung zu männlicher Schaustellung erscheint die minoische Welt als reiches, gebildetes Bürgertum, in dem Männer und Frauen viel eher gleichrangig waren und die Frauen die Früchte von Wohlleben und Frivolität genossen: Sie hatten phantasievolle Kleider, kunstvolle Haartrachten und eher eleganten als prunkvollen Schmuck. Außerdem erlitten die Minoer einen Aderlaß durch die Mykener: Alte Metalle, besonders Bronze und Gold, waren wertvoll und konnten zu vielfacher Wiederverwendung eingeschmolzen werden. Das Gold der Eroberten verschmilzt spurlos mit dem Gold der Eroberer. Die Mykener endeten zwar ebenfalls in einer Katastrophe, aber

153

Die kunstvollen Kleider und Frisuren der minoischen Frauen zeigen diese beiden Fresken aus Knossos (oben und unten) und das Goldsiegel (rechts oben) aus einem minoischen Fürstengrab von Isopata bei Knossos.

wenn wir den zuverlässigen Theorien von Gelehrten wie Professor Rhys Carpenter glauben dürfen, bestand ihre Katastrophe in Dürre und Hungersnot. Ihre Nachfolger auf dem Peloponnes, die Dorer, betraten ein leeres Land, dessen Schätze in vergessenen Gräbern lagen.

Trotzdem ist ziemlich klar, daß die Minoer, wie Platons Atlanter, die Metalle, ihre Verwendung und Ausbeutung kannten und höchstwahrscheinlich Seehandel mit Erzen, Barren und Fertigprodukten aus Metall betrieben. Minoischer Einfluß ist auf Zypern, dem alten Hauptlieferanten von Kupfer, um 1500 v. Chr. zu erkennen. Zinn importierte man vermutlich aus Dorylaion (Eskisehir) in Kleinasien. Der Handel mit Tartessos in Spanien, mit Cornwall und den Cassiterites (ob man diese nun mit den Scilly-Inseln oder Inseln an der Loiremündung identifiziert) lag zeitlich etwas später.

Die Landwirtschaft von Atlantis und Kreta hat viel gemeinsam. Platon erwähnt, daß die Atlantisbewohner ihr Land bewässerten, dazu im Winter Regenwasser und im Sommer Wasser aus Quellen benutzten. Dies zeigt, daß im Sommer wenig oder kein Regen fiel und das Klima in Atlantis mediterran war. In Atlantis wuchsen Weizen, Wein und besonders Ölbäume auf den Ebenen. Der Ölbaum ist ein Xerophyt (d. h. eine Trockenheitspflanze). Er ist charakteristisch für das Mittelmeerbecken und gedeiht in einem subtropischen Klima zwischen dem 32. und 45. Breitengrad beider Hemisphären.

P. Anagnostopoulos, der die Herkunft des Ölbaums untersuchte, gelangte zu dem Schluß, daß der Anbau in Kreta vor dem dritten Jahrtausend v. Chr. begann, daß der Ölbaum um 2000 v. Chr. aus Kreta nach Ägypten gelangte (wo er nicht gedieh) und um 1800 v. Chr. auf die Inseln der Ägäis, nach Kleinasien, Palästina und auf das griechische Festland. Von Griechenland breitete sich sein Anbau durch griechische Kolonisten nach Italien, Sizilien, Südfrankreich, Spanien und nach Westen aus.

Die minoische Politik hatte viel Ähnlichkeit mit jener von Atlantis. Das minoische Kreta war dicht besiedelt, ebenso Atlantis, wie Platon berichtet. Atlantis war in Dörfer und Ansiedlungen geteilt, die alle einen eigenen Führer und eine einheitliche Organisation hatten und der Königsstadt untertan waren. Die große Zahl von Prachtbauten im minoischen Kreta zeigt klar auf, daß es in Abständen von 10—20 km Provinzgouverneure gab, die im Namen des Königs herrschten. Der König scheint der oberste politische und religiöse Führer gewesen zu sein, und gemäß der hieratischen Natur des minoischen Regimes war der Provinzgouverneur wohl ein kleinerer, vom Priesterkönig abhängiger König, eine Art Präfekt und Bischof in einer Person.

Der Stier ist ein wichtiges und bekanntes Charakteristikum der minoischen Kunst und des minoischen Lebens. Der legendäre Minotaurus (den Theseus erschlug) war halb Stier, halb Mensch. Man fertigte prächtige Rhytons (Sprenggefäße) in Form von Stierköpfen an, die Stierjagd war ein Lieblingssport und bevorzugtes Kunstmotiv. Am bekanntesten ist das Stierspringen, das junge Männer und Mädchen mit unglaublicher Akrobatik und gefährlichem Wagemut in der Stierkampfarena durchführten. Es fand seinen Widerhall auf den vor kurzem im anatolischen Catalhüyük entdeckten Wandmalereien, auf denen Männer sich bemühen, Stiere und andere große, gefährliche Tiere zu reizen. Diese Wandmalereien datieren übrigens von etwa 5850 v. Chr. und stützen die Auffassung, daß die frühen Kreter über die Kykladen aus Mittelanatolien zuwanderten.

Oben: Ausgegrabene Überreste von Herrenhäusern in Tylissos, Nordkreta, knapp zehn Kilometer westlich von Knossos. Unten: Der Stier ist ein wichtiges, bekanntes Charakteristikum minoischer Kunst und minoischen Lebens. Terrakotta-Rhyton in Form eines Stieres mit winzigen Menschengestalten, die sich an seine Hörner und sein Maul klammern; aus einem Grab zu Kumasa in der Messara.

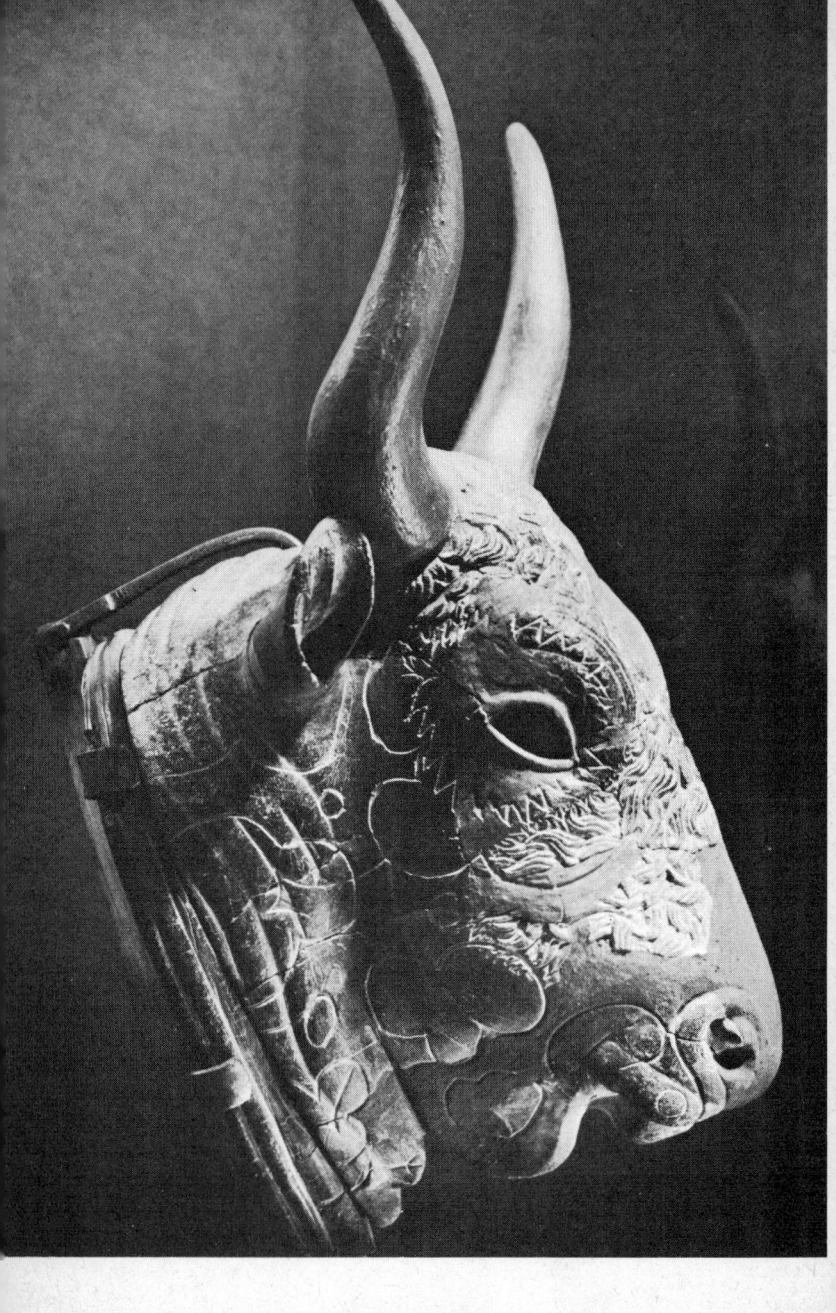

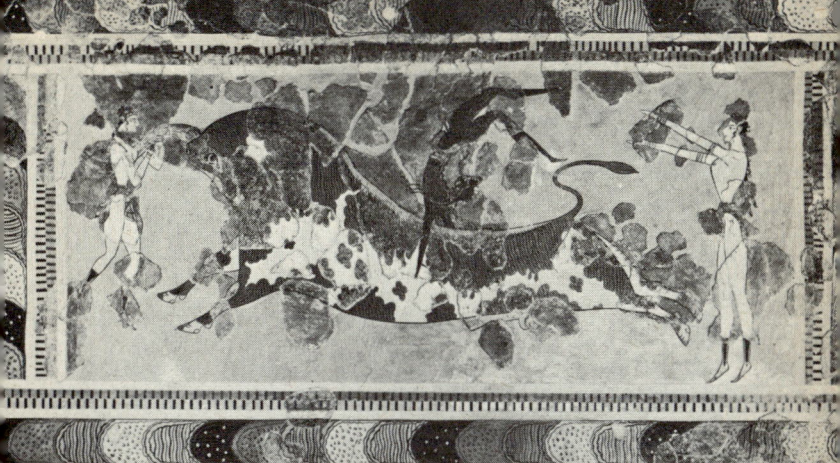

Links: Stierkopf-Rhyton aus Steatit, gefunden in Kato Zakro, Ost-kreta.
Oben: Das berühmte Stierspringfresko aus Knossos, an welches das Wandgemälde von einem Stier und Jägern (unten) anklingt, das man in Çatalhüyük, Anatolien, fand.

Auch in Atlantis war der Stier ein Kulttier, wie eine Stelle im *Kritias (119 C — 120 D)* zeigt, die noch in anderer Hinsicht interessant ist. Sie lautet:

»Die Herrschaft über sie selbst aber ward gegenseitig und gemeinschaftlich geführt nach den Anordnungen des Poseidon, wie sie ein Gesetz ihnen überlieferte, welches von ihren Vorfahren auf eine Säule von Goldkupfererz eingegraben war, die in der Mitte der Insel, nämlich im Heiligtum des Poseidon, stand. Hieher kamen sie denn auch abwechselnd bald jedes fünfte und bald jedes sechste Jahr zusammen, um der geraden und der ungeraden Zahl ein gleiches Recht angedeihen zu lassen, und berieten sich auf diesen Zusammenkünften teils über die gemeinsamen Angelegenheiten, teils hielten sie Nachforschungen darnach, ob einer von ihnen irgendeine Übertretung begangen, und saßen darüber zu Gericht. Wenn sie aber zum Gerichte schritten, so gaben sie einander zuvor folgendes Unterpfand der Treue. Sie stellten unter den Stieren, die da frei im Heiligtum des Poseidon weideten, ganz allein ihrer zehn, nachdem sie zu dem Gotte gebetet, daß es ihnen gelingen möge, das Opfertier, welches ihm genehm sei, zu fangen, eine Jagd ohne Eisen bloß mit Knitteln und Stricken an, und denjenigen von den Stieren, welchen sie fingen, brachten sie oben auf die Säule hinauf und schlachteten ihn dort unmittelbar über jener Inschrift. Auf der Säule befand sich aber außer dem Gesetze noch eine Schwurformel, welche gewaltige Verwünschungen über diejenigen aussprach, welche ihm nicht gehorchten. Wenn sie nun so nach ihren Bräuchen beim Opfer dem Gotte alle Glieder des Stieres geweiht hatten, so richteten sie einen Mischkessel zu und warfen in denselben für jeden einen Tropfen geronnenen Blutes, alles übrige aber warfen sie ins Feuer, nachdem sie die Säule ringsherum gereinigt hatten. Hierauf schöpften sie mit goldenen Trinkschalen aus dem Mischbecher, und während sie dann aus denselben die Spenden ins Feuer gossen, schwuren sie dabei, nach den Gesetzen auf der Säule zu richten und es zu strafen, wenn einer von ihnen zuvor einen Frevel begangen, und ebenso wiederum in Zukunft keine von jenen Vorschriften absichtlich zu verletzen und weder anders zu herrschen, noch einem andern Herrscher zu gehorchen, als dem, welcher nach den Gesetzen des Vaters regierte. Nachdem ein jeder von ihnen dies für sich selbst und für sein Geschlecht gelobt hatte, trank er und weihte sodann

Der im Netz gefangene Stier, dargestellt auf einem Goldbecher aus dem Kuppelgrab von Vaphio, ist ein interessanter Verweis auf Platons Beschreibung der »Jagd ohne Eisen bloß mit Knitteln und Stricken«, welche die Könige von Atlantis auf Stiere veranstalteten.

die Becher als Geschenk für das Heiligtum des Gottes, und sodann wandten sie sich zum Mahle, um auch den Anforderungen ihres Körpers Genüge zu tun. Sobald es aber dunkel ward und das Opferfeuer verglomm, dann kleideten sich alle sofort in ein blaues Gewand von der allerhöchsten Schönheit, und so, bei der Glut der Eidesopfer auf der Erde sitzend, indem sie gänzlich das Feuer im Heiligtume auslöschten, empfingen und sprachen sie

Fresko aus Amnisos, das man für eine symbolische Darstellung
»des Königreichs der beiden Inseln« – Kreta und Santorin – hielt.

Recht bei der Nacht, wenn etwa der eine von ihnen den andern
irgendeiner Übertretung anklagte. Nach vollzogenem Urteil aber
schrieben sie die Richtersprüche, sobald es Tag ward, auf einer
goldenen Tafel auf und weihten dieselbe samt jenen Gewändern zum Denkzeichen. Es gab aber noch viele andere Gesetze,
welche die Rechte der Könige für einen jeden im besonderen bestimmten, über allen jedoch stand dies, daß sie niemals gegeneinander die Waffen führen, vielmehr einander insgesamt Hilfe
leisten, wenn etwa einer von ihnen in irgendeiner Stadt das königliche Geschlecht auszurotten versuchte, und nach gemeinsamer
Beratung, gleich wie ihre Vorfahren, ihre Beschlüsse über den
Krieg und alle anderen Angelegenheiten fassen und ausführen,
den Vorsitz und Oberbefehl dabei aber dem Geschlechte des
Atlas überlassen sollten. Die Vollmacht, einen seiner Verwand-

ten hinrichten zu lassen, sollte ferner einem Könige nicht zu Gebote stehen, es sei denn, daß über die Hälfte von den Zehn es genehmigt hätte.«

Zwei Punkte scheinen hier auf, die interessant sind, obwohl dem Gesamtbild untergeordnet. Der erste ist ein Hinweis auf die Zusammenkünfte der Könige abwechselnd in jedem fünften und sechsten Jahr. Platon sagt, mit dieser Wahl hätten die Könige der geraden und der ungeraden Zahl Gerechtigkeit widerfahren lassen wollen. Seine Erklärung überzeugt nicht ganz, denn dann hätten sie genauso gut das erste und zweite oder das dritte und vierte Jahr wählen können. Die Wahl des fünften und sechsten Jahres bedeutet vielleicht, daß sich die Könige von Atlantis des elfjährigen Regenzyklus bewußt waren und zu den Zeiten der größten und der geringsten Aktivität der Sonnenflecken zusammenkamen. Laut B. Eginitis war der elfjährige Regenzyklus, den Theoprast (371—257 v. Chr.) als bekannt in der Antike erwähnt, schon in vorhomerischen und besonders in minoischen Zeiten als »Neunjahr« (*enneateris* oder *enneoros*) bekannt. Er führt als Beweis dafür die *Odyssee* an, worin es heißt, unter ihren Städten sei die große Stadt Knossos, wo Minos durch Perioden von neun Jahren herrschte, er, der Umgang pflog mit dem großen Zeus. Und Platon deutet im *Kriton* (*Gesetze*, *624 B*) diese Zeilen folgendermaßen: Minos sei alle neun Jahre in die Höhle im Idagebirge gegangen, wo er mit Zeus zusammentraf, der ihm die Gesetze aushändigte. Minos wird, gleich den Königen von Atlantis, als Überbringer und Verwalter von Gesetzen göttlichen Ursprungs dargestellt.

Der zweite Punkt betrifft »ein blaues Gewand von der allerhöchsten Schönheit«, in das sich die Könige für den zweiten Teil der Zeremonien kleideten. J. G. Bennett sagt dazu: »Die Fresken von Knossos zeigen, daß Blau die Königsfarbe war, und es gibt Beweise dafür, daß der erste blaue Farbstoff durch die kretischen Händler nach Asien gelangte.«

Eine mögliche Verbindung zwischen Kreta und Atlantis zeigt eines der Fresken, die man im Herrenhaus von Amnisos fand, dem Hafen von Knossos. Es enthält ein Symbol, welches »Meer« bedeutet, in doppelter Form: Das kleinere Zeichen liegt unmittelbar über dem größeren. Professor Marinatos hat die interessante Auslegung vorgebracht, dies bedeute das Königreich der beiden Inseln, der großen und der kleinen. Genauso gut wie auf

Kreta und Santorin könnte seine Deutung auf die alte Mutterstadt und die Königsstadt von Atlantis passen.

Die Entdeckung eines versteinerten Affenkopfes durch Mr. Edward Loring im Jahre 1966 warf ein seltsames, helles Licht auf das minoische Leben Santorins vor der Eruption. Der Kopf wurde von Professor C. Eliakis untersucht, einem Spezialisten für Postmortem-Untersuchungen, der feststellte, daß der Schädel einen mehrfachen Bruch aufwies, verursacht durch einen Schlag mit einem schweren Gegenstand — vermutlich einem heißen vulkanischen Gesteinsbrocken, der rasch abkühlte. Die Tatsache, daß die Gesichtszüge so hervorragend erhalten sind, ist wahrscheinlich auf die hohe Temperatur zurückzuführen. Laut Dr. Paraskevopoulos, Professor für Mineralogie und Petrologie, wurde nach dieser Konservierung durch Hitze die organische Materie des Kopfs durch Andesit-Lava derselben Struktur ersetzt, wie man sie auf Santorin fand. Dr. A. Poulianos, Professor für Anthropologie, identifizierte ihn als Kopf eines Gibbon, vermutlich von der Spezies *Colobinae*, die am häufigsten in Äthiopien vorkommt. Das Fossil hat man beim Monolithos an der Ostküste Theras gefunden. Möglicherweise wurde es, in bereits versteinerter Form, durch eine Fremderuption dorthin geschleudert, die später als die erfolgte, bei der das Tier den Tod fand.

Das Vorhandensein des Gibbon auf Santorin vor der Eruption ist natürlich ein interessanter Faktor. Er war kein auf Santorin heimisches Tier und diente keinem wirtschaftlichen Zweck. Folglich muß er ein Schoßtier gewesen sein, das man aus Afrika importierte, vermutlich durch den ägyptischen Handel. Das Halten importierter Schoßtiere setzt einen bestimmten Wohlstand und Luxus voraus, nicht zu reden von den ausgedehnten Verbindungen nach außen. Tatsächlich wurde immer angenommen, daß die Minoer Tiere wie Affen als Schoßtiere hielten, denn es gibt Darstellungen wie das Fresko mit dem blauen Affen, der Papyrusblüten pflückt, und jenes mit dem Krokuspflücker, den man heute gewöhnlich als Affen und nicht als jungen Mann interpretiert. Solche seltenen importierten Tiere dürften Schoßtiere der Paläste und nicht des einfachen Volkes gewesen sein. Das Auftreten eines davon auf Santorin stützt die Behauptung, die Insel habe in besonderer Beziehung zum minoischen Kreta gestanden, tatsächlich sei es die Beziehung der alten Mutterstadt zur Königsstadt gewesen.

Der Blaue Affe, Fresko aus Knossos (oberes Bild), und der Krokus-
Pflücker, Fresko aus Knossos, in dem man heute einen Affen sieht.
Affen waren auf Kreta nicht heimisch, sondern wurden aus Afrika
importiert, vermutlich als Schoßtiere. Die Anwesenheit eines solchen Affen auf Santorin ist ein weiterer Beweis für die Verbindung
der Insel zum minoischen Kreta.

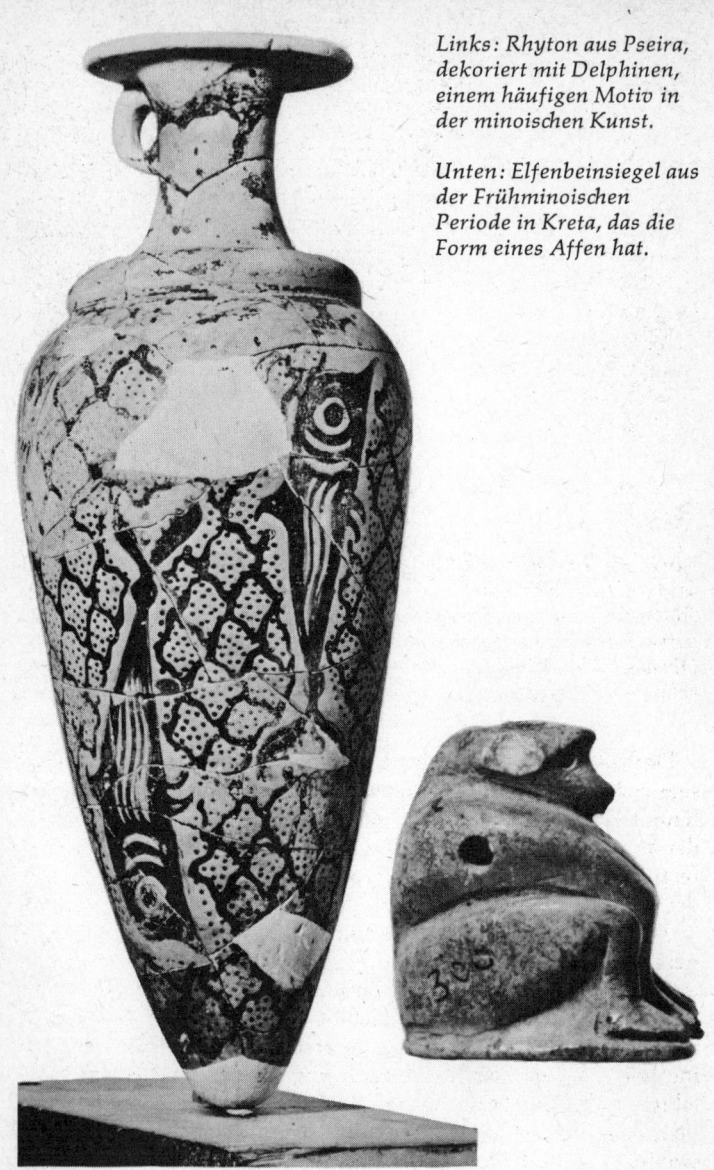

Links: Rhyton aus Pseira, dekoriert mit Delphinen, einem häufigen Motiv in der minoischen Kunst.

Unten: Elfenbeinsiegel aus der Frühminoischen Periode in Kreta, das die Form eines Affen hat.

Funde auf Santorin aus dem neunzehnten Jahrhundert bieten interessante Vergleiche mit minoischen Gegenständen aus Kreta. Der Alabasterbecher aus Thera (links) ist zwei vor kurzem in Kato Zakro gefundenen Bechern sehr ähnlich. Der rechte Becher besteht aus Obsidian, das Kreta aus Melos importierte, und stammt aus einer sehr frühen Periode.

Doch so interessant diese minoisch-atlantischen Parallelen sein mögen, beeindruckender sind das Gesamtbild, die innere Einigkeit und der geordnete Frieden der Bewohner von Atlantis, der so nachdrücklich an jene *Pax Minoica* erinnert, die laut Professor Marinatos von der sanften, idyllischen, friedvollen Kultur der vereinigten Staaten des minoischen Kreta entwickelt wurde.

Zugegeben, solch allgemeine Eindrücke sind meist stimmungsgebunden und subjektiv, aber subjektive Eindrücke entstehen aus zahllosen objektiven Fakten und Übereinstimmungen. Hält man sich erst einmal die Parallelität zwischen Atlantis und dem minoischen Kreta vor Augen, geraten sofort viele Einzelheiten ins Lot. Zu den Tieren, die nach der Beschreibung in Atlantis lebten, zählt der Elefant. Auf Kreta gab es mit Sicherheit vor dem Abschmelzen des Inlandeises den Zwergelefanten, ebenso wie in Malta. Obwohl es unwahrscheinlich ist, daß er bis in die

Bronzezeit überlebte, waren vielleicht die Schädel bekannt. Es ist eine seltsame Tatsache, daß man viele Elfenbeinsiegel aus der Frühminoischen Periode gefunden hat, während in der Mittelminoischen Periode, als ein viel regerer Verkehr mit Ägypten herrschte, keine Elfenbeinsiegel mehr hergestellt wurden. Die Schilderungen der Innenausstattung des Poseidontempels in Atlantis sprechen von Nereiden, die auf Delphinen reiten, und Delphine waren ein Lieblingsmotiv der minoischen Kunst.

Übrigens werden die Verbindungen zwischen dem minoischen Kreta und Stronghyle-Santorin immer deutlicher sichtbar. 1867 fand man auf der Insel Keramik, die minoischen Einfluß erkennen läßt und um 1550 v. Chr. entstand, zusammen mit einem Schwert, das mit kleinen goldenen Äxten verziert ist. Diese Funde erzeugten den Eindruck, auf Stronghyle-Santorin — das schließlich die am nächsten bei Kreta gelegene Kykladeninsel ist — habe sich zumindest ein minoischer Außenposten befunden. Auf der nur etwas weiter von Kreta entfernten Insel Melos stand, gemäß der Beschreibung von Professor Marinatos, Phylacopi ganz unter minoischem Einfluß und war möglicherweise eine regelrechte minoische Kolonie. Die Einfuhr von Obsidian aus Melos nach Kreta begann bereits 3000 v. Chr. Obsidian ist das schwarze Vulkanglas, das beim Abspalten rasiermesserscharfe Kanten bekommt und in der Steinzeit bei allen Völkern hoch im Kurs stand, die Zugang dazu hatten, denn es ergab schärfere und bessere Werkzeuge als der Feuerstein. Die Insel Melos war der große ägäische Lieferant dieses wertvollen Materials, und man darf annehmen, daß überall dort, wo Obsidianwerkzeuge gefunden werden, die Bewohner in Handelsverbindung mit Melos standen. Es überrascht kaum, daß so dominierende Überseehändler wie die Minoer enge Verbindungen zu dieser Insel und ihrem kostbaren Rohmaterial unterhielten.

Im Jahre 1967 erbrachten Ausgrabungen bei Akrotiri an der Südspitze von Thera den kaum noch angreifbaren Beweis, daß auch enge Verbindungen zwischen dem minoischen Kreta und Stronghyle-Santorin bestanden. Diese Ausgrabungen leitete Professor Spyridon Marinatos für die Archäologische Gesellschaft in Athen unter Mitarbeit von Mrs. Emily Vermeule vom Kunstmuseum Boston und Mr. James W. Mavor vom Ozeanographischen Institut Woods Hole. Es ist bekannt, daß die Ergebnisse dieser Ausgrabungen revolutionär sind, auch wenn sich die

Arbeiten noch im Forschungsstadium befinden. Was sie auf-
deckten, scheint ein »Pompeji« der Bronzezeit zu sein. Neun
Gräben wurden gezogen und etwa fünfunddreißig Eselsladungen
Fundstücke zur weiteren Untersuchung nach Phera gebracht. Es
steht außer Frage, daß unter dicken Schichten von Vulkanasche
und Bimsstein (die sich zu Tuff verfestigten) eine bedeutende,
praktisch intakte Stadtsiedlung begraben ist. An einer Stelle
liegt eine große Fläche dieser Tuffschicht frei. Eine etwa 3—5 m
tiefe Versuchsgrabung deckte unter dieser ganzen vulkanischen
Last ein Stück Steinmauer auf. Unweit davon wurde ein Bau
gefunden, der noch stehende und vollständig bemalte Vorrats-
gefäße und Holzfragmente eines Webstuhls mit verstreuten
Webstuhlgewichten aus der Ersten Spätminoischen Periode enthielt. Etwas weiter weg brachte der Spaten bereits eine Hau-
steinfassade zutage, die in minoischem Kontext auf einen Palast
oder das Herrenhaus eines Adeligen verweist. An anderen Stellen fand man verstreute Scherben bemalten Gipses.

Weitere Freskenfragmente entdeckte man, als die Ausgrabungen 1968 wiederaufgenommen wurden. Die meisten stellten
Pflanzen- und Vogelmotive dar. Eines zeigt eine Tierform, vermutlich einen blauen Affen, was besonders interessant ist im
Hinblick auf den einige Jahre früher gefundenen versteinerten
Affenkopf. Auf einem anderen erkennt man eine welke Palme
und den Kopf eines dicklippigen jungen Mannes, vermutlich
ein Beweis für die Verbindung mit Libyen. Die im Jahr zuvor
unter einer mehr als drei Meter dicken Bimssteinschicht aufge-
spürten Gebäude wurden weiter erforscht, und zwar mittels
eines Tunnels, der dem Verlauf eines gepflasterten Weges folgte.
Letzterer könnte sich als Straße oder Teil eines Hofs entpuppen,
doch der Tunnel war, als dieses Buch entstand, noch nicht breit
genug, um einen sicheren Schluß zuzulassen. Die aufgedeckten
Gebäude hatten Fensteröffnungen, in denen sich Spuren von
Holzrahmen fanden. Sie waren zweigeschossig gewesen, doch
das obere Geschoß war eingestürzt. Ein großer Teil des Sommers
wurde damit verbracht, Gräben zu ziehen, um etwaige winter-
liche Sturzbäche abzuleiten, die zum Einsturz der Grabungen
führen könnten. Diese Arbeiten waren nach Professor Marinatos'
Ansicht gerechtfertigt, denn es handelt sich um die Hauptsied-
lung des minoischen Thera, und man wird in Zukunft hier sicher
weitere wichtige Funde machen.

Die Lilienbemalung auf einer Vase aus Knossos aus der Mittelminoischen Periode (links) ähnelt jener auf einem Krug aus Thera
(oben) sehr stark. Unten: Schwertklinge mit goldenen Äxten dekoriert, gefunden 1867 auf Thera, und eine ähnliche Schwertklinge aus
einem Grab in Pylos, Peloponnes; die Ähnlichkeit verweist auf eine
enge Verbindung zwischen Santorin und dem griechischen Festland.

Bis jetzt entdeckte man keine Skelette und Wertgegenstände.
Tatsächlich sieht das ungeschulte Auge nur einige bruchstück-
hafte Steinwände tief im Boden einer Landschaft aus Vulkanstaub, durch die sich noch staubigere Wege ziehen und die be-
herrscht wird von dem kleinen Dorf Akrotiri mit seiner verfal-
lenen venezianischen Burg, das im Licht der grellen Sonne vor

dem Hintergrund des tiefblauen Meeres liegt, inmitten von Feldern der fast am Boden kriechenden santorinischen Weinstöcke. Dennoch, die Implikationen sind ungeheuerlich. Der Besucher steht auf den verschütteten, aber erhaltenen Ruinen einer minoischen Stadtsiedlung aus der glanzvollsten Periode, einer Siedlung, die vor etwa 3500 Jahren begraben wurde beim gewaltigsten je aufgetretenen Erguß an Bimsstein und vulkanischer Asche. Es war eine furchtbare Katastrophe, gnadenlos und von unvorstellbarem Ausmaß, aber vielleicht erfolgte sie schrittweise. Hier beginnt es so auszusehen, als hätten die Bewohner Zeit gehabt zu fliehen, ihre Wertsachen an sich zu reißen und — vielleicht — aufs Meer zu entkommen. Welches Schicksal sie dann erlitten, ist schwer zu sagen. Einige mögen die Nachbarinseln Ios

und Anaphe erreicht haben, einige die ferneren Küsten von Melos und Kreta. Doch angesichts der ungeheuren Förderung von Asche und Bimsstein könnte es sein, daß dort die niedersinkenden Leichentücher nur um ein Geringes weniger todbringend waren als jene, die sich über Santorin legten. Wahrscheinlicher ist, daß ihre zerbrechlichen, bestimmt bis zum Rande mit Menschen und deren wertvoller Habe gefüllten offenen Boote — gleich dem Schiff, das 1650 bei der Coloumbos-Eruption im Bimsstein steckenblieb — sich irgendwann im schwimmenden Bimsstein festfuhren und von der endlos niederregnenden Asche begraben wurden, bis Tod durch Ertrinken oder Ersticken dem Leiden ein Ende machte. Weitere Schrecken liegen darin, daß die niedergehende Asche vermutlich sehr heiß war. 1956 wurden in einem

Rechts: Einige der Tonwaren, die man bei den jüngsten Ausgrabungen auf Thera fand, haben eine starke Ähnlichkeit mit minoischer Keramik aus Kreta. Keramik »von großer Schönheit und überschäumender Phantasie« ist beispielhaft für die köstliche Kultur des minoischen Kreta – und Atlantis.

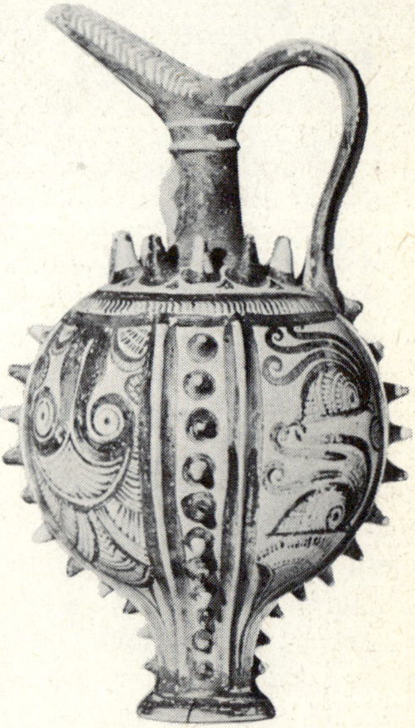

Tuff-Bruch bei Phera Menschenzähne gefunden, einige stammten von eiem dreißig- bis fünfunddreißigjährigen Mann, andere von einer vierzig- bis fünfundvierzigjährigen Frau. Zwei dieser Zähne waren verkohlt, was bedeuten dürfte, daß die vulkanische Asche sogar nach dem Niedergehen noch eine sehr hohe Temperatur hatte. Welches Schicksal diese Menschen auch immer ereilt hat — einige mögen davongekommen sein wie der Alte Seefahrer —, ihre Wohnungen und ihr Land lagen völlig und unwiderruflich unter Asche, ihre Kultur war vollständig zerstört. Und dieselbe vulkanische Tätigkeit führte nach einer Reihe noch nicht genau bestimmter oder bestimmbarer Jahre durch Entleerung der Magmakammer zu dem ungeheuerlichen Einsturz der Inselmitte, der die riesigen Flutwellen erzeugte, von denen die ägäische Kultur zertrümmert wurde.

Die Beweise für eine Gleichsetzung der Katastrophe von Stronghyle-Santorin mit dem Untergang von Atlantis sind, insgesamt gesehen, sehr stark. Für eine Gleichsetzung der Insel mit der alten Mutterstadt sind sie höchst eindrucksvoll. Und da nun unverrückbar feststeht, daß Santorin minoisch war und das minoische Reich zur Zeit des Einsturzes von Santorin eine verheerende Katastrophe erlitt, scheint der Beweis für eine Gleichsetzung von Atlantis mit dem minoischen Kreta unwiderlegbar.

Atlantis und das minoische Kreta verschmelzen also zu einem einzigen Bild — dem Bild eines reichen, mächtigen Staates, der theoretisch eine alte Theokratie unter einem Priesterkönig war, praktisch ein blühendes Großbürgertum, frivol und weltmännisch, das sich ergötzte an seltsamen Schauspielen und kühnen sportlichen Leistungen, sich modisch-elegant kleidete, Keramik von größter Schönheit und überschäumender Phantasie benutzte und allem Anschein nach eine in der Antike ungewöhnliche Freiheit und Gleichstellung der Geschlechter genoß. Eine hinreißende, dekadente, köstliche Kultur — und zum Untergang verurteilt.

Epilog

Im Lauf der Jahrtausende machten sich die Menschen, besonders die gebildeten, immer wieder einen Spaß daraus, einander unlösbare Rätsel aufzugeben — von »Welches Lied sangen die Sirenen?« bis zur Zahl der Engel, die auf einer Nadelspitze tanzen können, vom großen Elixier zur Verwandlung unedler Metalle in Gold bis zum Geheimnis ewiger Jugend, von den ägyptischen Pyramiden und den verlorengegangenen Stämmen Israels bis zu Platons Atlantis.

Auf allen diesen Gebieten befindet sich der gebildete Enthusiast Seite an Seite mit dem wissenschaftlichen Amateur. Für beide ist Suche alles. Die Obertöne, die Implikationen, die ganze Kosmologie, die sich um dieses Forschen entwickelt, sind so grenzenlos (und oft so nebelhaft), daß die Lösung eine Antiklimax wäre, sogar eine Art Pathos. Ihnen bedeutet die Reise alles, das Ziel ist — fast schon von der Definition her — unmöglich zu erreichen. Für sie ist es weit besser, voll Hoffnung unterwegs zu sein, als tatsächlich anzukommen. Ägyptologen verzweifeln, wenn man sie mit den Berechnungen von Menschen konfrontiert, die an »Pyramidomanie« leiden, wie sie sich ausdrücken, und das bloße Wort »Atlantis« läßt den vernunftbetonten Menschen frostig reagieren.

In den mehr als 2300 Jahren seit Platon haben die zahllosen Versuche, das Atlantisrätsel zu lösen, das Geheimnis eher noch vergrößert. Die Tatsache Atlantis wurde für die Suchenden zum metaphysischen Begriff Atlantis.

Begeisterte Phantasie stattete die Inselbewohner mit außergewöhnlichen körperlichen, geistigen und politischen Kräften aus. Sie sind der Gipfel, von dem wir in unsere gegenwärtigen Niederungen heruntersteigen. Viele moderne Entdeckungen und der größte Teil unseres modernen Wissens werden auf ihr Konto verbucht. Atlantis ist das Land, so wissen die Suchenden, von dem unsere ganze moderne Zivilisation abstammt, Atlantis war das Goldene Zeitalter. Unter der Last all ihrer Theorien wurde Atlantis mehr zur Sage als auf Platons Seiten. In den Händen solcher Enthusiasten hört Atlantis auf, Platons Atlantis zu sein, es wird für sie »mein Atlantis«, verkörpert »meine Theorie«, »meine Ideologie«, »meine Träume«, befriedigt möglicherweise

»meinen Patriotismus«, wird in immer seltsameren, überraschenderen Ecken der Welt lokalisiert.

In einem solchen Klima ist eine einfache, logische Lösung nicht willkommen. Bei solcher Begeisterung und allgemeiner Ungläubigkeit wird jeder Beweis, auch der überzeugendste, für die Wahrheit der Geschichte und die tatsächliche geographische Lage von Atlantis mit Skepsis aufgenommen. Es ist ein zweifelhaftes Unterfangen, eine große Zahl Menschen überzeugen zu wollen, die entweder voreingenommen oder gleichgültig sind. Die Menschen zieht von Natur aus das Geheimnisvolle an, und die Lösung des Geheimnisses — besonders wenn sie einfach ist — ruft eher Enttäuschung als Befriedigung hervor.

Trotzdem bewog die Überzeugung von der Richtigkeit der Lösung — die auf indirektem Weg durch Untersuchung von Flutwellen an den griechischen Küsten seit der Antike erhalten wurde — einen der beiden Autoren dieses Buches (A. G. G.), sie am 1. August 1960 auf einem Sondersymposion über seismische Wogen und Windwellen öffentlich vorzutragen, das die Gesellschaften für Seismologie und Physik des Erdinneren, Meteorologie und Ozeanographie auf der 12. Generalversammlung des Internationalen Verbandes für Geodäsie und Geophysik in Helsinki veranstalteten. Die günstige Aufnahme durch viele der Kollegen und das anschließende Echo in der Weltpresse ermutigten zu weiterer Untersuchung des Themas. Das Ergebnis dieser ausgedehnteren Forschung war, vier Monate später, die Bekanntgabe einer vollständigen, integrierten Lösung des Atlantisrätsels vor der Athener Akademie.

Die Lösung des Rätsels ist so einfach wie der Fehler, aus dem es entstand. Der Atlantisbericht bei Platon ist in allen wesentlichen Punkten richtig, mit Ausnahme der Datierung des Untergangs der alten Mutterstadt, der 900 und nicht 9000 Jahre vor Solon erfolgte, und der Maße für die Königsstadt-Ebene, die 300 × 200 Stadien betrugen und nicht, wie Platon angibt, 3000 × 2000 Stadien. Man darf mit Fug und Recht annehmen, daß dieser falsche Zehnerfaktor sich während der Abschriften der ägyptischen Aufzeichnungen einschlich. Die alte Mutterstadt war die Insel Santorin vor dem Untergang ihres Mittelteils, und die Ebene bei der Königsstadt war das zentralkretische Bekken. Das Herrschaftsgebiet des minoischen Kreta erstreckte sich von Libyen bis zu den Grenzen Ägyptens und in Europa bis

Tyrrhenien. Riesige Ausmaße gegen die antiken Stadtstaaten. — Als er auf dem Gipfel seiner Macht stand, verursachte eine gewaltige Vulkaneruption den Einsturz des mittleren, vermutlich heiligsten und bedeutendsten Teils der alten Mutterstadt und begrub ihre Überreste unter dicken Schichten von vulkanischer Asche und Bimsstein. Gleichzeitig mit diesem Einsturz, der vermutlich einige Jahre oder sogar Jahrzehnte nach Ablagerung des Bimssteins stattfand, unter dem die alte Mutterstadt erstickte, verwüsteten Flutwellen von einer in der Geschichte beispiellosen Höhe die Küsten des östlichen Mittelmeeres, legten die Städte des minoischen Kreta in Trümmer und vernichteten die größte Flotte der damaligen Zeit. Beim Einsturz des Mittelteils der Insel verschwanden das Herz der alten Mutterstadt, ihr Haupttempel und die inneren Häfen in den Wellen, bei verheerenden Temperaturen von ungefähr plus 1350° C.

Die vorgetragene Lösung basiert nicht auf Mutmaßung oder Mythen, sondern auf erwiesenen geologischen Vorkommnissen. Vielleicht kann man es folgendermaßen formulieren: Auf dem Höhepunkt der Bronzezeit, um 1500 v. Chr., wurde eine dominierende Seemacht, Atlantis, die Ägypten und Athen bedrohte, während eines Tages und einer Nacht von einer entsetzlichen Naturkatastrophe vernichtet. Um 1500 v. Chr. stürzte eine runde Insel in der Ägäis mit inzwischen nachgewiesener Verbindung zum Minoischen — Stronghyle-Santorin — bei einem gewaltigen Vulkanausbruch ins Meer, und die Nebenwirkungen dieses Ausbruchs richteten auf dem minoischen Kreta — einer dominierenden Seemacht, die mit Athen und Ägypten in Verbindung stand — so verheerende Verwüstungen an, daß sich dieses minoische Reich nie mehr erholte. Ist es denkbar, daß zur selben Zeit in derselben Gegend und unter denselben Umständen zwei so gewaltige Katastrophen stattfanden? Ist nicht klar, daß es sich um ein und dieselbe Katastrophe handelte? Kann man bezweifeln, daß die alte Mutterstadt und die Königsstadt von Atlantis Stronghyle-Santorin und das minoische Kreta waren?

Viele behaupten, die atlantische Kultur sei der Ursprung der Zivilisation gewesen. Wir wissen nicht, ob dasselbe von der kreto-minoischen Kultur behauptet wird. Fest steht jedoch, daß die klassische griechische Kultur, diese Hauptquelle der westlichen Zivilisation, ihre Wurzeln im mykenischen Griechenland und minoischen Kreta hatte.

Anhang A

Dieser Anhang besteht aus den folgenden Auszügen: *Timaios 20 D–26 E* und *Kritias 108 D–121 C*.[1]

Timaios

20
E
Kritias So höre denn, Sokrates, eine gar seltsame, aber durchaus wahre Geschichte, wie sie einst Solon, der weiseste unter den Sieben, erzählt hat. Er war nämlich, wie bekannt, ein Verwandter und vertrauter Freund meines Urgroßvaters Dropides, wie er auch selber wiederholt in seinen Gedichten sagt; meinem Großvater Kritias aber erzählte er bei irgendeiner Gelegenheit, wie es dieser als Greis wiederum mir mitteilte, daß es viele vor alters von unserem Staat vollbrachte bewunderungswürdige Taten gäbe, welche durch die Länge der Zeit und den Untergang der Menschen in Vergessenheit geraten wären; von allen aber sei eine die

21
größte; und diese ist es, deren Andenken mir jetzt zu erneuern geziemt, um sowohl dir meinen Dank abzutragen, als auch zugleich die Göttin an ihrem gegenwärtigen Feste auf eine echte und gebührende Weise wie durch einen Lobgesang zu verherrlichen.

Sokrates Wohlgesprochen. Aber was für eine Tat ist denn das, die Kritias, obgleich sie der Überlieferung unbekannt ist, dir dennoch als eine in Wahrheit vor alters von dieser Stadt vollbrachte nach dem Berichte des Solon mitteilte?

Kritias So will ich denn diese alte Geschichte erzählen, die ich von einem nicht mehr jungen Manne vernommen. Es

B
war nämlich damals Kritias, wie er sagte, schon beinahe neunzig Jahre, ich aber so ungefähr zehn alt. Nun war gerade der Knabentag der Apaturien, und was sonst jedesmal an diesem Feste gebräuchlich ist, geschah auch diesmal mit den Kindern: Preise setzten uns nämlich die Väter für den be-

---

[1] Zitiert nach der Übertragung von Franz Susemihl

180

sten Vortrag von Gedichten aus. So wurden denn viele Gedichte von vielen anderen Dichtern hergesagt, namentlich aber trugen viele von uns Kindern manche von denen des Solon vor, weil diese zu jener Zeit noch etwas Neues waren. Da äußerte nun einer von den Genossen unserer Phratrie, sei es, daß dies damals wirklich seine Ansicht war, sei es, um dem Kritias etwas Angenehmes zu sagen, es scheine ihm Solon sowohl in allen anderen Stücken der Weiseste als auch in bezug auf die Dichtkunst unter allen Dichtern der edelste zu sein. Der Greis nun — denn ich

C erinnere mich dessen noch sehr wohl — ward sehr erfreut und erwiderte lächelnd: Wenigstens, Amynandros, wenn er die Dichtkunst nicht bloß als Nebensache betrieben, sondern, wie andere, seinen ganzen Fleiß auf dieselbe verwandt

D und die Erzählung, welche er aus Ägypten mit hieher brachte, vollendet und nicht wegen der Unruhen und durch alle anderen Schäden, welche er hier bei seiner Rückkehr vorfand, sich gezwungen gesehen hätte, sie liegenzulassen, dann wäre, wenigstens nach meinem Dafürhalten, weder Homeros noch Hesiodos noch irgendein anderer Dichter je berühmter geworden als er.

Aber was für eine Geschichte war denn dies? fragte jener.

Traun von der größten und mit vollem Rechte ruhmwürdigsten Tat von allen, welche diese Stadt vollbracht, von welcher aber wegen der Länge der Zeit und des Unterganges derer, die sie vollbracht haben, die Überlieferung sich nicht bis auf uns erhalten hat.

So erzähle mir denn vom Anfange an, versetzte der andere, was und wie und von wem Solon hierüber Beglaubigtes gehört und es darnach berichtet hat.

E Es gibt in Ägypten, versetzte Kritias, in dem Delta, um dessen Spitze herum der Nilstrom sich spaltet, einen Gau, welcher der saïtische heißt, und die größte Stadt dieses Gaus ist Saïs, von wo ja auch der König Amasis gebürtig war. Die Einwohner nun halten für die Gründerin ihrer Stadt eine Gottheit, deren Name auf ägyptisch Neith, auf griechisch aber, wie sie angeben, Athena ist; sie behaupten daher, große Freunde der Athener und gewissermaßen mit ihnen stammverwandt zu sein. Als daher Solon dorthin

22 kam, so wurde er, wie er erzählte, von ihnen mit Ehren

überhäuft, und da er Erkundigungen über die Vorzeit bei denjenigen Priestern einzog, welche hierin vorzugsweise erfahren waren, so war er nahe daran, zu finden, daß weder er selbst noch irgendein anderer Grieche, fast möchte man sagen, auch nirgend etwas von diesen Dingen wisse. Und einst habe er, um sie zu einer Mitteilung über die Urzeit zu veranlassen, begonnen, ihnen die ältesten Geschichten Griechenlands zu erzählen, ihnen vom Phoroneus, welcher für den ersten Menschen gilt, und von der Niobe, und wie nach der Flut Deukalion und Pyrrha übrigblieben, zu berichten und das Geschlechtsregister ihrer Abkömmlinge aufzuzählen, und habe versucht, mit Anführung der Jahre, welche auf jedes einzelne kamen, wovon er sprach, die Zeiten zu bestimmen. Da aber habe einer der Priester, ein sehr bejahrter Mann, ausgerufen: O Solon, Solon, ihr Hellenen bleibt doch immer Kinder, und einen alten Hellenen gibt es nicht!

Als nun Solon dies vernommen, habe er gefragt: Wieso? Wie meinst du das?

Ihr seid alle jung an Geist, erwiderte der Priester, denn ihr tragt in ihm keine Anschauung, welche aus alter Überlieferung stammt, und keine mit der Zeit ergraute Kunde. Der Grund hievon aber ist folgender. Es haben schon viele und vielerlei Vertilgungen der Menschen stattgefunden und werden auch fernerhin noch stattfinden, die umfänglichsten durch Feuer und Wasser, andere, geringere aber durch unzählige andere Ursachen. Denn was auch bei euch erzählt wird, daß einst Phaeton, der Sohn des Helios, den Wagen seines Vaters bestieg und, weil er es nicht verstand auf dem Wege seines Vaters zu fahren, alles auf der Erde verbrannte und selber vom Blitze erschlagen ward, das klingt zwar wie eine Fabel, doch ist das Wahre daran die veränderte Bewegung der die Erde umkreisenden Himmelskörper und die Vernichtung von allem, was auf der Erde befindlich ist, durch vieles Feuer, welche nach dem Verlauf gewisser großer Zeiträume eintritt. Von derselben werden dann die, welche auf Gebirgen und in hochgelegenen und wasserlosen Gegenden wohnen, stärker betroffen als die Anwohner der Flüsse und des Meeres, und so rettet auch uns der Nil, wie aus allen anderen Nöten, so auch alsdann, indem er uns

auch aus dieser befreit. Wenn aber wiederum die Götter
die Erde, um sie zu reinigen, mit Wasser überschwemmen,
E dann bleiben die, so auf den Bergen wohnen, Rinder- und
Schafhirten, erhalten, die aber, welche bei euch in den
Städten leben, werden von den Flüssen ins Meer geschwemmt, dagegen in unserem Lande strömt weder dann
noch sonst das Wasser vom Himmel herab auf die Fluren,
sondern es ist so eingerichtet, daß alles von unten her über
sie aufsteigt. Daher und aus diesen Gründen bleibt alles
bei uns erhalten und gilt deshalb für das Älteste. In Wahr-
23 heit jedoch gibt es in allen Gegenden, wo nicht übermäßige
Kälte oder Hitze es wehrt, stets ein bald mehr, bald minder
zahlreiches Menschengeschlecht. Nur aber liegt bei uns alles,
was bei euch oder in der Heimat oder in anderen Gegenden
vorgeht, von denen wir durch Hörensagen wissen, sofern
es irgendwie etwas Treffliches oder Großes ist oder irgendeine andere Bedeutsamkeit hat, insgesamt von alters her in
den Tempeln aufgezeichnet und bleibt also erhalten. Ihr
dagegen und die übrigen Staaten seid hinsichtlich der Schrift
und alles anderen, was zum staatlichen Leben gehört, immer eben erst eingerichtet, wenn schon wiederum nach dem
B Ablauf der gewöhnlichen Frist wie eine Krankheit die Regenflut des Himmels über euch hereinbricht und nur die der
Schrift Unkundigen und Ungebildeten bei auch übrigläßt,
so daß ihr immer von neuem gleichsam wieder jung werdet und der Vorgänge bei uns und bei euch unkundig bleibt,
soviel ihrer in alten Zeiten sich ereigneten. Wenigstens eure
jetzigen Geschlechtsverzeichnisse, wie du sie eben durch-
gingst, unterscheiden sich nur wenig von Kindermärchen.
Denn erstens erinnert ihr euch nur einer Überschwemmung
der Erde, während doch so viele schon vorhergegangen sind,
sodann aber wißt ihr nicht, daß das trefflichste und edelste
Geschlecht unter den Menschen in eurem Lande gelebt hat,
von denen du und alle Bürger eures jetzigen Staates her-
C stammt, indem einst ein geringer Stamm von ihnen übrig-
blieb; sondern alles dies blieb euch verborgen, weil die Übriggebliebenen viele Geschlechter hindurch ohne die Sprache
der Schrift ihr ganzes Leben hinbrachten. Denn es war einst,
mein Solon, vor der größten Zerstörung durch Wasser der
Staat, welcher jetzt der athenische heißt, der beste im Krie-

ge und mit der in allen Stücken ausgezeichnetsten Verfassung ausgerüstet, wie denn die herrlichen Taten und öffentlichen Einrichtungen von allen unter der Sonne, deren Ruf wir vernommen haben, ihm zugeschrieben werden.

D   Als nun Solon dies hörte, da habe er, wie er erzählte, sein Erstaunen bezeugt und angelegentlichst die Priester gebeten, ihm die ganze Geschichte der alten Bürger seines Staates in genauer Reihenfolge wiederzugeben.

Der Priester aber habe erwidert: Ich will dir nichts vorenthalten, mein Solon, sondern dir alles mitteilen, sowohl dir als eurem Staate, vor allem aber der Göttin zuliebe, welche euren sowie unseren Staat gleichmäßig zum Eigentume erhielt und beide erzog und bildete, und zwar den **E** euren tausend Jahre früher aus dem Samen, den sie dazu von der Erdgöttin Ge und dem Hephaistos empfangen hatte, und später ebenso den unsrigen. Die Zahl der Jahre aber, seitdem die Einrichtungen des letzteren besteht, ist in unseren heiligen Büchern auf achttausend angegeben. Von euren Mitbürgern, die vor neuntausend Jahren entstanden, will ich dir also jetzt im kurzen berichten, welches ihre Staatsverfassung und welches die herrlichste Tat war, die sie vollbrachten; das Genauere über dies alles aber wollen wir ein andermal mit Muße nach der Reihe durchgehen, indem **24** wir die Bücher selbst zur Hand nehmen. Von ihrer Verfassung nun mache dir eine Vorstellung nach der hiesigen. Denn du wirst viele Proben von dem, was damals bei euch galt, in dem, was bei uns noch jetzt gilt, wiederfinden, zuerst eine Kaste der Priester, welche von allen andern gesondert ist, sodann die der Gewerbetreibenden, von denen wieder jede Klasse für sich arbeitet, und nicht mit den anderen **B** zusammen, samt den Hirten, Jägern und Ackerleuten; endlich wirst du auch wohl bemerkt haben, daß die Kriegerkaste hierzulande von allen anderen gesondert und daß ihr nichts anderes, außer der Sorge für das Kriegswesen, vom Gesetze auferlegt ist. Ihre Bewaffnung ferner besteht aus Spieß und Schild, mit denen wir zuerst unter den Völkern Asiens uns ausrüsteten, indem die Göttin es uns, ebenso wie in euren Gegenden euch zuerst, gelehrt hatte. Was so- **C** dann die Geistesbildung anlangt, so siehst du doch wohl, eine wie große Sorge das Gesetz bei uns gleich in seinen

Grundlagen auf sie verwandt hat, indem es aus allen auf die Naturordnung bezüglichen Wissenschaften bis zu der Wahrsagekunst und der Heilkunst zur Sicherung der Gesundheit hin, welche alle göttlicher Natur sind, dasjenige, was zum Gebrauche der Menschen sich eignet, heraussuchte und sich dergestalt alle diese Wissenschaften und alle andern, welche mit ihnen zusammenhängen, aneignete. Nach

D dieser ganzen Anordnung und Einrichtung gründete nun die Göttin zuerst euren Staat, indem sie den Ort eurer Geburt mit Rücksicht darauf erwählte, daß die dort herrschende glückliche Mischung der Jahreszeiten am besten dazu geeignet sei, verständige Männer zu erzeugen. Weil also die Göttin zugleich den Krieg und die Weisheit liebt, so wählte sie den Ort aus, welcher am meisten sich dazu eignete, Männer, wie sie ihr am ähnlichsten sind, hervorzubringen, und gab diesem zuerst seine Bewohner. So wohnet ihr denn also dort im Besitze einer solchen Verfassung und noch viel anderer trefflicher Einrichtungen und übertraft alle anderen Menschen in jeglicher Tugend und Tüchtigkeit, wie es auch von Sprößlingen und Zöglingen der Götter nicht anders zu erwarten stand. Viele andere große Taten eures Staates nun lesen wir in unseren Schriften mit Bewunderung, von allen jedoch ragt eine durch ihre Größe und Kühnheit hervor.

E Unsere Bücher erzählen nämlich, eine wie gewaltige Kriegsmacht einst euer Staat gebrochen hat, als sie übermütig gegen ganz Europa und Asien zugleich vom atlantischen Meere heranzog. Damals nämlich war das Meer dort fahrbar, denn vor der Mündung, welche ihr in eurer Sprache die Säulen des Herakles heißt, hatte es eine Insel, welche größer war als Asien und Libyen zusammen, und von ihr konnte man damals nach den übrigen Inseln hinübersetzen, und von den Inseln auf das ganze gegenüberliegende Festland, welches jenes recht eigentlich so zu nennende Meer umschließt.

25 Denn alles das, was sich innerhalb der eben genannten Mündung befindet, erscheint wie eine bloße Bucht mit einem engen Eingange, jenes Meer aber kann in Wahrheit also und das es umgebende Land mit vollem Fug und Recht Festland heißen. Auf dieser Insel Atlantis nun bestand eine große und bewundernswürdige Königsherrschaft, welche nicht bloß die ganze Insel, sondern auch viele andere Inseln

und Teile des Festlands unter ihrer Gewalt hatte. Außerdem beherrschte sie noch von den hier innerhalb liegenden **D** Ländern Libyen bis nach Ägypten und Europa bis nach Tyrrhenien hin. Indem sich nun diese ganze Macht zu einer Heeresmasse vereinigte, unternahm sie es, unser und euer Land und überhaupt das ganze innerhalb der Mündung liegende Gebiet mit einem Zuge zu unterjochen. Da wurde nun, mein Solon, die Macht eures Staates in ihrer vollen **C** Trefflichkeit und Stärke vor allen Menschen offenbar. Denn vor allen andern an Mut und Kriegskünsten hervorragend, führte derselbe zuerst die Hellenen, dann aber ward er durch den Abfall der anderen gezwungen, sich auf sich allein zu verlassen, und als er so in die äußerste Gefahr gekommen, da überwand er die Andringenden und stellte Siegeszeichen auf und verhinderte so die Unterjochung der noch nicht Unterjochten und gab den andern von uns, die wir innerhalb der herakleïschen Grenzen wohnen, mit edlem Sinne die Freiheit zurück. Späterhin aber entstanden ge- **D** waltige Erdbeben und Überschwemmungen, und da versank während eines schlimmen Tages und einer schlimmen Nacht das ganz streitbare Geschlecht bei euch scharenweise unter die Erde, und ebenso verschwand die Insel Atlantis, indem sie im Meere unterging. Deshalb ist auch die dortige See jetzt unfahrbar und undurchforschbar, weil der sehr hoch aufgehäufte Schlamm im Wege ist, welchen die Insel durch ihr Untersinken hervorbrachte.

Kritias

108 *Kritias* Mein lieber Hermokrates, du bist noch guten Mutes, weil erst hinterher die Reihe an dich kommt und du noch einen anderen zum Vordermann hast. Wie es daher in **D** Wahrheit mit diesem deinem Mute bestellt ist, wird schon die Sache selber dich lehren; wie dem aber auch sein mag, so ziemt es sich doch, deinem Zuspruch und deiner Ermunterung Folge zu leisten und neben den genannten Göttern auch alle anderen anzurufen, vor allen aber die Mnemosyne. Ruht doch der Haupterfolg meiner Rede ganz in der Macht dieser Göttin; denn wenn ich nur hinlänglich mich dessen zu erinnern und es hiernach zu berichten weiß, was einst von den Priestern dem Solon mitgeteilt und von ihm hieher mitgebracht wurde, so glaube ich zu wissen, daß ich meiner Zuhörerschaft hier meine Aufgabe so ziemlich werde gelöst zu haben scheinen. So mag es denn nun geschehen, und ich will nicht länger mehr zaudern.

E Vor allem nun wollen wir uns zunächst das ins Gedächtnis zurückrufen, daß es im ganzen neuntausend Jahre her sind, seitdem, wie angegeben worden, der Krieg zwischen denen, welche jenseits der Säulen des Herakles, und allen denen, welche innerhalb derselben wohnten, entstand, welchen ich jetzt vollständig zu erzählen habe. Nun wurde schon angeführt, daß an der Spitze der letzteren unsere Stadt stand und den ganzen Krieg zu Ende führte, während über die ersteren die Könige der Insel Atlantis herrschten, welche, wie ich bemerkt habe, einst größer war als Libyen und Asien zusammen, jetzt aber durch Erderschütterungen untergegangen ist und dabei einen undurchdringlichen Schlamm zurückgelassen hat, welcher sich denen, die in das *109* jenseitige Meer hinausschiffen wollen, als Hindernis ihres weiteren Vordringens entgegenstellt. Ein Bild nun der vielen übrigen ungriechischen Völker und sämtlicher Hellenenstämme, welche es damals gab, wird der Verfolg unserer Erzählung im einzelnen, wie es gerade die Gelegenheit mit sich bringt, entrollen; die Verhältnisse der alten Athener und ihrer Gegner, mit denen sie Krieg führten, das heißt die Macht und die Staatseinrichtungen von beiden, dagegen ist es nötig sogleich voraufzuschicken. Unter ihnen selber aber verdient die Schilderung der hiesigen Zustände den Vorrang.

B Die Götter nämlich verteilten einst die ganze Erde nach ihren einzelnen Gegenden unter sich, und zwar ohne Streit, denn es würde keinen vernünftigen Sinn haben anzunehmen, daß die Götter nicht gewußt haben sollten, was einem jeden von ihnen zukäme, oder aber daß einige von ihnen das, was sie vielmehr als anderen zustehend erkannt, dennoch diesen abzustreiten und in ihren eigenen Besitz zu bringen versucht hätten. Durch rechtlich bestimmte Verteilung also erhielten sie, was ihnen lieb war, und wählten hiernach ihre Wohnsitze, und nachdem dies geschehen war,

so zogen sie uns als ihre Besitztümer und Pfleglinge auf wie
die Hirten ihre Herden, nicht so jedoch, daß sie mit körper-
C licher Gewalt unsere Körper lenkten, wie die Hirten ihr
Vieh mit Schlägen, sondern sie führten und leiteten das
ganze Menschengeschlecht, als das lenksamste aller lebendigen Wesen, gleichsam nur wie mit einem Steuerruder
vom Schiffshinterteile aus, indem sie sich vermöge ihrer
höheren Einsicht durch Überredung der Seelen bemächtig-
ten. So nahmen denn nun, was andere Gegenden anlangt,
andere Götter dieselben in Besitz und statteten sie aus, Hephaistos aber und Athena hatten, so wie sie von Natur zu-
sammengehören, teils als Geschwister von väterlicher Seite
her, teils wegen ihrer gleichen Liebe zur Wissenschaft und
Kunst, so auch beide unser Land zum gemeinsamen Eigentum empfangen, weil dasselbe von Natur eine ihnen verwandte und angemessene Tüchtigkeit und Einsicht hervor-
D zubringen geeignet war, und sie pflanzten daher wohlge-
artete Männer als Eingeborene auf diesen Boden und legten
darauf in ihren Geist die Anordnung der Staatsverfassung.
Von diesen sind die Namen erhalten, ihre Taten aber wegen
des Unterganges derer, die sie von ihnen überkamen, und
der Länge der Zeit in Vergessenheit geraten. Denn das
jedesmal übrigbleibende Geschlecht pflegt, wie schon früher bemerkt wurde, das auf den Bergen lebende und der
Schrift unkundige zu sein, welches bloß die Namen der
Herrscher im Lande gehört hat und dazu etwas weniges
von ihren Taten. Sie mußten sich daher damit begnügen,
E ihren Nachkommen diese Namen zu überliefern; die Tugen-
den und die Staatseinrichtungen ihrer Vorfahren aber kannten sie nicht, es sei denn einige dunkle Gerüchte über ein-
zelnes, und da sie überdies zusamt ihren Abkömmlingen
viele Geschlechter hindurch an dem Notwendigen Mangel
110 litten und daher viel mehr auf die Ausfüllung dieses Man-
gels ihren Sinn richten mußten, so sprachen sie auch viel
mehr hierüber miteinander und vernachlässigten das einst
bei ihren Vorfahren und vor alters Geschehene. Denn die
Erzählung alter Sagen und die Erforschung der Vorzeit tritt
erst mit der Muße in den Staaten ein, wenn sie die Sorge
um die Notdurft des Lebens bei manchen als eine schon
überwundene vorfindet, und nicht früher. Darum also sind

uns die Namen der Alten ohne ihre Taten erhalten geblieben. Dies aber nehme ich daraus ab, weil Solon erzählte, die Priester hätten über den damaligen Krieg dergestalt berichtet, daß sie jene alten Athener meistens mit allen denjenigen Namen benannten — nämlich mit dem des Kekrops, Erechtheus, Erichthonios, Erysichthon und den meisten anderen —, wie ein jeder auch wirklich von den Vorgängern des Theseus im Umlauf ist, und ebenso sei es mit denen der Frauen gewesen. Und ebenso ist auch die Gestalt und das Bild der Göttin — denn wie damals die Geschäfte des Krieges Frauen und Männern gemeinsam waren, so sollen diesem Brauche entsprechend die damaligen Athener die gewappnete Göttin als Tempelbild geweiht haben — ein Beweis dafür, daß alle lebendigen Wesen, welche sich paarweise finden, weiblich und männlich, von Natur imstande dazu sind, die beiden Geschlechtern zukommende Tüchtigkeit auch beiderseits gemeinschaftlich in Ausübung zu bringen.

Es wohnten nun damals in diesem Lande miteinander die übrigen Klassen der Bürger, welche sich mit den Gewerben und mit dem Gewinne von den Früchten der Erde beschäftigten; das Geschlecht der Krieger aber, welches durch gottbegeisterte Männer gleich im Anfang von ihnen ausgesondert war, wohnte getrennt von ihnen, ausgerüstet mit allem, was zur Erziehung und Bildung erforderlich ist, und keiner von ihnen hatte ein ausschließliches Eigentum, sondern alle sahen das aller als ihnen gemeinsam an, so wie sie denn auch über den erforderlichen Unterhalt hinaus irgend etwas von den übrigen Bürgern anzunehmen verschmähten, und überhaupt alle diejenigen Bestrebungen wirklich verfolgten, welche gestern den bloß vorausgesetzten Wächtern zugeschrieben wurden.

Aber auch was sodann in betreff unseres Landes erzählt wurde, ist glaubwürdig und wahr, zuerst, daß sich damals seine Grenzen bis an den Isthmos und gegen das übrige Festland bis zu den Höhen des Kithairon und Parnes ausgedehnt, und daß sich diese Grenzen dergestalt abwärts gezogen hätten, daß sie das Gebiet von Oropos zur Rechten hatten, zur Linken aber den Asopos vom Meere abgrenzten; sodann aber, daß an Fruchtbarkeit die ganze Erde von unserem Lande übertroffen wurde, weshalb denn dasselbe auch imstande gewesen wäre, ein großes Heer von Einwohnern zu ernähren. Ein bedeutender Beweis aber für diese Güte des Bodens ist der Umstand, daß auch der gegenwärtige Überrest desselben in Ergiebigkeit an jeglicher Frucht und an Nahrung für jede Art lebender Wesen es noch mit allen anderen Ländern aufnimmt; damals aber gar trug er

111 dies alles in Schönheit und reichlicher Fülle. Wie nun aber möchte dies noch näher als glaubwürdig erscheinen, nämlich inwiefern dies gegenwärtige Land mit Recht ein Überrest des damaligen heißen? Das Ganze, so wie es vom übrigen Festlande ab sich langhin in das Meer erstreckt, liegt da wie ein Vorgebirge, denn das Meeresbecken, welches dasselbe umgibt, ist hart an seinen Gestaden überall von großer Tiefe; und da nun viele bedeutende Überschwemmun-

B gen während der neuntausend Jahre stattgefunden haben — denn so viele sind ja deren seit jener Zeit bis auf die gegenwärtige verstrichen —, so hat die Erde, welche während dieser Zeit und unter diesen Einwirkungen von den Höhen herabgeflossen ist, nicht, wie in anderen Gegenden, einen Damm, welcher der Rede wert wäre, aufgeworfen, sondern ist jedesmal im Kreise herumgeflossen und so in der Tiefe verschwunden. So sind denn, wie es auch bei kleinen Inseln zu geschehen pflegt, im Vergleich zu dem damaligen Lande in dem gegenwärtigen gleichsam wie von einem durch Krankheit dahingeschwundenen Körper nur noch die Knochen übriggeblieben, indem die Erde, soweit sie fett und weich war, ringsherum abgeflossen und nur das magere Gerippe des Landes zurückgelassen ist. Damals aber, als es

C noch unversehrt war, waren seine Berge hoch und mit Erde bedeckt, und ebenso waren seine Ebenen, welche jetzt als Steinboden bezeichnet werden, voll fetter Erde; auch trug es vieles Gehölz auf den Bergen, von welchem es auch jetzt noch deutliche Spuren gibt. Denn von den Bergen bieten zwar einige jetzt nur noch den Bienen Nahrung dar, es ist aber noch nicht gar lange Zeit her, als noch Dächer, welche aus den Bäumen verfertigt waren, die man dort als Sparrenholz für die größten Gebäude fällte, unversehrt dastanden. Es gab aber auch noch viel andere hohe Bäume, und zwar Fruchtbäume, und für die Herden brachte das Land un-

D glaublich reiche Weide hervor. Ferner genoß es einer jähr-
lichen Bewässerung vom Zeus, und verlor dieselbe auch
nicht wieder, wie jetzt, wo sie von dem dünnen Frucht-
boden ins Meer abfließt, sondern wie es damals denselben
reichlich besaß, so sog es auch den Regen in ihn ein und bewahrte denselben in einer Umschließung von Tonerde auf,
indem es das eingesogene Wasser von den Höhen in die
Tiefen hinabfließen ließ, und bereitete so an allen Orten
reichhaltige Quellen und Flüsse, von denen auch noch jetzt
da, wo einst ihre Ursprünge waren, heilige Merkzeichen
für die Wahrheit meiner gegenwärtigen Erzählung über
unser Land geblieben sind.

E Also war nun das übrige Land von Natur beschaffen und
ward auch in gehöriger Weise angebaut von Ackerleuten,
die in Wahrheit diesen Namen verdienten und sich eben nur
hiemit beschäftigten und dabei pflichteifrig und von tüch-
tigem Schlage waren, so wie ihnen denn auch der schönste
Boden und Wasser in reicher Fülle und in der Luft die trefflichste Mischung der Jahreszeiten zuteil geworden war. Die
Stadt aber war in der damaligen Zeit auf folgende Weise
angelegt. Die Burg zuvörderst befand sich damals in ande-
112 ren Umgebungen als jetzt. Denn jetzt hat eine besonders
regnerische Nacht die Erde ringsum aufgelockert und von
ihr weggespült, indem zugleich Erdbeben und eine gewaltige Wasserflut, die dritte vor der Zerstörung zu Deukalions
Zeit, entstanden waren. Sodann zog sich ihre Ausdehnung
in früherer Zeit bis zum Eridanos und Ilissos hinab, faßte
die Pnyx in sich und hatte der Pnyx gegenüber den Berg
Lykabettos zur Grenze; auch war die ganze Höhe mit Erde
B bedeckt und mit wenigen Ausnahmen eben auf ihrer Oberfläche. Es wurde aber die Gegend außerhalb derselben unmittelbar unter ihren Abhängen von den Handwerkern
und denjenigen Landleuten, welche den nahegelegenen
Acker bebauten, bewohnt; die Höhe selbst aber war um
das Heiligtum der Athena und des Hephaistos herum von
dem Geschlecht der Krieger gesondert für sich in Besitz genommen, indem sie dasselbe wie den Garten eines gemeinsamen Hauses mit einer einzigen Mauer umgeben hatten.
Sie bewohnten nämlich den nördlichen Teil der Burg, wo sie
mit gemeinschaftlichen Häusern und Speisesälen für den

Winter und überhaupt mit allem, was in ihrem Gemein-
wesen zur Einrichtung von Gebäuden für sie selbst und die
C   Priester erforderlich war, ausgerüstet waren, jedoch nicht
mit Gold und Silber, denn dessen bedienten sie sich niemals in irgendwelcher Art; und wie sie vielmehr überhaupt
zwischen Übermut und unfreiem Sinne die Mittelstraße
verfolgten, so waren auch ihre Wohnungen von mäßig gu-
ter Einrichtung, in denen sie selbst und noch ihre Kindes-
kinder alt wurden, und wie das eine Geschlecht stets dem
anderen ähnlich war, so übergab es ihm dieselben auch immer in dem gleichen Zustande. Was aber den südlichen
Teil der Burg anlangt, so gebrauchten sie denselben zu dem
gleichen Zwecke, wenn sie, wie dies im Sommer zu geschehen pflegte, ihre besonders dazu eingerichteten Gärten,
Übungsplätze und Speisesäle verließen. Es gab ferner da-
D   mals nur den einzigen Born an dem Punkte, wo jetzt die
Burg steht, nach dessen Versiegen infolge von Erdbeben
noch die kleinen Wässerchen von ihm übriggeblieben sind,
welche sich rings um sie herumziehen, er gewährte aber
eine völlig zureichende Wassermenge für alle, die damals
lebten, und besaß im Winter wie im Sommer das richtige
Wärmeverhältnis. In dieser Weise also wohnten sie dort,
als Beschützer ihrer eigenen Mitbürger sowie frei gewählte
Führer aller anderen Hellenen, und wachten nach Möglichkeit dafür, daß die Zahl ihrer eigenen kriegstüchtigen Mit-
glieder — an Männern und Weibern — für ewige Zeiten dieselbe bleibe, welche auch damals bereits sich auf ungefähr
zwanzigtausend belief.
E   Da sie nun also von solcher Beschaffenheit waren und
etwa in der beschriebenen Weise ihren eigenen Staat sowie
ganz Griechenland mit Gerechtigkeit lenkten, so waren sie
in ganz Europa und Asien sowohl wegen ihrer Körper-
schönheit als auch ihrer mannigfachen geistigen Vorzüge
angesehen, ja die namhaftesten unter allen damals lebenden
Völkern. Doch nun will ich auch die Verhältnisse ans Licht
stellen, wie sie bei ihren Gegnern bestanden und wie sie
sich von Anfang an bei denselben entwickelten — wenn
anders mich mein Gedächtnis nicht bei dem, was ich bereits als Knabe gehört habe, im Stiche läßt —, um auch euch,
meinen Freunden, die Kunde hievon mitzuteilen.

113 Indessen muß ich meinem Berichte noch die Bemerkung unmittelbar voraufschicken, daß ihr euch nicht etwa wundern möget, wenn ihr ungriechischen Männern griechische Namen geben hört, denn ihr sollt den Grund davon erfahren. Da nämlich Solon ja diese Erzählung zu einem Gedichte zu verwenden bezweckte, so forschte er nach der Bedeutung der Namen, und da fand er nun, daß jene alten Ägypter, welche sie zuerst aufgezeichnet, sie in ihre eigene Sprache übersetzt hatten, und so nahm er seinerseits gleichfalls wieder den Sinn jedes Namens vor und schrieb ihn so nieder, wie er, in unsere Sprache übertragen, lau-

B tete. Und diese Aufzeichnungen befanden sich denn auch bei meinem Großvater, und ich besitze sie noch, und sie sind von mir in meinen Knabenjahren sorgfältig durchgelesen worden. Wenn ihr daher ebensolche Namen hört wie hierzulande, so laßt euch das nicht Wunder nehmen, und ihr wißt jetzt die Ursache davon. Von der langen Erzählung lautete der Anfang nun damals ungefähr folgendermaßen.

Wie schon im Obigen erzählt wurde, daß die Götter die ganze Erde unter sich teils in größere, teils in kleinere Teile

C verteilt und sich selber ihre Heiligtümer und Opferstätten gegründet hätten, so fiel auch dem Poseidon die Insel Atlantis zu, und er verpflanzte seine Sprößlinge, die er mit einem sterblichen Weibe erzeugt hatte, auf einen Ort der Insel von ungefähr folgender Beschaffenheit. Ziemlich in der Mitte der ganzen Insel, jedoch so, daß sie an das Meer stieß, lag eine Ebene, welche von allen Ebenen die schönste und von ganz vorzüglicher Güte des Bodens gewesen sein soll. Am Rande dieser Ebene aber lag wiederum, und zwar etwa fünfzig Stadien vom Meere entfernt, ein nach allen Seiten niedriger Berg. Auf demselben nun wohnte einer

D von den daselbst im Anfange aus der Erde entsprossenen Männern, namens Euenor, zusamt seiner Gattin Leukippe, und sie hatten eine einzige Tochter, Kleito, erzeugt. Als nun dieses Mädchen in das Alter der Mannbarkeit gekommen war, starben ihr Mutter und Vater, Poseidon aber ward von Liebe zu ihr ergriffen und verband sich mit ihr. Er trennte deshalb auch den Hügel, auf welchem sie wohnte, ringsherum durch eine starke Umhegung ab, indem er mehrere kleinere und größere Ringe abwechselnd von Wasser und von Erde umeinanderfügte, und zwar ihrer zwei von Erde und drei von Wasser, und mitten aus der Insel gleichsam herauszirkelte, so daß ein jeder in allen seinen Teilen gleichmäßig von den anderen entfernt war; wodurch denn der

B Hügel für Menschen unzugänglich ward, denn Schiffe und Schiffahrt gab es damals noch nicht. Für seine Zwecke aber stattete er die in der Mitte liegende Insel, wie es ihm als einem Gotte nicht schwer ward, mit allem Nötigen aus, indem er zwei Wassersprudel, den einen warm und den andern kalt, dergestalt, daß sie aus einer gemeinsamen Quelle flossen, aus der Erde emporsteigen und mannigfache und reichliche Frucht aus ihr hervorgehen ließ. An männlicher Nachkommenschaft aber erzeugte er fünf Zwillingspaare

114 und zog sie auf, zerlegte sodann die ganze Insel Atlantis in zehn Landgebiete und teilte von ihnen dem Erstgeborenen des ältesten Paares den Wohnsitz seiner Mutter und das umliegende Gebiet, als das größte und beste, zu und bestellte ihn auch zum König über die anderen Söhne; aber auch diese machte er zu Herrschern, indem er einem jeden die Herrschaft über viele Menschen und vieles Land verlieh. Auch legte er allen Namen bei, und zwar dem ältesten und Könige den, von welchem auch die ganze Insel und das Meer, welches ja das atlantische heißt, ihre Benennungen empfingen; nämlich Atlas ward dieser erste damals herrschende König geheißen. Dem nach ihm geborenen Zwil-

B lingsbruder ferner, welcher den äußersten Teil der Insel, von den Säulen des Herakles bis zu der Gegend, welche jetzt die gadeirische heißt und von der damals so genannten diese Bezeichnung empfangen hat, als seinen Anteil erhielt, gab er in der Landessprache den Namen Gadeiros, welcher auf griechisch Eumelos lauten würde und auch jene Benennung des Landes hervorrufen sollte. Von dem zweiten Paare sodann nannte er den einen Ampheres und den andern Euämon, von dem dritten den Erstgeborenen Mnaseas und den folgenden Autochthon, von dem vierten den Ersten Elasippos und den Zweiten Mestor, von dem fünften endlich empfing der Frühergeborene den Namen Azaës und der Letztgeborene den Namen Diaprepes. Diese alle nun samt ihren Abkömmlingen wohnten hier viele Geschlechter hindurch und beherrschten auch noch viele andere Inseln des Meeres, überdies aber, wie schon vorhin bemerkt wurde, auch noch die hier innerhalb Wohnenden bis nach Ägypten und Tyrrhenien hin.

D Vom Atlas nun stammte ein zahlreiches Geschlecht, welches auch in seinen übrigen Gliedern hochgeehrt war, namentlich aber dadurch, daß der jedesmalige König die königliche Gewalt immer dem ältesten seiner Söhne überlieferte, viele Geschlechter hindurch sich den Besitz dieser Gewalt und damit eines Reichtums von solcher Fülle bewahrte, wie er wohl weder zuvor in irgendeinem Königreiche bestanden hat, noch so leicht künftig wieder bestehen wird, und war mit allem versehen, was in der Stadt und im übrigen Lande herbeizuschaffen nötig war. Denn vieles ward **E** diesen Königen von auswärtigen Ländern her infolge ihrer Herrschaft über dieselben zugeführt, das meiste aber bot die Insel selbst für die Bedürfnisse des Lebens dar, zunächst alles, was durch den Bergbau gediegen oder in schmelzbaren Erzen hervorgegraben wird, darunter auch die Gattung, welche jetzt nur noch ein Name ist, damals aber mehr als dies war, nämlich die des Goldkupfererzes, welches an vielen Stellen der Insel aus der Erde gefördert und unter den damals lebenden Menschen nächst dem Golde am höchsten geschätzt ward. Ferner brachte sie alles, was der Wald zu den Arbeiten der Handwerker darbietet, in reichem Maße hervor und nährte reichlich wilde und zahme Tiere. Sogar die Gattung der Elefanten war auf ihr sehr zahlreich, denn nicht bloß für die übrigen Tiere insgesamt, welche in **115** Sümpfen, Teichen und Flüssen, sowie die, welche auf den Bergen und welche in den Ebenen leben, war reichliches Futter vorhanden, sondern in gleichem Maße auch selbst für diese Tiergattung, welche die größte und gefräßigste von allen ist. Was überdem die Erde jetzt nur irgend an Wohlgerüchen nährt, sei es von Wurzeln oder Gras oder Hölzern oder hervorquellenden Säften oder Blumen oder Früchten, das alles trug und hegte die Insel vielfältig; nicht minder die »milde Frucht« und die trockene, deren wir zur Nahrung bedürfen, und alle, deren wir uns sonst zur Speise bedienen und deren Arten wir mit dem gemeinsamen Namen der **B** Gemüse bezeichnen; ferner die, welche baumartig wächst und Trank und Speise und Salböl zugleich liefert; ferner

die schwer aufzubewahrende Frucht der Obstbäume, welche uns zur Freude und zur Erheiterung geschaffen ist, und
was wir zum Nachtisch aufzutragen pflegen als erwünschte
neue Reizmittel des angefüllten Magens für die Übersättigten — dies alles brachte die Insel, die damals durchweg
den Einwirkungen der Sonne zugänglich war, in vortrefflicher und bewundernswerter Gestalt und in der reichsten
C Fülle hervor. Indem nun Atlas und seine Nachkommen dies
alles aus der Erde empfingen, gründeten sie Tempel, Kö-
nigshäuser, Häfen und Schiffswerften und richteten auch
das ganze übrige Land ein, wobei sie nach folgender Anordnung verfuhren.

Zuerst schlugen sie Brücken über die Ringe von Wasser,
welche ihre alte Mutterstadt umgaben, um sich so einen
Weg von und zu der Königsburg zu schaffen. Dieselbe errichteten sie nämlich gleich im Anfange eben auf jenem
Wohnsitze des Gottes und ihrer Vorfahren, und so empfing sie der eine von dem anderen, indem ein jeder ihre
D Ausstattung erweiterte und nach Kräften seinen Vorgänger
darin überbot, bis sie denn endlich diesen ihren Wohnsitz
durch die Größe und Schönheit ihrer Werke zu einem stau-
nenswerten Anblicke gemacht hatten: Zuerst nämlich gruben sie einen Kanal von drei Plethren Breite, hundert Fuß
Tiefe und fünfzig Stadien Länge vom Meere aus bis zu dem
äußersten Ringe hin, und machten so eine Einfahrt von der
See in denselben wie in einen Hafen möglich, indem sie die
Einmündung in ihn weit genug zum Einlaufen für die größten Schiffe brachen. Sodann durchbrachen sie aber auch
die Kreiswälle von Erde, welche die Wasserringe voneinander trennten, unterhalb der Brücken in einer solchen
Breite, daß für einen einzelnen Dreiruderer die Durchfahrt
von dem einen durch den anderen möglich ward, und über-
E brückten dann wieder den Durchstich, so daß die Schiff-
fahrt hier eine unterirdische war; die Ränder der Erdwälle
hatten nämlich eine Höhe, welche hinlänglich über das Meer
emporragte. Es war aber der weiteste von den Ringen,
welche einst aus dem Meere gebildet waren, drei Stadien
breit, und ebenso der zunächst auf ihn folgende Wallring,
von den beiden nächsten Ringen aber der aus Wasser
bestehende zwei, und ebenso war ihm wiederum der aus

Erde aufgehäufte an Breite gleich, endlich der unmittelbar um die Insel herumlaufende ein Stadium, und die Insel
116 selbst, auf welcher die Königsburg stand, hatte fünf Stadien im Durchmesser. Diese selber nun umgaben sie ringsherum, und ebenso die Ringe und die Brücke, welche ein Plethrum breit war, von beiden Seiten mit je einer steinernen Mauer, und errichteten bei den Brücken nach beiden Seiten hin Türme und Tore gegen die Durchfahrten
B vom Meere zu. Die Steine dazu aber, welche teils weiß, teils schwarz und teils rot waren, brachen sie unten an den Abhängen der in der Mitte gelegenen Insel ringsherum, und ebenso unten an den Wallrändern nach außen und nach innen zu, und dadurch, daß sie sie dort herausschlugen, erlangten sie zugleich innerhalb derselben auf beiden Seiten Höhlungen zu Schiffsarsenalen, welche den Felsen selber zur Decke hatten. Auch andere Gebäude errichteten sie aus jenen Steinen, und zwar teils einfarbige, teils auch bunte, indem sie sie aus verschiedenfarbigen Steinen zum Genuß für das Auge zusammensetzten und denselben dadurch ihren vollen natürlichen Reiz gaben. Die Mauer endlich, welche um den äußeren Wall herumlief, faßten sie in ihrem ganzen Umfange nach mit Erz ein, indem sie dasselbe gleichsam wie ein Salböl anwandten, die um den innern aber umschmolzen sie mit Zinn, endlich die Burg selbst mit Gold-
C kupfererz, welches einen feuerähnlichen Glanz hatte.
Die königliche Wohnung innerhalb der Burg selbst aber war folgendermaßen eingerichtet. Inmitten der letzteren befand sich ein der Kleito und dem Poseidon geweihter Tempel, welcher nur von den Priestern betreten werden durfte und mit einer goldenen Mauer umgeben war, derselbe, in welchem sie einst das Geschlecht der zehn Fürsten erzeugt und hervorgebracht hatten. Dahin schickte man auch jedes Jahr aus allen zehn Landgebieten die Erstlinge als Opfer für einen jeden von diesen. Ferner stand dort ein
D besonderer Tempel des Poseidon, von einem Stadium Länge, drei Plethren an Breite und von einer Höhe, wie sie einen dementsprechenden Anblick gewährte, hatte aber ein etwas barbarisches Ansehen. Den ganzen Tempel nun überzogen sie von außen mit Silber, mit Ausnahme der Zinnen, die Zinnen aber mit Gold. Was aber das Innere anbetrifft,

so konnte man die elfenbeinerne Decke ganz mit Gold und Silber und Goldkupfererz verziert sehen, alles andere aber an Mauern, Säulen und Estrichen überkleideten sie mit Goldkupfererz. Auch stellten sie goldene Bildsäulen darin

E auf, nämlich den Gott selber, wie er, auf seinem Wagen stehend, sechs geflügelte Rosse lenkt, und der seinerseits so groß gebildet war, daß er mit dem Haupte die Decke berührte, rings um ihn herum aber die hundert Nereiden auf Delphinen; denn so viele glaubte man damals, daß ihrer seien; außerdem befanden sich aber auch noch viele andere Bildwerke als Weihgeschenke von Privatleuten im Tempel. Außerhalb aber standen rings um denselben die Bildsäulen von allen insgesamt, nämlich von den zehn Königen selbst und ihren Weibern und allen, welche von ihnen entsprossen waren, und viele andere große Weihgeschenke von den Königen wie von Privatleuten teils aus der Stadt selbst, teils aus allen von ihnen beherrschten Gebieten außerhalb der-

117 selben. Auch der Altar entsprach an Größe sowie Arbeit dieser Ausstattung, und ebenso war auch die königliche Wohnung ebensosehr der Größe der Herrschaft, wie andererseits dem auf die Heiligtümer verwandten Schmucke angemessen. Von den beiden Quellen aber, sowohl der von kaltem als der von warmem Wasser, welche dessen eine reiche Fülle enthielten und beide dasselbe an Wohlgeschmack und Güte zum Gebrauche in ganz bewundernswerter Vortrefflichkeit darboten, zogen sie Nutzen, indem sie Gebäude und

B Baumpflanzungen, wie sie zu den Wassern sich schickten, ringsumher anlegten und ferner Wasserbehälter teils unter freiem Himmel, teils zu warmen Bädern für den Winter in bedeckten Räumen in der Umgebung einrichteten, und zwar deren besondere für die Könige und besondere für die Untertanen, ferner noch andere für die Weiber und wieder für die Pferde und die übrigen Zugtiere, und einem jeden von diesen allen die ihm angemessene Ausstattung gaben. Das abfließende Wasser aber leiteten sie in den Hain des Poseidon, welcher Bäume von mannigfacher Art und von ganz vorzüglicher Höhe und Schönheit infolge der Güte des Bodens umfaßte, teils aber auch durch Kanäle über die Brükken weg in die äußeren Ringe hinein. In der Nähe dieser

C Wasserleitungen wurden denn auch Heiligtümer vieler Götter, ferner viele Gärten und Übungsplätze angelegt, und zwar besonders für die auf den menschlichen Körper beschränkten Übungen und besonders für die mit dem Wagengespann auf jeder von beiden aus den Wällen bestehenden Inseln, und überdies besaßen sie auch in der Mitte der größeren Insel eine ausgesuchte Rennbahn, welche ein Stadium breit und deren Länge im ganzen Umkreise zum Wettkampfe für die Rosse eingerichtet war. Um dieselbe herum lagen auf beiden Seiten die Wohnungen für die Mehrzahl der Trabanten. Die zuverlässigeren unter ihnen

D aber hatten ihre Wache auf dem kleineren und näher an der Burg gelegenen Wallring, den vor allen anderen an Zuverlässigkeit ausgezeichneten endlich waren ihre Wohnungen auf der Burg selber um den Königspalast herum gegeben. Die Schiffsarsenale aber waren voll von Dreiruderern und von allem, was zu der Ausrüstung von Dreiruderern gehört, wovon alles in reichem Maße in Bereitschaft gehalten wurde.

Solches war nun also die Ausrüstung der königlichen

E Wohnung. Wenn man aber die drei außerhalb derselben befindlichen Häfen hinter sich hatte, so traf man auf eine Mauer, welche vom Meere begann und im Kreise herumlief, von dem größten Ringe und zugleich Hafen aber überall fünfzig Stadien entfernt war und an derselben Stelle bei der Mündung des Kanals in das Meer wieder abschloß. Dieses Ganze aber war mit vielen und dichtgedrängten Wohnungen umgeben, und die Ausfahrt sowie der größte Hafen wimmelten von Schiffen und Kaufleuten, welche aus allen Gegenden hieherkamen und bei Tage wie bei Nacht Geschrei, Getümmel und Getöse mannigfacher Art wegen ihrer Menge verursachten.

Über die Stadt und jenen einstigen Wohnsitz der Könige habe ich nun so ziemlich das, was mir damals erzählt wur-

118 de, mitgeteilt; nun muß ich aber auch noch versuchen, über die natürliche Beschaffenheit des übrigen Landes und die Art seiner Verwaltung zu berichten. Zunächst nun wurde mir das Land im ganzen als sehr hochgelegen und steil aus dem Meere aufsteigend geschildert, die Gegend um die Stadt her dagegen durchweg als eine Ebene, welche dieselbe umschloß, ihrerseits aber wieder ringsherum von Ber-

gen eingeschlossen wurde, die sich bis zum Meere hinabzogen, und zwar als eine ganz glatte und gleichmäßige Fläche, die in ihrer Gesamtausdehnung eine längliche Gestalt
hatte, indem dieselbe nach der Seite zu dreitausend Stadien, in der Mitte aber vom Meere aufwärts nur zweitausend betrug. Von der ganzen Insel nämlich lag dieser Teil
B nach der Südseite zu, indem er sich von Norden nach Süden erstreckte. Die Berge aber, welche ihn umgaben, wurden damals als solche gepriesen, welche an Menge, Größe
und Schönheit alle jetzt vorhandenen übertrafen, indem
sie viele Flecken mit einer reichen Zahl von Bewohnern, ferner Flüsse, Seen und Auen, welche allen möglichen zahmen
und wilden Tieren hinreichendes Futter darboten, sowie endlich Waldungen in sich faßten, welche in bunter Menge
und in der größten Mannigfaltigkeit aller Gattungen einen
reichhaltigen Stoff zu den Arbeiten jeder Art, im großen
C wie im kleinen, lieferten. Auf diese Weise war die Ebene
von der Natur ausgestattet, und viele Könige hatten nicht
minder an ihrer weiteren Ausstattung gearbeitet. Zum größten Teile bildete sie nämlich wirklich bereits ein vollständiges Rechteck; wo es aber noch an der vollen Regelmäßigkeit dieser Gestalt fehlte, war ihr dieselbe dadurch gegeben worden, daß sie auf allen Seiten einen Graben herumgezogen hatten. Was mir nun von dessen Tiefe, Breite und
Länge erzählt ward, das könnte unglaublich erscheinen für
ein von Menschenhänden gearbeitetes Werk; es könnte
unglaublich erscheinen, daß sie zu ihren vielen anderen Arbeiten auch noch diese von so gewaltiger Ausdehnung unternommen hätten; dennoch muß ich darüber berichten, wie
ich es gehört habe. Nämlich ein Plethrum tief ward er gegraben und überall ein Stadium breit, und als er um die
D ganze Ebene herumgezogen war, da ergab sich für ihn eine
Länge von zehntausend Stadien. Er nahm auch die von den
Bergen herabfließenden Wasser auf, und da er rings um die
Ebene herumgeführt war und die Stadt auf beiden Seiten
berührte, so ließ er dieselben auf folgende Weise ins Meer
abfließen. Von seinem oberen Teile her wurden nämlich
von ihm ungefähr hundert Fuß breite Kanäle in gerader Linie in die Ebene geleitet, welche wieder in den großen vom
Meere aus gezogenen Kanal einmündeten und voneinander

hundert Stadien entfernt waren. Auf ihnen brachten sie
E denn auch das Holz von den Bergen in die Stadt, aber auch
alle anderen Landeserzeugnisse holten sie zu Wasser heran,
indem sie wieder Überfahrten aus den Kanälen ineinander
nach der Quere zu und ebenso nach der Stadt hin gruben.
Auch ernteten sie infolgedessen zweimal des Jahres ein, indem ihnen im Winter der Regen des Zeus dazu verhalf, im
Sommer aber die Bewässerung, welche das Land selber in
sich trug, dadurch, daß sie sie aus den Kanälen herzuleiteten.

Was aber die Zahl der Bewohner anbetrifft, so bestand
119 die Anordnung, daß in der Ebene selbst an kriegstüchtigen
Männern jedes Grundstück einen Anführer zu stellen hatte;
die Größe eines jeden Grundstückes aber betrug gegen
hundert Quadrat-Stadien, und die Zahl von ihnen allen
sechzigtausend; auf den Gebirgen dagegen und im übrigen
Lande zählte man eine unsägliche Menschenmasse, alle jedoch waren nach ihren Ortschaften und Flecken je einem
dieser Grundstücke und Führer zugeteilt. Die Führer nun
aber hatten die Verpflichtung, zum Kriege ihrer sechs zusammen einen Kriegswagen zu stellen, so daß deren insge-
B samt zehntausend wurden, ferner ein jeder zwei Rosse und
Reiter, dazu noch ein Zwiegespann ohne Sessel, welches mit
einem Krieger bemannt war, der einen kleinen Schild trug
und auch herabsteigend zu Fuße kämpfte; außer diesem
Wagenkämpfer aber mit einem Lenker für die beiden
Rosse, ferner zwei Schwerbewaffnete und an Bogen- und
Schleuderschützen je zwei, und ebenso an Stein- und Speerwerfern ohne Rüstung je drei; endlich vier Seeleute zur Bemannung von zwölfhundert Schiffen. So war das Kriegswesen in dem königlichen Staate angeordnet, in den andern
neun Staaten aber auf verschiedene Weise, deren Erörterung zu lange Zeit in Anspruch nehmen würde.

C Die Verhältnisse der obrigkeitlichen Gewalt und der
Staatswürden aber waren vom Anbeginn her folgendermaßen geordnet. Von den zehn Königen herrschte ein jeder in
dem ihm überkommenen Gebiete von seiner Stadt aus über
die Bewohner und stand über den meisten Gesetzen dergestalt, daß er strafte und hinrichten ließ, wen immer es
ihm gut dünkte. Die Herrschaft über sie selbst aber ward

D gegenseitig und gemeinschaftlich geführt nach den Anordnungen des Poseidon, wie sie ein Gesetz ihnen überlieferte, welches von ihren Vorfahren auf eine Säule von Goldkupfererz eingegraben war, die in der Mitte der Insel, nämlich im Heiligtum des Poseidon, stand. Hieher kamen sie denn auch abwechselnd bald jedes fünfte und bald jedes sechste Jahr zusammen, um der geraden und der ungeraden Zahl ein gleiches Recht angedeihen zu lassen, und berieten sich auf diesen Zusammenkünften teils über die gemeinsamen Angelegenheiten, teils hielten sie Nachforschung darnach, ob einer von ihnen irgendeine Übertretung begangen, und saßen darüber zu Gericht. Wenn sie aber zum Gerichte schritten, so gaben sie einander zuvor folgendes Unterpfad der Treue. Sie stellten unter den Stieren, die da frei im Heiligtum des Poseidon weideten, ganz allein ihrer zehn, nachdem sie zu dem Gotte gebetet, daß es ihnen ge-

E lingen möge, das Opfertier, welches ihm genehm sei, zu fangen, eine Jagd ohne Eisen bloß mit Knitteln und Stricken an, und denjenigen von den Stieren, welchen sie fingen, brachten sie oben auf die Säule hinauf und schlachteten ihn dort unmittelbar über jener Inschrift. Auf der Säule befand sich aber außer dem Gesetze noch eine Schwurformel, welche gewaltige Verwünschungen über diejenigen aussprach, welche ihm nicht gehorchten. Wenn sie nun so nach ihren

120 Bräuchen beim Opfer dem Gotte alle Glieder des Stieres geweiht hatten, so richteten sie einen Mischkessel zu und warfen in denselben für jeden einen Tropfen geronnenen Blutes, alles übrige aber warfen sie ins Feuer, nachdem sie die Säule ringsherum gereinigt hatten. Hierauf schöpften sie mit goldenen Trinkschalen aus dem Mischbecher, und während sie dann aus denselben die Spenden ins Feuer gossen, schwuren sie dabei, nach den Gesetzen auf der Säule zu richten und es zu strafen, wenn einer von ihnen zuvor einen Frevel begangen, und ebenso wiederum in Zukunft keine von jenen Vorschriften absichtlich zu verletzen

B und weder anders zu herrschen, noch einem andern Herrscher zu gehorchen, als dem, welcher nach den Gesetzen des Vaters regierte. Nachdem ein jeder von ihnen dies für sich selbst und für sein Geschlecht gelobt hatte, trank er und weihte sodann die Becher als Geschenk für das Heiligtum des Gottes, und sodann wandten sie sich zum Mahle, um auch den Anforderungen ihres Körpers Genüge zu tun. Sobald es aber dunkel ward und das Opferfeuer verglomm, dann kleideten sich alle sofort in ein blaues Gewand von der allerhöchsten Schönheit und so, bei der Glut der Eides-

C opfer auf der Erde sitzend, indem sie gänzlich das Feuer im Heiligtume auslöschten, empfingen und sprachen sie Recht bei der Nacht, wenn etwa der eine von ihnen den andern irgendeiner Übertretung anklagte. Nach vollzogenem Urteil aber schrieben sie die Richtersprüche, sobald es Tag ward, auf einer goldenen Tafel auf und weihten dieselbe samt jenen Gewändern zum Denkzeichen. Es gab aber noch viele andere Gesetze, welche die Rechte der Könige für einen jeden im besondern bestimmten, über allen jedoch stand dies, daß sie niemals gegeneinander die Waffen führen, vielmehr einander insgesamt Hilfe leisten, wenn etwa einer von ihnen in irgendeiner Stadt das königliche Geschlecht auszurotten versuchte, und nach gemeinsamer

D Beratung, gleich wie ihre Vorfahren, ihre Beschlüsse über den Krieg und alle anderen Angelegenheiten fassen und ausführen, den Vorsitz und Oberbefehl dabei aber dem Geschlechte des Atlas überlassen sollten. Die Vollmacht, einen seiner Verwandten hinrichten zu lassen, sollte ferner einem Könige nicht zu Gebote stehen, es sei denn, daß über die Hälfte von den Zehn es genehmigt hätte.

Diese Macht von solcher Art und Ausdehnung, wie sie damals in jenen Gegenden bestand, führte der Gott, indem er sie zusammentreten ließ, nun auch gegen unser Land, wozu, wie es heißt, ungefähr folgende Verhältnisse Anlaß

E gaben. Viele Geschlechter hindurch, solange noch irgend die Natur des Gottes in ihnen wirksam war, waren sie den Gesetzen gehorsam und zeigten ein befreundetes Verhalten gegen das ihnen verwandte Göttliche. Denn sie besaßen wahrhafte und durchgehends große Gesinnungen, indem sie eine mit Klugheit gepaarte Sanftmut allen etwaigen Wechselfällen des Schicksals gegenüber sowie gegeneinander an den Tag legten, und da sie eben deshalb alles andere außer der Tugend für wertlos ansahen, so achteten sie alle

121 vorhandenen Glücksgüter gering und betrachteten mit Gleichmut und mehr wie eine Last die Masse ihres Goldes

und ihrer übrigen Besitztümer, und nicht kamen sie, berauscht von dem Schwelgen in ihrem Reichtum, so daß sie durch ihn die Herrschaft über sich selbst verloren hätten, zu Falle, sondern erkannten mit nüchternem Scharfblick, daß dies alles nur durch die gemeinsame Freundschaft im Verein mit der Tugend sein Gedeihen empfängt, durch den Eifer und das Streben nach ihm dagegen nicht bloß selber entschwindet, sondern auch jene mit sich zugrunde richtet. Infolge dieser Grundsätze und der fortdauernden Wirksamkeit der göttlichen Natur in ihnen gedieh ihnen denn das alles, was ich euch vorhin mitgeteilt habe. Als aber ihr Anteil

B am Wesen des Gottes durch die vielfache und häufige Beimischung des Sterblichen in ihnen zu schwinden begann und die menschliche Art überwog, da erst waren sie dem vorhandenen Reichtum nicht mehr gewachsen und entarteten und erschienen dem, welcher es zu erkennen vermochte, niedrig, indem sie von allem, was in Ehren zu stehen verdient, gerade das Schönste zugrunde richteten; denen aber, die ein wahrhaft zur Glückseligkeit führendes Leben nicht zu erkennen imstande waren, schienen sie damals erst recht in aller Herrlichkeit und Seligkeit dazustehen, als sie ungerechten Gewinn und ungerecht erworbene Macht im Überflusse besaßen. Der Gott der Götter aber, Zeus, welcher nach den Gesetzen herrscht und solches wohl zu erkennen vermag, beschloß, als er ein treffliches Geschlecht so schmählich herunterkommen sah, ihnen Strafe

C dafür aufzuerlegen, damit sie, durch dieselbe zur Besinnung gebracht, zu einer edleren Lebensweise zurückkehrten. Er berief daher alle Götter in ihren ehrwürdigsten Wohnsitz zusammen, welcher in der Mitte des Weltalls liegt und eine Überschau aller Dinge gewährt, welche je des Werdens teilhaftig wurden, und nachdem er sie zusammenberufen hatte, sprach er . . .

Anhang B

Im Hauptteil des Buches behandelten wir vorwiegend die Auswirkungen der Santorin-Eruption und des Zusammenbruchs des Inselzentrums auf Santorin selbst, auf Kreta und Athen, und wir befaßten uns mit dem parallel dazu verlaufenden Schicksal von Atlantis. Es ist jedoch ziemlich sicher, daß eine solche beispiellose Katastrophe nicht nur die genannten Inseln, sondern einen größeren Bereich des östlichen Mittelmeers betraf; und es ist interessant, möglicherweise lohnend, das Beweismaterial und die Überlieferungen über andere, vielleicht zeitgenössische Katastrophen zu untersuchen, die auch als Begleiterscheinungen der Santorin-Explosion erklärt werden können.

In erster Linie denkt man natürlich an die deukalionische Flut, die angeblich das ganze griechische Festland überschwemmte, besonders Thessalien, Phthiotis, Böotien, Attika, Argolis, Elis, Ätolien, Epirus, und ägäische Inseln wie Lesbos, Chios, Kreta und Rhodos sowie generell die östlichen Mittelmeerküsten von Lykien bis Sizilien. Eine in Ras Schamra (dem alten Ugarit) gefundene Tafel enthält einen graphischen Bericht über eine der Flutwellen, die im zweiten Jahrtausend v. Chr. offenbar die syrische Küste heimsuchten. Eine weitere Tafel aus Ras Schamra erzählt eine ähnliche Geschichte von einem katastrophalen Erdbeben, dem eine seismische Woge folgte, die um 1370 v. Chr. den Hafen von Ugarit in Trümmer legte. Das Fehlen rascher Kommunikationsmöglichkeiten und die Gleichartigkeit des Geschehens könnten der Grund dafür gewesen sein, daß man die Überschwemmung als lokale Katastrophe ansah. Diese pseudolokale Erklärung und die Tatsache, daß die Katastrophe von Santorin sich in mehreren Phasen abspielte, ist möglicherweise die Ursache für die unterschiedlichen Daten, mit denen man die einzelnen Ereignisse belegte.

Die Überlieferungen, die von der Sintflut berichten, sind, was nicht überrascht, verwirrend. Verschiedentlich ordnete man die große Überflutung der Zeit des Kranaos, König von Athen und Triopa von Marathon, zu, der Zeit der Ogyges, des Äthlios von Elis, des Orestheus von Ätolien, des Lykaon von Arkadien und den Zeiten von Kekrops und Mose. Laut dem Priester von Saïs (in Platon) wurde Attika nach dem Krieg zwischen den Athenern und den Inselbewohnern von Atlantis zerstört. Da nach diesem Priester der Krieg unter Erysichthon, dem Sohn des Kekrops und Enkel des Erechtheus, geführt wurde, muß die deukalionische Flut während oder nach deren Herrschaft aufgetreten sein. Kekrops war gemäß der Überlieferung der siebente König von Athen, und auf ihn folgte Kranaos, der drei Töchter hatte, Kranä, Kranächme und Atthis — nach der man das Gebiet Atthis oder Attika nannte.

Diese zusammenhanglosen Überlieferungen wurden von frühchristlichen Historikern mit dem Auszug der Israeliten in Verbindung gebracht. Laut A. Atagerites wurde Deukalion im Jahre 1573 v. Chr. geboren und herrschte bis 1541 v. Chr., während die Flut 1529 v. Chr. stattfand; und Velikovsky erwähnt, nach Seth Calvisius habe die deukalionische Flut 1516 v. Chr. stattgefunden, nach Christoph Helvicus dagegen 1511 v. Chr. Tatsächlich gibt es viele Hinweise darauf, daß die deukalionische Flut zeitgleich war mit dem Einsturz von Santorin und den riesigen Flutwellen, von denen die Küsten des östlichen Mittelmeers verwüstet wurden. Velikovsky verläßt sich auf die Chronologie von Calvisius und Helvicus und glaubt, die deukalionische Flut und der Auszug der Israeliten hätten genau zur selben Zeit stattgefunden. Diese Autoritäten legen den Auszug auf das Jahr 1495 v. Chr. Professor P. Bratsiotis behauptet, der Auszug sei höchstwahrscheinlich während der Herrschaft von Amenophis II. (1457 bis 1426 v. Chr.) und nicht während jener von Merenptah (1246 bis 1239 v. Chr.) vonstatten gegangen, wie es früher angenommen wurde und heute noch einige Gelehrte glauben.

Biblische Gelehrte stützen schon seit vielen Jahren die Ansicht, daß die Israeliten nicht das Rote Meer durchquerten, sondern das Schilfmeer. Die Worte *Jam Suf* werden gewöhnlich mit »Rotes Meer« übersetzt, aber viele betonen, *Suf* bedeute »Schilf«. Wenn dies zutrifft, muß *Jam Suf* ein See oder eine Lagune gewesen sein, denn Schilf wächst nicht in Salzwasser. Eine in El-Arisch gefundene Inschrift, die sich auf eine große ägyptische Katastrophe bezieht, vertritt die Ansicht, das Schilfmeer sei der Sirbonis-See gewesen — die Lagune zwischen den Städten Rumani und El-Arisch im Osten des Nildeltas.[1] Diese Lagune, die parallel zum Mittelmeer und zum Kassionsgebirge verläuft, wurde in der Antike Sirbon- oder Sirbonis-See genannt und heißt jetzt Sebcha Bardawil. Herodot erwähnt sie als die Grenze Ägyptens, und sie beherbergte in ihren Tiefen angeblich den Riesen Typhon. Strabo gab ihre größte Länge mit 200 Stadien (38 km) und ihre Breite mit 50 Stadien (9,5 km) an und sagte, sie sei durch einen schmalen Sandstreifen vom Mittelmeer getrennt gewesen und habe mit dem Meer durch eine Passage namens Ekregma (Lücke) in Verbindung gestanden. Strabo erwähnt auch, daß es überaus gefährlich gewesen sei, den See zu überqueren; und Diodor Siculus führte an, daß »viele, die mit den Merkmalen des Ortes nicht vertraut waren, zusammen mit ganzen Heeren verlorengingen«.

Glaubt man ihm und liegt der Auszug wirklich zeitgleich mit der deukalionischen Flut, dann könnte die Vernichtung des ägyptischen Heeres leicht eine Folge der Flutwelle sein, die beim Einsturz des Mittelteils von Santorin entstand. Das Ganze könnte sich so abgespielt haben: Als sich beim Einsturz die riesige Kaldera bildete, stürzte das Meerwasser hinein, um den kesselartigen Hohlraum zu füllen — die heutige Bucht von Thera. Als Folge davon ging das Wasser an den Küsten des ganzen östlichen Mittelmeeres zurück. Dabei verbreiterte sich zweifellos der Streifen, welcher die Lagune vom Meer trennte, die »Lücke« bestand nicht mehr, und die Lagune war zeitweilig völlig vom Meer getrennt. Die Israeliten nutzten die Gelegenheit, sie konnten die Lagune oder, genauer gesagt, das neue Stück trockenen Landes überqueren, das an Stelle der von Strabo erwähnten Lücke entstanden war. Tatsächlich heißt es im 2. Buch Mose 14, 22, »die Kinder Israel gingen hinein, mitten ins Meer auf dem Trockenen; und das Wasser war ihnen für Mauern zur Rechten und zur Linken«.

Der hebräische Text nennt 600 000 Israeliten, die aus Ägypten auszogen. Diese Zahl scheint ungewöhnlich hoch, und einige jüdische Gelehrte, darunter der ehemalige israelische Ministerpräsident David Ben Gurion, stellten die Theorie auf, es handle sich um einen Zahlenfehler, der Auszug habe nur 600 Seelen umfaßt. Alte Angaben, besonders die Zahl Gefangengenomme-

---

1 Andere Gelehrte behaupten, das »Schilfmeer« sei die Lagune von Manzala, genau östlich von Raemses (Tanis), gewesen, einer der von den Israeliten erbauten Städte (2. Buch Mose 1, 11). Ob wir die Lagune von Manzala oder den Sirbonis-See akzeptieren, der Vorgang der Durchquerung, auf die wir gleich zu sprechen kommen, bleibt derselbe.

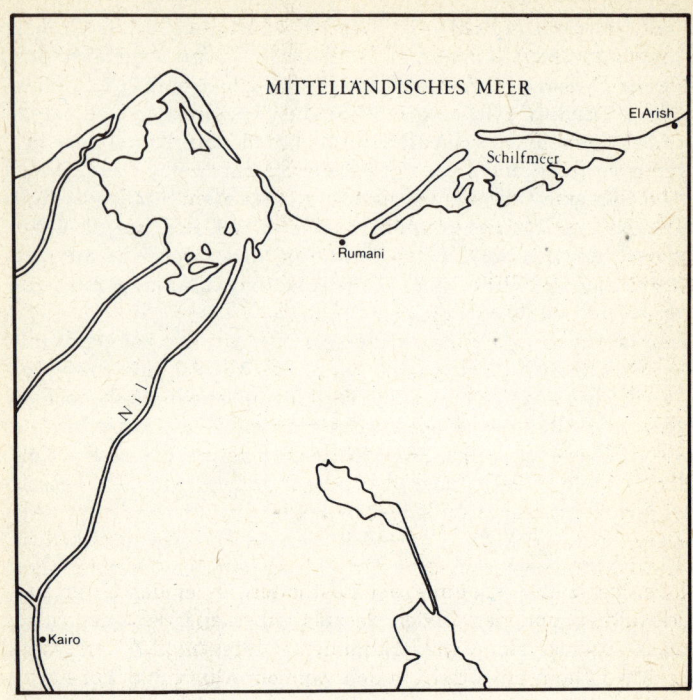

Das Schilfmeer, durch das möglicherweise der Weg der Israeliten beim Auszug aus Ägypten unter Mose führte.

ner, sind gewöhnlich stark übertrieben. Ein typisches Beispiel dafür liefert eine Inschrift auf dem königlichen Amtsstab der Ersten Dynastie (3200—2900 v. Chr.), der sich heute in der Ashmolean Collection in Oxford befindet. Sie spricht von der Gefangennahme von 120 000 Gegnern, der Erbeutung von 400 000 Ochsen und 1 422 000 Ziegen. Wenn wir uns »mit den alten Schriftstellern befassen, müssen wir ihren gelegentlichen Wunsch berücksichtigen, uns zu verblüffen, und auf der Hut sein vor der Neigung des Menschen, die Dinge durch Hinzufügungen interessant zu machen«. Wie dem auch sei, die Diskrepanz wird offensichtlich durch die relativ kleine Streitmacht der Ägypter — 600 Wagen —, die sich auf die Verfolgung der Israeliten machte.

Normalerweise treten Flutwellen zwischen 15 und 30 Minuten nach dem Zurückweichen des Meeres auf. In dieser Zeit hätte die kleinere Zahl Israeliten (auf die auch die Zahl der zur Verfolgung ausgeschickten Wagen schließen läßt) das vorübergehend trockene Stück Land überqueren können, das sich anstelle der Lücke bildete; dagegen müßte die Flutwelle, die nach ihrem Durchgang hereinbrach, alle Ägypter vernichtet haben, die »ihnen nach, alle Rosse Pharaos und Wagen und Reiter, mitten ins Meer« folgten (2. Buch Mose 14, 24).

Es gibt schriftlich festgehaltene Parallelen zu solchen Ereignissen. Im Winter 479 v. Chr. trat eine seismische Woge bei Potidäa in Chalkidike knapp südöstlich des modernen Saloniki auf. »Das anfängliche Zurückweichen des Meeres war so stark und dauerte so lange, daß ein Heer, welches Potidäa belagerte, genügend Zeit hatte, sich zu formieren und fast eineinhalb Kilometer vorzudringen, wobei es die Stadt auf der Meerseite umrundete, die unter normalen Umständen unzugänglich und durch tiefes Wasser geschützt war. Dann kam die See mit einer starken Dünung zurück, überflutete die Küste und ertränkte das vorrückende Heer.« Bei dem Erdbeben von Grand Banks am 18. November 1929 »erkannte der Posthalter, als er das Meer zurückweichen und den Boden des Hafenbeckens freiliegen sah, daß es in einer Höhe wiederkommen würde, die der Tiefe des Zurückweichens entsprach. In den wenigen Minuten davor hatte er Zeit, die einzige Straße des Dorfes hinabzulaufen und den Menschen zuzurufen, sie sollten auf den Hügel fliehen, was sie taten, so daß alle gerettet wurden«. Während des chilenischen Erdbebens vom 22. Mai 1960 bemerkten die Bewohner der Küstenstädte, »daß sich das Meer von den Küsten zurückzuziehen begann und den Meeresboden wesentlich weiter freigab als auf dem Höhepunkt der Ebbe. Als dies geschah, gab man Feueralarm, und die Feuerwehrleute gingen nach einem bestimmten System durch die Straßen und warnten alle vor der drohenden Gefahr. Die Menschen flohen zu Fuß oder zu Pferd auf die Anhöhen und warteten. Wer beritten war, legte den Weg mehrmals zurück, um die Alten und Gebrechlichen zu retten. Nach 15 bis 30 Minuten kam die See wieder, sie näherte sich der Küste in einer Woge, die an manchen Stellen über sieben Meter hoch war. Die Welle brach über das Land herein, riß Häuser weg, tötete die Tiere, die man nicht evakuieren konnte, und trug einige Menschen weg, die aus irgendeinem Grund ihre Häuser nicht verlassen hatten.« Laut Professor Takahasi, dem Vorsitzenden des Tsunami-Komitees des Internationalen Verbandes für Geodäsie und Geophysik und ehemaligem Direktor des Instituts für Erdbebenforschung in Tokio, »fallen die höchsten Scheitelwerte (in den Spektren der Tsunamis) in Periodenbereiche von 84 Min. und 58 Min., wenn der Umfang des Erdbebens und demgemäß der Umfang des Tsunami groß ist, während ein Scheitelwert der kürzeren Periode von 28 Min. und 21 Min. auftreten wird, wenn das Erdbeben kleineren Ausmaßes ist«.

Die Route der Israeliten konnte zwar nicht genau ermittelt werden, doch es scheint logisch, daß Mose eine weniger frequentierte und schwierige Strecke wählte, um eine Verfolgung durch ägyptische Truppen zu vermeiden oder zu erschweren. Der naheliegende Weg wäre der Sandstreifen zwischen Lagune und Mittelmeer, nicht der direktere Weg auf der Süd- oder Landseite der Lagune. Erwähnt werden sollte, daß das Zurückweichen des Wassers während Flutwellen zumindest dreimal erfolgt und die zweite Flutwelle gewöhnlich die heftigste ist. Dies wäre eine Erklärung für die Zeit, die den Israeliten zum Überqueren einer etwa 500 Meter breiten Lücke zur Verfügung stand, und für die Vernichtung des nachfolgenden ägyptischen Heeres. In alten Berichten über die Lagune wird nur eine einzige Lücke erwähnt; und man darf vermuten, daß Mose von dieser Lücke nichts wußte und sein Handheben beim Anblick des Wassers eine Geste der Bestürzung und Verzweiflung war.

Die Ansicht, daß die Ägypter im Sirbonis-See von einer seismischen Woge aus dem Mittelmeer vernichtet wurden, äußerte Professor A. Sieberg 1932, aber er glaubte, der Vorfall habe sich im März oder April 1220 v. Chr. abgespielt. Die früher geäußerte Meinung, das Wasser der Lagune sei durch starken Ostwind aus der Lücke geschwemmt worden, kann man aus zwei Gründen nicht akzeptieren: erstens ist unwahrscheinlich, daß Windenergie ausreichen würde, um eine derart große Wassermasse zu bewegen; und zweitens hätte eine vom Ostwind getriebene Wassermasse den westlichen Zugang zu dem sandigen Landstreifen blockiert und ihn so für die Israeliten unpassierbar gemacht. Das 2. Buch Mose 14, 21 sagt zwar, daß starker Ostwind das Wasser geteilt habe, aber es braucht nicht nur der Wind gewesen zu sein. Er konnte sehr gut eine Begleiterschei-

Ein kleiner Tsunami, photographiert im Hafen von Patmos. Das Wasser zieht sich zuerst zurück (oberes Bild) und kommt dann einige Minuten später als seismische Woge oder Flutwelle wieder.

nung der Flutwelle und des von ihr verursachten Zurückweichens des Wassers sein, das Zurückweichen aber kaum selbst verursacht haben.

Vor kurzem gelangte J. C. Bennett, Direktor des Instituts für vergleichende Untersuchung von Geschichte, Philosophie und Naturwissenschaft, anhand weiteren Beweismaterials zu neuen Schlüssen. Er zeigte, daß die furchtbare Eruption auf Santorin nicht nur an der deukalionischen Flut und der Vernichtung von Atlantis schuld war, sondern auch an den über Ägypten verhängten Plagen, die den Auszug der Israeliten möglich machten.

Die zehn Plagen Ägyptens werden in der Bibel folgendermaßen bezeichnet (2. Mose 7—11):

1. Verwandlung des Wassers in Blut, 2. Frösche, 3. Stechmücken, 4. Ungeziefer, 5. Pestilenz, 6. Schwarze Blattern, 7. Hagel, 8. Heuschrecken, 9. Finsternis, 10. Erwürgung der Erstgeburt.

Wenn diese Übel, die dem Auszug vorausgingen, gleichzeitig mit der großen Eruption auf Santorin erfolgten, könnte man sie alle als deren unmittelbare oder mittelbare Folgen ansehen.

Vulkanausbrüche werden gewöhnlich von starken Erdbeben ausgelöst. Eine der Hauptauswirkungen heftiger Erdbeben ist die Störung unterirdischer und oberirdischer Wasserläufe. Abbröckelnde Erde macht Wasser schlammig; Erdrutsche blockieren Ströme, lenken sie ab und bilden Seen, Teiche und Sümpfe; und stehendes Wasser, besonders in warmen Ländern, ist eine Brutstätte für Insekten, die Krankheiten übertragen, vor allem für die die *Anopheles,* die Malaria bringt. Der herabfallende vulkanische Staub kann die Ernte völlig vernichten. Die natürlichen Folgen sind Störungen der sanitären Einrichtungen, das Auftauchen von Ungeziefer, der Ausbruch von Schwarzen Blattern, der Hungertod von Menschen und Vieh, Mückenschwärme auf nicht begrabenen Leichen und Tierkadavern, der Einfall von Heuschrecken und ähnlichen Plagegeistern in Gebiete, die vielleicht weniger vom Vulkanstaub betroffen sind.

Daß vulkanische Phänomene solche Auswirkungen haben können, bestätigen zahlreiche ähnliche Ereignisse in historischen Zeiten. Am 8. Juni 1783 entstanden bei ungeheuren Explosionen des Berges Skaptar auf Island, 320 km nördlich von Reykjavik, riesige Aschenwolken, die über einem großen Gebiet niedergingen und sogar in Schottland und Norwegen zu Ernteschäden führten. Bullard berichtet:

»Die Lavaströme verursachten zwar große Schäden, doch noch schwerwiegender war der bläuliche Dunst (vermutlich enthielt er SO₂), der im Sommer 1783 über dem Land lag. Er hemmte das Wachstum des Grases und bewirkte eine katastrophale Hungersnot, die noch immer die Dunsthungersnot genannt wird. Hunger und Krankheit, die aufgrund der Katastrophe eintraten, forderten Opfer an Menschenleben. Als Folge der Eruption verlor Island ein Fünftel seiner Bevölkerung, etwa drei Viertel seiner Schafe und Pferde und die Hälfte seiner Rinder (230 000 Stück). Es war ein nationales Unglück, von dem sich das Land erst nach Jahren erholte.«

Etwas ähnliches spielte sich auf Java nach dem starken Erdbeben und dem Ausbruch des Berges Tambora am 10. April 1815 ab. J. C. Bennett zitiert aus Sir Stamford Raffles' Bericht:

». . . in Banjuwangi, dem Teil der Insel, über dem sich die Aschenwolke verausgabte, waren die Schäden am ärgsten. Große Mengen Reis wurden völlig vernichtet und alle Plantagen mehr oder weniger geschädigt. Es kamen während eines Monats nach dem Ausbruch auch 126 Pferde und 86 Stück Rinder um, hauptsächlich wegen Futtermangels . . .«

Bei allen heftigen Eruptionen treten Gewitter mit grellen Blitzen, Hagel und Regengüssen auf. Die ungeheure Hitze bei einigen Ausbrüchen verursacht auch Tornados. Bei der Tambora-Eruption wurden von einem Tornado 1915 Menschen sowie Pferde, Rinder und alles Bewegliche mitgerissen, große Bäume entwurzelt und in die Luft gewirbelt. Weht ein Tornado über Flüsse und Seen, kann er Fische und Frösche emporreißen. Die Geschichte von Wolken, aus denen es »Frösche regnet«, ist weit verbreitet. Agence France Presse kabelte am 11. Februar 1963 aus Ankara, daß nach einem wolkenbruchartigen Regen die Straßen der türkischen Stadt Mersona mit kleinen Fröschen übersät waren. Die Agentur fügte hinzu, daß aus dieser Stadt schon einige Zeit früher ein Froschregen gemeldet wurde.

Eine Verdunkelung des Himmels, Hagel und roter Regen sind bei Vulkanausbrüchen nicht ungewöhnlich. Man wird sich erinnern, daß die erste Bimssteinschicht auf Santorin rosarot ist. Vulkanische Asche, vom Wind in hohen Schichten nach Ägypten getragen, geht auf Wasserläufen und Seen nieder, und das Eisenoxyd in der Asche löst sich im Wasser auf und färbt es rot. Staubwolken, die während des Höhepunkts einer Eruption in große Höhen steigen, verdunkeln die Sonne, und das plötzliche Absinken der Temperatur führt zu Wolkenbrüchen und Hagel. Der Tod der Erstgeborenen gewinnt Gewicht durch den besonderen Wert, den die Israeliten erstgeborenen Söhnen beimaßen; außerdem wurde die Erwürgung der Erstgeburten von Mose nur angedroht (2. Mose 11), aber der Text sagt nicht ausdrücklich, daß sie auch erfolgte.

Wenn wir annehmen, daß die ägyptischen Plagen eine Nebenerscheinung der Santorin-Eruption waren, können wir den Schluß ziehen, daß während der Eruption der Wind aus Nordwesten wehte und die Eruption im Sommer stattfand, wo im östlichen Mittelmeer die Etesien oder Nordwestwinde vorherrschen. Jüngste Forschungen über die Verteilung der vulkanischen Asche von Santorin in Sedimenten des Postpleistozäns im östlichen Mittelmeer (von D. Ninkovich und B. C. Heezen, 1965) stützen diese Hypothese über die Jahreszeit, in der sich der Höhepunkt des Ausbruchs abspielte. Das Verteilungsschema der Asche bestätigt auch die Katastrophe, die der Aschenregen in Mittel- und Ostkreta und viel weiter südöstlich, in Unterägypten, verursachte.

Diese Erklärung ist zwar nicht zwingend, aber trotzdem bemerkenswert. Die Ereignisse fanden in derselben Reihenfolge statt wie die Naturphänomene, die solche Ereignisse begünstigen. Die Plagen gehen dem Auszug der Israeliten voraus. Die Flutwelle, die dem Auszug zum Erfolg verhalf, wurde durch den Einsturz Santorins verursacht; und der Einsturz ereignete sich nach dem Eruptionsphänomen, das die Plagen bewirkte. Zweifellos haben wir es hier mit wirklichen Geschehnissen zu tun, die der Untersuchung und der Beweisführung zugänglich scheinen. Jenen, die glauben, daß die Plagen und die Durchschreitung des Wassers nur Wunder der göttlichen Vorsehung waren, sei gesagt — wie Bennett bemerkt —, daß das Wunder in der zeitlichen Abstimmung, der Synchronisation der Ereignisse liegt. Mose stand unter göttlicher Führung, als er die Kette von Vorfällen nutzte, deren Auftreten Naturgesetzen gehorcht, die wiederum das Werk Gottes sind.

Literaturverzeichnis

IM GANZEN BUCH

Timaios und *Kritias* von Platon; die einschlägigen Textstellen daraus sind im Anhang A ganz zitiert.

EINFÜHRUNG

Eine Liste der Hauptwerke über Atlantis ist zu finden bei:

J. Gattefossé und C. Roux, *Bibliographie de l'Atlantide et des questions connexes*, Lyon 1926.

A. Bessmertny, *L'Atlantide: Exposé des hypothèses relatives à l'énigme de l'Atlantide*, übers. von Dr. F. Gidon, Professor an der Universität Caen, vom Übersetzer ergänzt durch ein Kapitel über Untergänge im Nordatlantik während der Bronzezeit und mehrere andere dokumentarische Arbeiten. Paris, 1949.

Colonel A. Braghine, *L'Atlantide*, Paris, 1952.

1. KAPITEL

H. und G. Termier, *La trame géologique de l'histoire humaine*, Paris, 1961.

F. Gidon, »Les submersions atlantiques (irlando-armoricaines) de l'âge du bronze et la question de l'Atlantide«, *Mémoires de l'Académie des Sciences, Arts et Belles Lettres de Caen*, Caen, 1934.

H. Quiring, *Geschichte des Goldes (Die Goldenen Zeitalter in ihrer kulturellen und wirtschaftlichen Bedeutung)*, Stuttgart, 1948.

Y. Reshetov, »The Mythology of the Greeks in relation to the Atlantis Legend« (übers. v. E. Cordasco), *Atlantis*, Bd. 14, Nr. 5, London, 1961.

Sp. Marinatos »Le Problème de l'Atlantide«, *C. R. Soc. Hellén. d'Anthropologie*, Athen, 1948.

Geoffrey Bibby, *Four Thousand Years Ago*, London, 1961.

3. KAPITEL

S. Marinatos, *loc. cit.*

4. KAPITEL

W. S. Broecker, »Absolute Dating and the Astronomical Theory of Glaciation«, *Science*, Bd. 151, 1966.

L. Donn und M. Ewing, »A Theory of Ice Ages III«, *Science*, Bd. 152, 1966.

M. Schwarzbach, »Die Beziehungen zwischen Europa und Amerika als geologisches Problem«, *Sonderdruck aus Kölner Universitätsreden*, Nr. 23, Krefeld, 1959.

J. Rothé, »La zone séismique médiane indo-atlantique«, *Proc. Roy. Soc.*, Reihe A, Bd. 222, 1954.

B. C. Heezen und M. Ewing, »The Mid-Oceanic Ridge and its extension through the Arctic Basin«, *Geology of the Arctic*, Toronto, 1961.

D. Carr und L. Kulp, »Age of a Mid-Atlantic Ridge Basalt Boulder«, *Bull. Geol. Soc. Am.*, Bd. 64, 1953.

C. Emiliani, »Paleotemperature analysis of Core 230 and Pleistocene correlations«, *Jour. Geology*, Bd. 66, 1958.

H. C. Hapgood, *Earth's Shifting Crust*, New York, 1958.

M. Rubin und H. E. Suess, »US Geological Survey Radiocarbon Dates II (and III)«, *Science*, Bd. 121, 1955; Bd. 123, 1956.

M. Ewing, X. Le Pichon und J. Ewing, »Crustal Structure of the Mid-Oceanic Ridges: 4, Sediment Distribution in the South Atlantic Ocean and the Cenozoic History of the Mid-Atlantic Ridge«, *Jour. Geoph. Res.*, Bd. 71, 1966.

D. B. Ericson, M. Ewing, W. Wollin und B. C. Heezen, »Atlantic Deep-sea Sediment Cores«, *Bull. Geol. Soc. Am.*, Bd. 72, 1961.

B. C. Heezen, »Note of Progress in Geophysics, Dynamic Progress of Abyssal Sedimentation, Erosion, Transportation and Redeposition on the Deep-sea Floor«, *Geophys. J. Roy. Astr. Soc.*, Bd. 2, 1959.

M. Ewing und W. L. Donn, »A Theory of Ice Ages«, *Science*, Bd. 123, 1956.

A. E. Scheidegger, *Principles of Geodynamics*, Berlin, 1958.

P. Termier, *A la Gloire de la Terre*, 2. Aufl., Paris, 1924.

B. C. Heezen, M. Ewing und R. J. Menzies, »The influence of Submarine Turbidity Currents on Abyssal Productivity«, *Oikos*, Bd. 6, 1955.

R. Malaise, »Oceanic Bottom Investigations and their bearings in Geology«, *Geol. Fören*, Bd. 79, Stockholm, 1957.

B. C. Heezen und M. Tharp, »The Atlantic Floor«, *North Atlantic Biota and their History*, London, 1963.

J. R. Conolly und M. Ewing, »Pleistocene Glacial-Marine Zones in North Atlantic Deep-sea Sediments«, *Nature*, Bd. 208, 1965.

T. Saito, M. Ewing und L. H. Burckle, »Tertiary sediments from the Mid-Atlantic Ridge«, *Science*, Bd. 151, 1966.

J. A. Miller, »Age Determinations on Samples of Basalt from the Tristan da Cunha group and other parts of the Mid-Atlantic Ridge«, *Phil. Trans. Roy. Soc.*, London, A256, 1964.

A. Sieberg, »Erdbebengeographie«, *Gutenbergs Handbuch der Geophysik*, Bd. 4, Berlin, 1932.

B. F. Howell, Jr, *Introduction to Geophysics*, New York, 1959.

B. C. Heezen, M. Tharp und M. Ewing, »The floors of the Oceans: 1, The North Atlantic«, *Geol. Soc. Am., Special Paper 65*, 1959.

F. P. Shepard, »Submarine Canyons and Other Sea Valleys«, *The Encyclopedia of Oceanography*, New York, 1966.

J. P. Rothé, »La Structure de l'Atlantique«, *Ann. di Geof.*, Bd. 4, 1951.

M. N. Hill und C. J. Shallow, »Seismic Experiments in the Atlantic«, *Nature*, Bd. 165, 1950.

M. Båth, »Crustal Structure in Iceland and surrounding Ocean«, *ICSU Review*, Bd. 4, 1962.

Sir Edward Bullard, »A Comparison of Oceans and Continents«, *Proc. Roy. Soc.*, Reihe A, *Math., Phys., Sci.*, Bd. 122, 1954.

G. Dietrich und K. Kalle, *Allgemeine Meereskunde*, Berlin, 1947.

J. Bartels, »Geophysik«, *Das Fischer Lexikon*, Frankfurt am Main, 1960.

T. Einarsson, »The Plateau Basalt Areas in Iceland«, *On the Geology and Geophysics of Iceland*, Verl. Sigurdur Thorarinsson, Reykjavik, 1960.

R. Dévigné, *Un Continent Disparu: l'Atlantide, sixième partie du Monde*, Paris, 1924.

216

H. E. Suess, »Absolute Chronology of the last Glaciation«, *Science*, Bd. 123, 1956.

W. R. Farrand, »Postglacial Uplift in North America«, *Am. Jour. Sci.*, Bd. 269, 1962.

D. Hafemann, »Die Frage des eustatischen Meeresspiegelanstiegs in historischer Zeit«, *Verhandlungen des Deutschen Geographentages*, Bd. 32, Berlin, 1959.

Ph. Negris, »L'Atlantide et la Regression quaternaire«, *C. R. Acad. Sci.*, Bd. 174, Paris, 1922; »Submersion et Regression Quaternaires en Grèce«, *Bull. Soc. Geol. France*, Bd. 8, Paris, 1908.

5. KAPITEL

F. Gidon, *loc. cit.*

H. und G. Termier, *loc. cit.*

Sir Gavin de Beer, *Reflections of a Darwinian*, Edinburgh, 1962.

W. Wolff, »Ergebnisse einer Bereisung der deutschen Nordseeküste zur Prüfung der Senkungsfrage«, *Zeitschr. Prakt. Geol.*, 1923.

H. Stille, *Grundfragen der vergleichenden Tektonik*, Berlin, 1924.

J. Spanuth, *Das enträtselte Atlantis*, Stuttgart, 1953.

—, *Atlantis*, Tübingen, 1965.

G. Kehnscherper, »Santorin — Traditionsgeschichtliche Untersuchungen über Erinnerungen an die Santorinkatastrophe«, *Apok*, 6, 8, 9, Leipzig, 1964.

Rhys Carpenter, *Discontinuity in Greek Civilization*, Cambridge, 1966.

P. Hédervári und I. Pados, »Volcanophysical investigations concerning the energetics of the Minoan Eruption of Volcano Santorin«, *Bulletin Volcanologique*, Bd. 25, Brüssel, 1967.

C. Higgins, »Causes of Relative Sea-level Changes«, *American Scientist*, Bd. 53, 1965.

I. Velikovsky, *Worlds in Collision*, London, 1960.

A. Braghine, *L'Enigme de l'Atlantide*, Paris, 1952.

J. D. H. Wiseman, »Geological and Mineralogical investigations: I. Basalts from the Carlsberg Ridge, Indian Ocean« (with an appendix on the radium content of some sub-oceanic basalts from the floor of the Indian Ocean, by J. H. J. Poole), *John Murray Exp. Sci. Reports*, Bd. 3, London, 1937.

6. KAPITEL

B. F. Howell, *Introduction to Geophysics*, New York, 1959.

W. C. Alden, »Landslide and flood at Gros Ventre, Wyoming«, *Trans. Am. Inst. Min. Met. Engrs.*, Bd. 76, 1928.

D. Torcher, »The Hebgen Lake, Montana, earthquake of Aug. 17, 1959«, *Bull. Seism. Soc. Am.*, Bd. 52, 1962.

Kuo Tseng-Chien, »On the Shensi Earthquake of Jan. 23, 1956« (Chinesisch mit englischem Auszug), *Acta Geophys. Sinica*, Bd. 6, 1957, in *Geophysical Abstracts*, 1958.

C. F. Richter, *Elementary Seismology*, San Francisco, 1958.

A. Sieberg, *Geologische, physikalische und angewandte Erdbebenkunde*, Jena, 1923.

Bortolli, *Essai sur l'explication historique donnée par Platon de sa république et de son Atlantide*, 1780.

Latreille, *Mémoires sur divers sujets de l'histoire naturelle des insectes, de géographie ancienne et de chronologie*, Paris, 1819.

L. Figuier, *La Terre et les Mers*, 4. Aufl., Paris, 1872.

K. T. Frost, »The *Critias* and Minoan Crete«, *Journal of Hellenic Studies*, Bd. 33, 1913.

D. A. Mackenzie, *Myths of Crete and Prehistoric Europe*, London, 1917.

E. S. Balch, »Kreta or Minoan Crete«, *Geog. Revue*, New York, 1917.

F. Butavandt, *La Véritable histoire de l'Atlantide*, Paris, 1925.

J. Koumaris, »Atlantide et Atlantes (Etude basée sur les données plutot anthropologiques)«, *C. R. Soc. Hellén. d'Anthropologie*, Athen, 1948.

Sp. Marinatos, »Le probleme de l'Atlantide«, *C. R. Soc. Hellén. d'Anthropologie*, Athen, 1948.

—, »About the Rumour of Atlantis«, *Cretika Chronika*, Bd. 4, Heraklion, 1950.

7. KAPITEL

A. Philippson, *Beiträge zur Morphologie Griechenlands*, Stuttgart, 1930.

M. K. Mitsopoulos, »Über das Vorkommen von Elefanten in der Aegäis«, *Prakt. Akad. Athen*, Bd. 36, 1961.

A. G. Galanopoulos, »On Mapping of Seismic Activity in Greece«, *Ann. di Geof.*, Bd. 16, Rom, 1963.

J. Trikkalinos, »Die Auswirkungen junger sehr starker diluvialer und rezenter orogener Bewegungen im Gebiete Griechenland«, *Geotektonisches Symposium zu Ehren von Hans Stille*, Stuttgart, 1956.

Norman Douglas, *Looking Back*, London, 1933.

8. KAPITEL

A. de Lapparent, *Traité de Géologie*, Paris, 1900.

H. Reck, *Santorin; Der Werdegang eines Inselvulkans und sein Ausbruch 1925—28*, Bd. III, Atlas (Kalderaprofil der Inselgruppe Santorin, von M. Neumann van Padang), Berlin, 1936.

C. Paparigopoulos, *History of the Greek Nation from the Ancient Times up to the Present*, Ed. A. Constantinides, Bd. I, Athen, 1885.

Sp. Marinatos, »Amnisos, die Hafenstadt des Minos«, *Forsch. und Fortschr.*, Bd. 10, 1934.

M. Pfannenstiel, »Erläuterungen zu den Bathymetrischen Karten des östlichen Mittelmeeres«, *Bulletin de l'Institut Océanographique*, Nr. 1192, Monaco, 1960.

R. W. Hutchinson, *Prehistoric Crete*, London, 1962.

C. G. Higgins, »Possible Disappearance of Mycenean Coastal Settlements of the Messenian Peninsula«, *Amer. Journ. Archaeol.*, 1966.

Sir Arthur Evans, *The Palace of Minos*, London, 1928.

G. Marinos und N. Melidonis, »Über die Größe des beim vorgeschichtlichen Ausbruch des Santorin-Vulkans ausgelösten Tsunamis«, *Bull. Griech. Geol. Ges.*, Bd. 4, Athen, 1959—61.

J. P. Eaton, D. H. Richter und W. V. Ault, »The Tsunami of May 23, 1960, on the Island of Hawaii«, *Bull. Seism. Soc. Am.*, Bd. 51, 1961.

D. Miller, »The Alaska Earthquake of July 10, 1958, Giant Wave in Lituya Bay«, *Bull. Seism. Soc. Am.*, Bd. 50, 1960.

A. G. Galanopoulos, »Tsunamis observed on the coasts of Greece from antiquity to the present time«, *Ann. di Geof.*, Bd. 13, 1960.

V. Acylas, *Volcanoes and the Island Thera*, Athen, 1925.

H. Reck, »Die Geologie der Ring-Inseln und der Kaldera von Santorin«, *Der Werdegang eines Inselvulkanes und sein Ausbruch 1925—1928*, Bd. 1, Berlin, 1936.

F. Press und D. Harkrider, »Air-Sea Waves from the Explosion of Krakatoa«, *Science*, Bd. 154, 1966.

Sir F. M. Bullard, *Volcanoes: in History, in Theory, in Eruption*, Edinburgh, 1962.

P. Hédervári, »Volcanophysical Investigations Concerning the Energetics of the Minoan Eruption of Volcano Santorin«, *Bulletin Volcanologique*, Bd. 25, 1967.

S. C. Blacktin, *Dust*, London, 1934.

M. Toperczer, *Geophysik*, Wien, 1951.

Katô Yoshio u. a., »The Chile Tsunami of 1960 observed along the Sanriku coast of Japan«, *Sci. Rep. Tôhoku Univ. 5: Geophysics*, Bd. 13, 1961.

Sp. Marinatos, »The Volcanic Destruction of Minoan Crete«, *Antiquity*, Bd. 13, 1939; *Crete and Mycenaean Greece*, Athen, 1959.

A. G. Galanopoulos, »Zur Bestimmung des Alters der Santorin-Kaldera«, *Ann. Géol. Pays Hellen.*, Bd. 9, 1958.

E. A. Olsen und W. S. Broecker, »Lamont Natural Radiocarbon Measurement V«, *Am. Jour. Sci. Rad. Suppl.*, Bd. 1, 1959.

J. G. Bennett, »New Light on Atlantis and the Exodus«, *Autumn Lectures 1962, First Series — National Catastrophes that change History*, Kingston-upon-Thames, 1962.

9. KAPITEL

J. Schuster, »Pflanzenführende Tuffe auf Santorin«, *Santorin; Der Werdegang eines Inselvulkans und sein Ausbruch 1925–1928*, H. Reck, Berlin, 1936.

C. G. Higgins, *loc. lit.*

J. F. Scott, *A History of Mathematics*, London, 1960.

Sir Edward Bullard, *loc. cit.*

S. C. Blacktin, *loc. cit.*

J. Bernstein, »Giant Waves, *The World of Geology*, Verl. L. D. und F. Leet, New York, 1961.

A. Rittmann, *Vulkane und ihre Tätigkeit*, Stuttgart, 1960.

M. Ventris und J. Chadwick, *Documents in Mycenaean Greek*, Cambridge, 1960.

J. Chadwick, »The First Greek Script«, *Ann. Sci. Phi. Univ.*, Bd. 12, Athen, 1962.

—, »The Birth of the Greek Language«, *Ann. Sci. Fac. Phi. Univ.*, Bd. 12, Athen, 1962.

P. Anagnostopoulos, »The History of the Origin of the Olive Tree«, *Prakt. Acad. Athens*, Bd. 26, 1951.

B. Eginitis, »Le climat de la Crète et la constance du climat de la Grèce depuis l'époque de Minos«, *Traités Acad. Athènes*, Bd. 18, 1954.

A. G. Galanopoulos, »On the Origin of the Deluge of Deucalion and the Myth of Atlantis«, *Greek Arch. Soc.*, Bd. 3 (in memory of G. Oekonomos), 1960.

—, »On the Location and the Size of Atlantis«, *Prakt. Akad. Athen*, Bd. 35, 1960.

—, »Die Deukalionische Flut aus geologischer Sicht«, *Das Altertum*, Bd. 9, 1963.

—, »Die ägyptischen Plagen und der Auszug Israels aus geologischer Sicht«, *Das Altertum*, Bd. 10, 1964.

—, »Tsunami«, *Das Altertum*, Bd. 13, 1967.

—, »Der Phaeton-Mythus im Licht der Wissenschaft«, *Das Altertum*, Bd. 14, 1968.

N. N. Ambraseys, »Data for the investigation of the Seismic Sea-waves in the Eastern Mediterranean«, *Bull. Seism. Soc. Am.*, Bd. 52, 1962.

J. Garstang, *The Foundations of Bible History*, New York, 1931.

I. Velikovsky, *Worlds in Collision*, London, 1960.

P. Bratsiotis, *Introduction to the Old Testament*, Athen, 1937.

M. J. Schleiden, *Die Landenge von Suez*, Leipzig, 1858.

H. Brugsch, *L'éxode et les monuments égyptiens*, Leipzig, 1875.

L. Cooper, *Aristotle, Galileo and the Tower of Pisa*, New York, 1935.

Annotated Bibliography on Tsunamis, *UGGI*, Monograph, 27 (1964), on the authority of Herodotus.

B. F. Howell, Jr, *Introduction to Geophysics*, London, 1959.

P. Saint-Amand, »Los Terremotos de Mayo-Chile 1960«. China Lake, California: Michelson Laboratories, U.S. Naval Ordnance Test Station, *Technical Article 14*, NOTS TP 2701, August, 1961.

R. Takahasi und I. Aida, »Studies of the Spectrum of Tsunamis«, *Bull. Earthq. Res. Inst.*, Bd. 39, Tokio, 1961.

A. Sieberg, *Erdbebenforschung und ihre Verwertung für Technik, Bergbau und Geologie*, Jena 1933.

S. C. Blacktin, *loc. cit.*

J. G. Bennett, »Geophysics and Human History«, *Systematics*, Bd. 1, Kingston-upon-Thames, 1963.

F. V. Lane, *The Elements Rage*, Plymouth, 1966.

A. Rittmann, *loc. cit.*

D. Ninkovich und B. C. Heezen, »Santorini Tephra«, *Colston Papers*, Bd. XVII, London, 1965.

Namen- und Sachregister